VPERIORIBVS hisce diebus
sime Buslidi, misit ad me TH
ille MORVS, te quoq; teste, cu
mus est, eximium huius ætatis
decus, Vtopiam insulã, paucis
alibus cognitã, sed dignã in primis, quam u
atonicam omneis uelint cognoscere, præser
ne facundissimo sic expressam, sic depictã,
iectam, ut quoties lego, aliquanto plus mi
lear, q̃ cũ ipsum Raphaëlem Hythlodæũ
oni æque interfui ac MORVS ipse) sua uerb
udirem. Etiã si uir ille haud uulgari prædit
tia sic rem exponeret, ut facile appareret eu
erre, quæ narrantibus alijs didicisset, sed q
ausisset oculis, & in quibus non exiguum
uersatus, homo mea quidẽ sententia, regio
, & rerũ experiẽtia uel ipso Vlysse superio
ctingentis hisce annis nusq̃ arbitrer natũ
us Vespucius nihil uidisse putetur. Iam p
uisa q̃ audita narramus efficacius, aderat
culiaris quædam ad explicandas res dexte
n eadem hæc quoties MORI penicillo de

Utopia
Vtopia
EDIÇÃO BILÍNGUE

Vtopia. Et hercule crediderim Raphaele
nus in ea insula uidisse per oēm quinquen
egit, q̃ in MORI descriptione uideri liceat.
occurrit undiq; miraculorũ, ut ambigam
im aut potissimũ admirer, felicissimæ mem
æ tot res auditas duntaxat penè ad uerbu
tuerit. an prudentiã, qua uulgo ignotissim
de omnia reipublicæ uel oriuntur mala, uel
t bona, sic animaduertit. an orationis uim
n, qua tanta sermonis latini puritate, tanti
uis, tot res cõplexus est, præsertim unus in
imul & domestica negotia distractus. Ver
minus admiraris doctissime Buslidi, q̃ fan
uetudine penitus habes cognitũ, homine
diuinũ hominis ingenium. In cæteris igitu
od illius scriptis queã adijcere. Tantũ tetra
cula Vtopiensiũ lingua scriptũ, quod à MO
forte mihi ostẽdit Hythlodæus apponend
efixo eiusdẽ gentis alphabeto, tũ adiectis a
s aliquot ãnotatiũculis. Nã quod de insula
MORVS, ne id qdẽ omnino tacuit Rapha
ucis admodũ, ac uelut obiter attigit, uelut

Thomas More

UTO
PIA

EDIÇÃO BILÍNGUE 2ª edição

TRADUÇÃO
Márcio Meirelles Gouvêa Júnior

REVISÃO DA TRADUÇÃO
Guilherme Gontijo Flores

autêntica C|L|Á|S|S|I|C|A

Copyright da tradução © 2017 Márcio Meirelles Gouvêa Júnior
Copyright © 2017 Autêntica Editora

Título original: *Vtopia: De Optimo Rei publicae Statu deque Noua Insula Vtopia*

As imagens de capa e das páginas 1, 2, 15, 253, 255 e 256 foram retiradas da versão digitalizada da primeira edição da *Utopia*, de 1516, disponível em: <https://archive.org/details/deoptimoreipstat00more>.

Todos os direitos reservados pela Autêntica Editora. Nenhuma parte desta publicação poderá ser reproduzida, seja por meios mecânicos, eletrônicos, seja via cópia xerográfica, sem a autorização prévia da Editora.

COORDENAÇÃO DA COLEÇÃO CLÁSSICA,
EDIÇÃO E PREPARAÇÃO
Oséias Silas Ferraz

EDITORES RESPONSÁVEIS
Rejane Dias
Cecília Martins

REVISÃO
Lúcia Assumpção

CAPA E PROJETO GRÁFICO
Diogo Droschi

DIAGRAMAÇÃO
Waldênia Alvarenga

Dados Internacionais de Catalogação na Publicação (CIP)
(Câmara Brasileira do Livro, SP, Brasil)

More, Sir Thomas, Santo, 1478-1535.
  Utopia / Thomas More ; tradução Márcio Meirelles Gouvêa Júnior. – 2. ed. – Belo Horizonte : Autêntica Editora, 2019. – (Coleção Clássica)

  Título original: Vtopia: De Optimo Rei publicae Statu deque Noua Insula Vtopia

  Edição bilíngue: português/latim
  ISBN 978-85-513-0624-6

  1. Ficção inglesa 2. Literatura inglesa – Século 16 I. Título II. Série.

16-07350   CDD-823

Índices para catálogo sistemático:
1. Ficção : Literatura inglesa   823

Belo Horizonte
Rua Carlos Turner, 420
Silveira . 31140-520
Belo Horizonte . MG
Tel.: (55 31) 3465 4500

São Paulo
Av. Paulista, 2.073 . Conjunto Nacional
Horsa I . 23º andar . Conj. 2310-2312
Cerqueira César . 01311-940 . São Paulo . SP
Tel.: (55 11) 3034 4468

www.grupoautentica.com.br

A Coleção Clássica

A Coleção Clássica tem como objetivo publicar textos de literatura – em prosa e verso – e ensaios que, pela qualidade da escrita, aliada à importância do conteúdo, tornaram-se referência para determinado tema ou época. Assim, o conhecimento desses textos é considerado essencial para a compreensão de um momento da história e, ao mesmo tempo, a leitura é garantia de prazer. O leitor fica em dúvida se lê (ou relê) o livro porque precisa ou se precisa porque ele é prazeroso. Ou seja, o texto tornou-se "clássico".

Vários textos "clássicos" são conhecidos como uma referência, mas o acesso a eles nem sempre é fácil, pois muitos estão com suas edições esgotadas ou são inéditos no Brasil. Alguns desses textos comporão esta coleção da Autêntica Editora: livros gregos e latinos, mas também textos escritos em português, castelhano, francês, alemão, inglês e outros idiomas.

As novas traduções da Coleção Clássica – assim como introduções, notas e comentários – são encomendadas a especialistas no autor ou no tema do livro. Algumas traduções antigas, de qualidade notável, serão reeditadas, com aparato crítico atual. No caso de traduções em verso, a maior parte dos textos será publicada em versão bilíngue, o original espelhado com a tradução.

Não se trata de edições "acadêmicas", embora vários de nossos co-laboradores sejam professores universitários. Os livros são destinados aos leitores atentos – aqueles que sabem que a fruição de um texto demanda prazeroso esforço –, que desejam ou precisam de um texto clássico em edição acessível, bem cuidada, confiável.

Nosso propósito é publicar livros dedicados ao "desocupado leitor". Não aquele que nada faz (esse nada realiza), mas ao que, em meio a mil projetos de vida, sente a necessidade de buscar o ócio produtivo ou a produção ociosa que é a leitura, o diálogo infinito.

Oséias Silas Ferraz
[coordenador da coleção]

11 **APRESENTAÇÃO**
Uma nova tradução da *Utopia*
Márcio Meirelles Gouvêa Júnior

17 **UTOPIA**
27 Primeiro Livro
87 Segundo Livro

209 **ANEXOS**
211 Carta: Guillaume Budé a Thomas Lupset
223 Carta: Erasmo de Rotterdam a Johann Froben

225 **POSFÁCIO**
Utopia: passado, presente e futuro de um não lugar – Variações sobre um tema de Thomas More
Andityas Soares de Moura Costa Matos

Apresentação

Uma nova tradução da *Utopia*

Márcio Meirelles Gouvêa Júnior

Logo no início do primeiro livro da *Utopia*, no trecho em que o narrador descreve seu encontro com Rafael Hitlodeu, uma breve alusão literária fornece a seus leitores uma excelente chave para a compreensão da personagem principal da trama construída por Thomas More, e, por conseguinte, um bom norte para a tarefa de versão para o português da longa fala do aventureiro, proferida em latim humanista. O navegante de pele atrigueirada pelo sol, barba comprida e roupas de marinharia foi, de modo expresso, anunciado por aquele que o apresentava ao narrador não como um Palinuro, mas como um Ulisses, ou antes, mesmo como um Platão. Desse modo, ao recusar-lhe a semelhança com o piloto do navio de Eneias, e aproximá-lo de Ulisses ou de Platão, o autor não caracterizou seu protagonista como um marinheiro profissional, mas precisamente como um explorador de novas regiões da Terra, em um mundo que expandia suas fronteiras geográficas na esteira das grandes navegações.

Nesse sentido, a despeito das demais características políticas e filosóficas inerentes à obra, o texto se inspira no gênero odepórico, podendo ser incluído entre os grandes relatos dos viajantes, fictícios ou não, tão comuns desde a antiguidade e já completamente difundidos no século XVI. Uma indicação da popularidade de tais narrativas é fornecida, mais uma vez, pelo próprio narrador da *Utopia*, quando informa que os relatos das viagens de Américo Vespúcio já eram lidos em diversas partes do mundo (*quae passim iam leguntur*). Os exemplos mais antigos desse gênero literário remontam aos primórdios da literatura ocidental – na poesia, com a narrativa homérica das viagens maravilhosas de Ulisses, na *Odisseia*, ou, na prosa, na descrição das viagens das tropas gregas pela Ásia Menor, na *Anábase*, de Xenofonte, ou na *Descrição da Grécia*, de Pausânias.

No entanto, a peculiaridade de Rafael Hitlodeu ser descrito como um explorador português, decerto pela inequívoca proeminência dos navegadores lusitanos durante os séculos XV e XVI, leva a que o leitor lusófono recorde-se inevitavelmente das descrições de viagem portuguesas daquele período, seja na poesia, com a viagem de Vasco da Gama nos *Lusíadas*, de Camões, seja na prosa, com *A Carta do Achamento do Brasil*, de 1500, de Pero Vaz de Caminha, com o *Livro de Duarte Barbosa*, de 1516, com o *Tratado das Cousas da China*, de 1569, de Gaspar da Cruz, ou com as *Peregrinações*, de Fernão Mendes Pinto, também de 1569.

Foi, portanto, tendo em consideração tais aspectos literários e históricos que se realizou esta nova tradução da *Utopia* – um livro já tantas vezes vertido para o português, com maior ou menor proximidade com o texto original. Como suma da proposta tradutória, capaz de a diferenciar de suas antecessoras e de justificar o esforço de a concluir, a ideia foi a de que o texto final recuperasse algo do tempo e do mundo em que foi escrito. Além disso, sendo Rafael Hitlodeu português, nada mais tentador para um tradutor de língua portuguesa do que o imaginar falando em português. Para tanto, além de manter como constante foco da tradução a preservação da estrita fidelidade em relação ao texto latino, evitando-se as paráfrases e interpretações extensivas ou explicativas dos trechos de versão mais truncada ou difícil (como é comum nas traduções anteriores da *Utopia*), buscou-se entender as peculiaridades e idiossincrasias do estilo literário da escrita do autor. Desse modo, a melhor solução tradutória pareceu ser a busca da máxima preservação das estruturas frasais utilizadas no original, com o longo encadeamento de extensas orações subordinadas e coordenadas, bastante típico dos textos seiscentistas. Esses largos períodos são encontrados nos autores portugueses contemporâneos de Thomas More. Assim, os modelos da *Carta do Achamento do Brasil*, de Pero Vaz de Caminha, e das *Peregrinações*, de Fernão Mendes Pinto, estiveram sempre presentes, como uma espécie de guia para a recuperação do modo de se escrever daquela época. Nessa tentativa de fazer de Hitlodeu um falante do português, preocupou-se ainda que as palavras utilizadas na tradução estivessem em uso há quinhentos anos – o que obrigou a recorrência aos dicionários mais antigos da língua, principalmente ao *Elucidário,* do frei Santa Rosa de Viterbo, de 1865, e ao *Diccionário da Língua Portuguesa*, de Antônio

Moraes Silva, de 1789. Contudo, para que o texto final não parecesse um mero arremedo artificial do estilo renascentista português, a condição foi a de que as palavras escolhidas ainda permanecessem em uso corrente na atualidade, de modo que a versão final da nova tradução da *Utopia* pudesse ser apreciada pelos leitores atuais.

Bastante significativas foram as escolhas dos nomes próprios na *Utopia*, a começar pelo título do livro. Essas escolhas se inserem, decerto, na proposta inscrita no colofão da primeira edição, que caracterizou a obra como um *livrinho realmente de ouro, não menos útil que divertido*. Nesse sentido, o título *Utopia* remete a οὔ-τόπος, que em tradução livre do grego pode ser compreendido como *Não Lugar*. Veja-se ainda a carta de Guilhaume Budé a Lupset (reproduzida nos Anexos), em que o erudito francês propôs uma corruptela dessa interpretação, para *Udepotia*, ou οὐδέ-πότε, que se traduziria por *Não Tempo*. Desse modo, a *Utopia* se revelaria como um *não lugar em tempo algum*.

Por sua vez, o nome do narrador Rafael Hitlodeu também se reveste de significados. Rafael busca sua origem no nome de um dos arcanjos bíblicos, personagem do *Livro de Tobias*. Desse modo, o nome do navegante português ganha a acepção de *mensageiro*, a partir do substantivo grego ἄγγελος. Por outro lado, *Hythlodaeus* parece provir da composição de ὕθλος, que se traduz por *sem sentido*, ou *sem noção*, e do infinitivo δαῖεν, que se traduz por *distribuir*, de tal sorte que a composição do nome se revela como *aquele que distribui mensagens sem sentido*, ou algo como *Mensageiro Sem Noção*.

Nessa linha interpretativa, os demais nomes próprios mantêm coerência. O nome da principal cidade da ilha, *Amaurota*, radica-se εηάμανρός, que se traduz por *obscuro*, ou *desconhecido*. O rio que passa pela cidade é o *Anidro*, do grego ἀ-ὕδωρ, cuja tradução é *sem água*. Os vizinhos da ilha são os *acóreos*, de ἀ-χορός, ou o *povo sem tropas*. Os *macários*, citados na primeira parte do livro, são os *bem-aventurados*, do grego μακάριος. E os estudiosos da ilha, chamados *ademos*, nada mais são que ἀ-δῆμος, ou os *sem povo/terra*.

Mesmo o nome do autor é alvo de mofa, ao chamar morosofos (loucos-sábios) os eruditos de Utopia. Provavelmente uma brincadeira de Thomas More com o próprio nome, no mesmo tom que Erasmo de Rotterdam fizera poucos anos antes da publicação da *Utopia*. Erasmo era hóspede de More quando escreveu seu livro mais conhecido, a que

deu o título jocoso de *Moriae encomium: Elogio da Loucura*, mas também o *Elogio de More*.

As cartas reproduzidas no Anexo mostram como More e seus amigos se empenharam em criar uma farsa em torno da existência de Hitlodeu e de sua narrativa oral da descoberta da ilha de Utopia. Uma mistura de informações factuais com ficção que não se encerra no livro, mas foi apoiada pela troca de correspondência entre a fina flor da intelectualidade europeia da época, encabeçada por Erasmo de Rotterdam. Toda essa intrincada rede de significados subjacentes – esse tom de brincadeira erudita ou *serio ludere* – parece, portanto, mais uma forma de atingir os objetivos de instruir e divertir, como anunciado pelo autor.

A *Utopia* foi escrita em latim por Thomas More, e sua primeira edição foi publicada em 1516, em Louvain, sob a supervisão de Erasmo de Rotterdam. Uma nova edição foi publicada em Basileia em 1518, com algumas modificações feitas pelo autor. Há divergências quanto à fixação do texto. More não chegou a ver a primeira tradução do texto para o inglês, publicada em 1551, dezesseis anos após a execução do autor por ordem do rei Henrique VIII.

O texto latino usado nesta edição é baseado na edição da Oxford University, de 1895: *The Utopia of Sir Thomas More*. Traduzida por Ralph Robynson, com edição e tradução complementar de J. H. Lupton. Oxford: Clarendon Press, 1895.

Agradecemos os comentários e sugestões recebidos de vários leitores, especialmente de Flávio Fontenelle Loque, que teve a gentileza de enviar comentários escritos, além das conversas pessoais.

Libellus vere aureus nec
MINVS SALVTARIS QVAM FESTI-
uus de optimo reip. statu, deq; noua Insula Vtopia
authore clarissimo viro Thoma Moro inclytæ
ciuitatis Londinensis ciue & vicecomite cura M. Petri Aegidii Antuerpiēsis,& arte
Theodorici Martini Alustensis,Ty
pographi almæ Louaniensium
Academiæ nunc primum
accuratissime edi
tus.

Bequeathed by
Thos Tyrwhitt Esqr
1786.

Cum gratia z priuilegio.

Vtopia

Utopia

THOMAS MORUS PETRO AEGIDIO S.D.

Pudet me propemodum, carissime Petre Aegidi, libellum hunc, de Vtopiana republica, post annum fere ad te mittere, quem te non dubito intra sesquimensem exspectasse, quippe quum scires mihi demptum in hoc opere inueniendi laborem, neque de dispositione quicquam fuisse cogitandum, cui tantum erant ea recitanda, quae tecum una pariter audiui narrantem Raphaelem, quare nec erat quod in eloquendo laboraretur, quando nec illius sermo potuit exquisitus esse, quum esset primum subitarius, atque extemporalis, deinde hominis, ut scis, non perinde Latine docti quam Graece, et mea oratio quanto accederet propius ad illius neglectam simplicitatem, tanto futura sit propior ueritati, cui hac in re soli curam et debeo et habeo. Fateor, mi Petre, mihi adeo multum laboris his rebus paratis detractum, ut paene nihil fuerit relictum, alioquin huius rei uel excogitatio. Vel oeconomia potuisset, ab ingenio neque infimo, neque prorsus indocto postulare, tum temporis nonnihil, tum studii, quod si exigeretur, ut disserte etiam res, non tantum uere scriberetur, id uero a me praestari, nullo tempore, nullo studio potuisset. Nunc uero quum ablatis curis his, in quibus tantum fuit sudoris exhauriendum, restiterit tantum hoc, uti sic simpliciter scriberentur audita, nihil erat negotii, sed huic tamen tam nihilo negotii peragendo, cetera negotia mea minus fere quam nihil temporis reliquerunt. Dum causas forenseis assidue alias ago, alias audio, alias arbiter finio, alias iudex dirimo, dum hic officii causa uisitur, ille negotii, dum foris totum fere diem aliis impartior, reliquum meis, relinquo mihi, hoc est litteris, nihil. Nempe reuerso domum, cum uxore fabulandum est, garriendum cum liberis, colloquendum cum ministris, quae ego omnia inter negotia numero, quando fieri necesse est (necesse est autem, nisi uelis esse domi tuae peregrinus) et danda omnino opera est, ut quos uitae tuae comites, aut natura prouidit, aut fecit casus, aut ipse delegisti, his ut te quam iucundissimum compares, modo ut ne comitate corrumpas, aut indulgentia ex ministris dominos reddas.

Carta-Prefácio do autor
Thomas More a Pieter Gillis,

Quase me envergonha, caríssimo Pieter, depois de praticamente um ano eu te enviar este livrinho sobre a república utopiense, o qual decerto tu esperavas receber em um mês e meio, pois bem sabias, com efeito, que em tal obra eu não tive nenhum trabalho de criação ou de organização, bastando-me apenas repetir aquilo que, em tua companhia, juntos ouvimos Rafael contar; afinal não havia razão de eu elaborar sua linguagem, uma vez que sua fala não poderia ser refinada, já que antes fora informal e improvisada; além disso, como tu sabes, ele não é um homem tão douto em latim quanto em grego, de modo que quanto mais minha linguagem se aproximar de sua negligente simplicidade, mais perto estará da verdade – o que é a única coisa com que devo e tenho me preocupado. Confesso, meu caro Pieter, que estando pronto todo o material, não me restou muito a fazer, e quase nada a criar sobre o assunto. Imaginar e ordenar o tema desde o princípio, mesmo para um homem de inteligência superior, exigiria demasiado tempo e esforço, e se me fosse pedido para discorrer com elegância, e não apenas com verdade, eu não conseguiria fazê-lo em nenhum tempo, nem com todo esforço. Então, afastadas tais preocupações, contra as quais eu me exauriria em muito suor, nada eu haveria de fazer senão escrever com simplicidade aquilo que ouvi – o que não demandaria muito tempo; mas, embora isso exigisse de mim tão pouco de minha dedicação, minhas outras ocupações não me deixaram tempo para fazê-lo. Uma vez que eu amiúde patrocino certos casos jurídicos, ouço outros, determino o fim de outros mais, e mais outros ainda dirimo como juiz; uma vez que sempre visito um por questão de ofício, ou outro por questão de negócios particulares; uma vez que passo quase todo o dia fora de casa, trabalhando para os outros, e o restante do tempo entre os meus, para mim, ou seja, para as letras, eu nada deixo. Pois quando retorno para casa, devo conversar com minha esposa, rir com meus filhos e tratar com os empregados – tarefas que eu enumero entre minhas ocupações, que devem ser realizadas a menos que queiras ser um estranho em tua casa. Além disso, com aqueles que serão companheiros de tua vida, ou que a natureza proporcionou, ou que o acaso trouxe, ou que tu próprio escolheste, é preciso que te mostres gentilíssimo, apesar de que por tua afabilidade não deves estragar, nem por indulgência transformar os empregados em senhores.

Inter haec quae dixi elabitur dies, mensis, annus. Quando ergo scribimus? Nec interim de somno quicquam sum locutus, ut nec de cibo quidem, qui multis non minus absumit temporis, quam somnus ipse, qui uitae absumit fere dimidium. At mihi hoc solum temporis acquiro quod somno ciboque suffuror, quod quoniam parcum est, lente, quia tamen aliquid, aliquando perfeci, atque ad te, mi Petre, transmisi Vtopiam ut legeres, et si quid effugisset nos, uti tu admoneres. Quamquam enim non hac parte penitus diffido mihi (qui utinam sic ingenio atque doctrina aliquid essem, ut memoria non usquequaque destituor) non usque adeo tamen confido, ut credam nihil mihi potuisse excidere. Nam et Ioannes Clemens puer meus, qui adfuit, ut scis, una, ut quem a nullo patior sermone abesse in quo aliquid esse fructus potest, quoniam ab hac herba qua et Latinis litteris et Graecis coepit euirescere, egregiam aliquando frugem spero, in magnam me coniecit dubitationem, siquidem quum, quantum ego recordor, Hythlodaeus narrauerit Amauroticum illum pontem, quo fluuius Anydrus insternitur, quingentos habere passus in longum, Ioannes meus ait detrahendos esse ducentos, latitudinem fluminis haud supra trecentos ibi continere. Ego te rogo, rem ut reuoces in memoriam. Nam si tu cum illo sentis, ego quoque assentiar et me lapsum credam, sin ipse non recolis, scribam, ut feci, quod ipse recordari uideor mihi, nam ut maxime curabo, ne quid sit in libro falsi, ita si quid sit in ambiguo, potius mendacium dicam, quam mentiar, quod malim bonus esse quam prudens. Quamquam facile fuerit huic mederi morbo, si ex Raphaele ipso, aut praesens scisciteris, aut per litteras, quod necesse est facias, uel ob alium scrupulum, qui nobis incidit nescio meane culpa magis, an tua, an Raphaelis ipsius. Nam neque nobis in mentem uenit quaerere, neque illi dicere, qua in parte noui illius orbis Vtopia sita sit. Quod non fuisse practermissum sic, uellem profecto mediocri pecunia mea redemptum, uel quod suppudet me nescire, quo in mari sit insula de qua tam multa recenseam, uel quod sunt apud nos unus et alter, sed unus maxime, uir pius et professione Theologus, qui miro flagrat desiderio adeundae Vtopiae, non inani et curiosa libidine collustrandi noua, sed

Entre as ocupações de que te falei, passei dias, meses e ano. Quando, afinal, poderei escrever? Nesse ínterim, não mencionei o sono, tampouco a alimentação, que, para muitos, não consome menos tempo do que o sono – o que consome, na verdade, quase a metade da vida. Mas, para mim, o único tempo que consigo é aquele que subtraio ao sono, embora seja pouco, com o qual, embora tão exíguo, ainda que já fosse alguma coisa, eu lentamente enfim terminei e te enviei, meu caro Pieter, a *Utopia*, para a leres; e se algo me houver escapado, que tu me advirtas. Posto que quanto a essa parte eu não desconfie em nada de mim (e tomara eu tenha alguma inteligência ou saber, já que a memória não me falha), eu não confio em mim tanto a ponto de crer que nada me pudesse escapar. De fato, meu pajem, John Clement, que, como sabes, estava lá conosco, e a quem eu não consinto se ausentar de qualquer conversa que lhe possa ser proveitosa, pois, apesar de ser ainda somente um broto de planta que começa a se fortalecer nas letras gregas e latinas, e que eu espero que no futuro dê bons frutos, lançou-me em grande dúvida, porque, quanto me recordo, Hitlodeu contou que aquela ponte de Amaurota, que se entende sobre o rio Anidro, tem quinhentos passos de largura, enquanto meu pajem John disse que deveriam ser descontados duzentos passos, pois a largura do rio não era maior que trezentos. Eu te peço, pois, que busques na memória. E se tu concordares com ele, eu também o farei, e me reconhecerei em equívoco. Mas, se não te recordares, manterei como escrevi, porque é assim que me lembro, e o que mais cuidarei é para que não haja nada de falso no livro, e será melhor que eu cometa um erro involuntário do que eu minta, pois prefiro ser honesto a ser prudente. Entretanto, esse mal pode ser facilmente remediado se tu indagares ao próprio Rafael, seja pessoalmente, seja por cartas – o que será necessário que faças ao menos por outro problema que surgiu, não estou bem certo se por culpa minha, tua, ou do próprio Rafael. Afinal, não nos veio à mente a pergunta, e ele não falou por si mesmo, em que parte do Novo Mundo está situada Utopia. Para que não houvesse tal omissão, eu daria minha pequena fortuna para a sanar, pois muito me envergonha não saber em que mar se acha a ilha sobre a qual eu tanto escrevi; e porque junto a nós há um ou outro, mas sobretudo um certo homem religioso e teólogo de profissão, que arde de desejo de ir a Utopia, não por vão e curioso

uti religionem nostram, feliciter ibi coeptam, foueat atque adaugeat. Quod quo faciat rite, decreuit ante curare ut mittatur a Pontifice, atque adeo ut creetur Vtopiensibus Episcopus, nihil eo scrupulo retardatus, quod hoc antistitium sit illi precibus impetrandum. Quippe sanctum ducit ambitum, quem non honoris aut quaestus ratio, sed pietatis respectus pepererit.

Quamobrem te oro, mi Petre, uti aut praesens, si potes commode, aut absens per epistolam, compelles Hythlodaeum, atque efficias, ne quicquam huic operi meo, aut insit falsi, aut ueri desideretur. Atque haud scio an praestet ipsum ei librum ostendi. Nam neque alius aeque sufficit, si quid est erratum corrigere, neque is ipse aliter hoc praestare potest, quam si quae sunt a me scripta, perlegerit. Ad haec, fiet ut hoc pacto intellegas, accipiatne libenter, an grauatim ferat, hoc operis a me conscribi. Nempe si suos labores decreuit ipse mandare litteris, nolit fortasse me, neque ego certe uelim, Vtopiensium per me uulgata republica, florem illi gratiamque nouitatis historiae suae praeripere. Quamquam ut uere dicam, nec ipse mecum satis adhuc constitui, an sim omnino editurus. Etenim tam uaria sunt palata mortalium, tam morosa quorundam ingenia, tam ingrati animi, tam absurda iudicia, ut cum his haud paulo felicius agi uideatur, qui iucundi atque hilares genio indulgent suo, quam qui semet macerant curis, ut edant aliquid quod aliis, aut fastidientibus, ant ingratis, uel utilitati possit esse, uel uoluptati. Plurimi litteras nesciunt, multi contemnunt. Barbarus ut durum reicit, quicquid non est plane barbarum, scioli aspernantur ut triuiale, quicquid obsoletis uerbis non scatet, quibusdam solum placem uetera, plerisque tantum sua. Hic tam tetricus est, ut non admittat iocos, hic tam insulsus, ut non ferat sales, tam simi quidam sunt, ut nasum omnem, uelut aquam ab rabido morsus cane, reformident, adeo mobiles alii sunt, ut aliud sedentes probent, aliud stantes. Hi sedent in tabernis, et inter pocula de scriptorum iudicant ingeniis, magnaque cum auctoritate condemnant utcumque lubitum est, suis quemque scriptis, ueluti capillicio uellicantes, ipsi interim tuti, et quod dici solet, ξω βέλους, quippe tam leues et abrasi undique, ut ne

desejo de conhecer as novidades, mas para incentivar e favorecer nossa religião, que ali foi tão bem-aceita. Para fazer segundo os ritos, ele antes cuidou de conseguir ser enviado pelo papa, e de ser nomeado bispo dos utopienses, no que não sentiu qualquer escrúpulo, por pedir para si aquele episcopado, afinal, considera santa a ambição que não busca honras ou lucro, mas que é nascida do zelo religioso.

    Por isso te peço, meu caro Pieter, ou que pessoalmente, se o puderes fazer de modo cômodo, ou, na sua ausência, por carta, que contates Hitlodeu, para garantires que em minha obra não haja nada de falso, nem que falte nada de verdadeiro. Pergunto-me se não seria melhor tu mostrares a ele o livro. Pois não há outra pessoa melhor do que ele para corrigir algo que esteja errado, e ele não o poderia fazer de outro modo, senão lendo o que foi escrito por mim. Destarte, poderás perceber se ele concorda com minha ideia, e se a aceita de boa vontade, ou se lhe desagrada que eu tenha escrito tal livro. Afinal, se ele próprio pretendia transpor para as letras as suas aventuras, talvez não que queira – e eu decerto não quereria se fosse ele – que seja por mim revelada a república dos utopienses, e que eu assim tome dele, ou de sua história, a essência e a graça da novidade. No entanto, para dizer a verdade, ainda não me convenci o suficiente de que este livro deva, de fato, ser publicado. Pois os paladares dos mortais são tão variados, e tão caprichosos os temperamentos, tão ingratos os ânimos e tão absurdos os juízos, que me parece preferível seguir aqueles que alegres e risonhos amansam seu gênio, a acompanhar aqueles outros que se torturam com a preocupação de publicar alguma coisa que possa ser útil ou agradável para aqueles que são enfastiados e ingratos. A maioria das pessoas não conhece a literatura, e muitos a desprezam. O bárbaro rejeita como duro tudo aquilo que não é inteiramente bárbaro; o pedante desdenha como trivial de tudo o que não está repleto de palavras obsoletas; a uns só agradam as obras antigas, a outros, apenas as suas próprias obras. Este é tão sombrio que não admite brincadeiras; aquele é tão insosso que em nada acha graça, e tem o nariz tão achatado que foge de qualquer um que tenha nariz, como um cão raivoso foge da água; outros são tão volúveis que decidem de um modo quando estão assentados, e de outro quando estão de pé. Uns se sentam nas tavernas e, entre copos, julgam o talento dos escritores e, com grande autoridade e por capricho, os condenam por seus escritos, como se lhes puxassem a barba, quando eles próprios se encontram seguros, e, como se costuma dizer, "fora do alcance dos tiros", pois esses

pilum quidem habeant boni uiri, quo possint apprehendi. Sunt praeterea quidam tam ingrati, ut quum impense delectentur opere, nihilo tamen magis ament auctorem, non absimiles inhumanis hospitibus, qui quum opiparo conuiuio prolixe sint excepti, saturi demum discedunt domum, nullis habitis gratiis ei, a quo sunt inuitati. I nunc et hominibus tam delicati palati, tam uarii gustus, animi praeterea tam memoris et grati, tuis impensis epulum instrue.

Sed tamen, mi Petre, tu illud age quod dixi cum Hythlodaeo, postea tamen integrum erit hac de re consultare denuo. Quamquam si id ipsius uoluntate fiat, quandoquidem scribendi labore defunctus, nunc sero sapio, quod reliquum est de edendo, sequar amicorum consilium, atque in primis tuum.

Vale, dulcissime Petre Aegidi, cum optima coniuge; ac me ut soles ama, quando ego te amo etiam plus quam soleo.

homens bons são tão graciosos e escanhoados que não têm sequer um pelo por meio do qual possam ser pegos. E há, além disso, aqueles que são tão ingratos que, embora a obra muito os deleite, não gostam nada do autor, não sendo diferentes dos rudes hóspedes que, apesar de serem recebidos com um opíparo banquete, já saciados retornam finalmente para casa, sem nada agradecer àquele que os convidou. Vai lá tu, então agora preparar às tuas expensas uma refeição para homens de tão delicado paladar e tão variados gostos, dotados de tamanha memória e gratidão!

Mas, enfim, meu caro Pieter, trata com Hitlodeu sobre o assunto de que te falei, depois do que eu poderei revisar inteiramente o livro. Como for de seu desejo, ainda que eu já tenha terminado o esforço de escrever, e ainda que tarde eu o saiba, assim será feito, pois no que concerne a publicar o livro, seguirei o conselho de meus amigos, sobretudo os teus.

Saudações, dulcíssimo Pieter Gillis, a ti e a tua excelente esposa, e continua a gostar de mim como sempre, já que gosto de ti ainda mais do que de costume.

Outubro de 1516.

De optimo statu reipublicae deque noua insula Utopia sermonis quem Raphael Hythlodaeus uir eximius, de optimo reipublicae statu habuit liber primus, per illustrem uirum Thomam Morum inclitae Britanniarum urbis Londini et ciuem, et uicecomitem.

[Homo peregrinans Raphael Hythlodaeus]

Cum non exigui momenti negotia quaedam inuictissimus Angliae Rex Henricus eius nominis octauus, omnibus egregii principis artibus ornatissimus, cum serenissimo castellae principe Carolo controuersa nuper habuisset, ad ea tractanda, componendaque, oratorem me legauit in Flandriam, comitem et collegam uiri incomparabilis Cuthberti Tunstalli, quem sacris scriniis nuper ingenti omnium gratulatione praefecit, de cuius sane laudibus nihil a me dicetur, non quod uerear ne parum sincerae fidei testis habenda sit amicitia, sed quod uirtus eius, ac doctrina maior est, quam ut a me praedicari possit, tum notior ubique atque illustrior, quam ut debeat, nisi uideri uelim solem lucerna, quod aiunt, ostendere.

Occurrerunt nobis Brugis – sic enim conuenerat – hi, quibus a principe negotium demandabatur, egregii uiri omnes. In his praefectus Brugensis uir magnificus, princeps et caput erat, ceterum os et pectus Georgius Temsicius Cassiletanus Praepositus, non arte solum, uerum etiam natura facundus, ad haec iureconsultissimus, tractandi uero negotii cum ingenio, tum assiduo rerum usu eximius artifex. Vbi semel atque iterum congressi, quibusdam de rebus non satis consentiremus, illi in aliquot dies uale nobis dicto, Bruxellas profecti sunt, principis oraculum sciscitaturi.

Ego me interim—sic enim res ferebat—Antuerpiam confero. Ibi dum uersor, saepe me inter alios, sed quo non alius gratior, inuisit Petrus Aegidius Antuerpiae natus, magna fide, et loco apud suos honesto, dignus honestissimo, quippe iuuenis haud scio doctiorne, an moratior. Est enim optimus et litteratissimus, ad haec animo in omnes candido, in amicos

Sobre a melhor forma com que se constitui uma república, e sobre a desconhecida ilha de Utopia

Primeiro livro do discurso que o excelente varão Rafael Hitlodeu proferiu sobre a melhor forma com que se constitui uma república, escrito pelo ilustre Thomas More, visconde e cidadão de Londres, ínclita cidade da Inglaterra.

O viajante Rafael Hitlodeu

Como Henrique, o invicto rei da Inglaterra, oitavo de seu nome, o mais adornado com todas as virtudes do príncipe excelente, teve uma discussão sobre assuntos de não pouca monta com Carlos, o sereníssimo príncipe de Castela, sua majestade enviou-me a Flandres para tratar e resolver tal contenda, na companhia de Cuthbert Tunstall, um homem incomparável, a quem, pouco tempo antes, o rei confiara, para grande júbilo de todos, os arquivos reais, e sobre quem não farei elogios – não por recear que a amizade seja considerada testemunha pouco sincera, porém, por serem sua virtude e saber bem maiores do que eu posso devidamente proclamar, e por ser ele tão conhecido e ilustre em toda parte, que, como dizem, seria como mostrar o sol com uma lanterna.

Encontraram-se conosco em Bruges, pois assim fora acordado, aqueles a quem o príncipe de Castela solicitara a tarefa – todos homens importantíssimos. O prefeito de Bruges, um magnífico varão, era o líder deles e seu cabeça. No entanto, entre todos, a voz e o coração eram de George Temsício, o preboste de Monte Cassel, um homem eloquente por arte e natureza, o maior jurisconsulto sobre o tema da contenda – um exímio diplomata, não só pela inata capacidade de tratar dos negócios, mas também pela assídua prática. Ali nos reunimos algumas vezes, mas sem que em nenhuma delas tenhamos chegado a qualquer acordo. Por isso, eles, em poucos dias, despediram-se de nós e partiram para Bruxelas, para consultar a opinião de seu príncipe.

Eu, no ínterim, como a ocasião me consentia, fui a Antuérpia, e, enquanto lá permaneci, entre os muitos que foram ter comigo, ninguém me foi mais agradável do que Pieter Gillis, um antuerpiense de grande lealdade, merecedor de lugar de honra entre os seus – digno do mais estimado posto, pois não sei se há moço mais douto ou virtuoso do que ele. Pieter é, de fato, um homem excelente e letradíssimo;

uero tam propenso pectore, amore, fide, adfectu tam sincero, ut uix unum aut alterum usquam inuenias, quem illi sentias omnibus amicitiae numeris esse conferendum. Rara illi modestia, nemini longius abest fucus, nulli simplicitas inest prudentior, porro sermone tam lepidus, et tam innoxie facetus, ut patriae desiderium, ac laris domestici, uxoris, et liberorum, quorum studio reuisendorum nimis quam anxie tenebar—iam tum enim plus quattuor mensibus abfueram domo—magna ex parte mihi dulcissima consuetudine sua, et mellitissima confabulatione leuauerit.

 Hunc cum die quadam in templo diuae Mariae, quod et opere pulcherrimum, et populo celeberrimum est, rei diuinae interfuissem, atque peracto sacro, pararem inde in hospitium redire, forte colloquentem uideo cum hospite quodam, uergentis ad senium aetatis, uultu adusto, promissa barba, penula neglectim ab humero dependente, qui mihi ex uultu atque habitu nauclerus esse uidebatur.

 At Petrus ubi me conspexit, adit ac salutat. Respondere conantem seducit paululum, et uides inquit hunc!—simul designabat eum cum quo loquentem uideram—eum inquit iam hinc ad te recta parabam ducere. Venisset inquam pergratus mihi tua causa. Immo, inquit ille, si nosses hominem, sua. Nam nemo uiuit hodie mortalium omnium, qui tantam tibi hominum, terrarumque incognitarum narrare possit historiam. Quarum rerum audiendarum scio auidissimum esse te. Ergo inquam non pessime coniectaui. Nam primo aspectu protinus sensi hominem esse nauclerum. Atqui inquit aberrasti longissime; nauigauit quidem non ut Palinurus, sed ut Ulysses; immo uelut nempe Plato. Raphael iste, sic enim uocatur gentilicio nomine Hythlodaeus, et latinae linguae non indoctus, et graecae doctissimus—cuius ideo studiosior quam Romanae fuit, quoniam totum se addixerat philosophiae; qua in re nihil quod alicuius momenti sit, praeter Senecae quaedam, ac Ciceronis extare latine cognouit—relicto fratribus patrimonio, quod ei domi fuerat—est enim Lusitanus—orbis terrarum contemplandi studio Amerigo Vespucio se adiunxit, atque in tribus posterioribus illarum quattuor nauigationum quae passim iam leguntur, perpetuus

tem, para com todos, o ânimo puro; e, para com os amigos, o coração disponível, amor, lealdade e afeição tão sinceros, como, a custo, vez ou outra, são encontrados. Percebe-se nele congregarem-se todos os aspectos da amizade. Nele não há dissimulação, e em ninguém há mais da prudente simplicidade, embora seja tão agradável na conversa, e seus gracejos tão inocentes, que a saudade da pátria, do lar, de minha esposa e de meus filhos, os quais eu tanto ansiava por rever, porquanto já então me ausentava de casa havia mais de quatro meses, foi em mim mitigada em grande parte, pela sua dulcíssima companhia e pela mais melíflua conversa.

Certo dia, quando fui assistir a um ofício religioso na igreja de Santa Maria, que é a mais bela e popular obra arquitetônica da cidade, ao fim da missa, quando me preparava para voltar à hospedaria, por acaso o vi a conversar com um estrangeiro de idade avançada, que tinha o rosto queimado de sol e a barba comprida, a capa negligentemente jogada sobre os ombros, e cujas feições e trajes me pareceram ser os de um armador de navios.

Mas Pieter, ao ver-me, aproximou-se e me saudou! E quando eu já lhe ia responder, me interrompeu. "Vês este homem", perguntou-me enquanto me apontava aquele com quem eu o vira conversar. "Já me preparava para levá-lo à tua casa". "Se lá chegasse", respondo eu, "por tua causa, ele seria muito bem recebido". "De fato", respondeu ele, "se já o conhecesses, seria por causa dele! Pois não vive hoje nenhum mortal que possa te contar tantas histórias de gentes e terras desconhecidas. E sei que és ávido por ouvir sobre tais coisas". "Então não conjecturei errado, pois, logo na primeira impressão que tive, percebi que este homem era um armador de navios". Ao que ele me respondeu: "Erraste inteiramente; ele navegou sim, mas não como Palinuro; muito pelo contrário, antes o fez como Ulisses, ou melhor, de fato, até como Platão. Este é Rafael, também chamado pelo nome de família Hitlodeu, que não desconhece a língua latina e é doutíssimo em grego, língua em que mais se aprofundou do que na romana, pois se dedicou inteiramente à filosofia, e sabia que em tal matéria nada existe em latim de relevante, exceto alguma coisa de Sêneca ou de Cícero; e tendo deixado para os irmãos o patrimônio que era seu por herança, português que era, pela vontade de conhecer o orbe terrestre, juntou-se a Américo Vespúcio em três de suas quatro últimas navegações, cujos relatos são lidos pelo mundo. Foi seu constante

eius comes fuit, nisi quod in ultima cum eo non rediit. Curauit enim atque adeo extorsit ab Amerigo, ut ipse in his xxiiii esset qui ad fines postremae nauigationis in castello relinquebantur. Itaque relictus est, uti obtemperaretur animo eius, peregrinationis magis quam sepulchri curioso. Quippe cui haec assidue sunt in ore, caelo tegitur qui non habet urnam, et undique ad superos tantumdem esse uiae. Quae mens eius, nisi deus ei propitius adfuisset, nimio fuerat illi constatura.

Ceterum postquam digresso Vespucio multas regiones cum quinque castellanorum comitibus emensus est, mirabili tandem fortuna Taprobanen delatus, inde peruenit in Caliquit, ubi repertis commode Lusitanorum nauibus, in patriam denique praeter spem reuehitur.

[Peregrinationes Raphaelis]

Haec ubi narrauit Petrus, actis ei gratiis quod tam officiosus in me fuisset, ut cuius uiri colloquium mihi gratum speraret, eius uti sermone fruerer, tantam rationem habuisset, ad Raphaelem me conuerto, tum ubi nos mutuo salutassemus, atque illa communia dixissemus, quae dici in primo hospitum congressu solent, inde domum meam digredimur, ibique in horto considentes in scamno cespitibus herbeis constrato, confabulamur.

Narrauit ergo nobis, quo pacto posteaquam Vespucius abierat, ipse, sociique eius, qui in castello remanserant, conueniendo atque blandiendo coeperint se paulatim eius terrae gentibus insinuare, iamque non innoxie modo apud eas, sed etiam familiariter uersari, tum principi cuidam—cuius et patria mihi, et nomen excidit—grati, carique esse. Eius liberalitate narrabat commeatum, atque uiaticum ipsi et quinque eius comitibus affatim fuisse suppeditatum, cum itineris—quod per aquam ratibus, per terram curru peragebant—fidelissimo duce, qui eos ad alios principes, quos diligenter commendati petebant, adduceret. Nam post multorum itinera dierum, oppida atque urbes aiebat reperisse se, ac non pessime institutas magna populorum frequentia respublicas.

Nempe sub aequatoris linea tum hinc atque inde ab utroque latere quantum fere spatii solis orbita complectitur, uastas

companheiro, exceto em sua última viagem, quando não retornou com ele. Cuidou, porém, e até mesmo exigiu de Américo, que ele fizesse parte dos vinte e quatro homens deixados nos últimos confins da navegação a Nova Castela. Então, sendo atendida sua vontade, foi deixado, mais preocupado com as viagens do que com a sepultura, pois tinha sempre em sua boca que aquele que não tem sepultura está coberto pelo céu, e que por toda parte há o mesmo tanto de caminhos para os deuses. Essa sua disposição, se Deus não tivesse sido propício, ter-lhe-ia sido fatal.

"Depois que Vespúcio partiu, ele, com cinco companheiros castelhanos, percorreu muitas regiões, e, por um prodígio da ventura, chegou alfim a Taprobana, e, daí, foi para Calicute, onde, convenientemente, achou navios portugueses, e, contra todas as expectativas, retornou para a pátria".

Sobre as viagens de Rafael

Quando Pieter acabou de me dizer tais coisas, agradeci-lhe o empenho em me fazer fruir da conversa de um homem cujo colóquio ele esperava me fosse tão grato; com tantos motivos que me foram dados, dirigi-me a Rafael, e, após as mútuas saudações e trocas de cortesias que costumam ser feitas no primeiro encontro, dirigimo-nos à minha casa, onde, no jardim, assentados em um banco sobre o canteiro de ervas, começamos a conversar.

Contou-nos Rafael que, depois que Vespúcio partiu, como combinado, ele e os companheiros que haviam permanecido em Nova Castela, com afabilidade e brandura, puseram-se, pouco a pouco, a se inserir entre os habitantes da terra, vivendo entre eles logo em paz e familiarmente; disse que se tornou íntimo de certo príncipe, cujo nome e a pátria agora me fogem. Contou-nos que foi sustentado pela generosidade desse príncipe, que ofereceu abundantes provisões para ele e para seus cinco companheiros, e mais um guia da maior confiança, para acompanhá-los no percurso que fariam, por mar, em barcos, e por terra, em carroças, e que os recomendaria diligentemente aos outros príncipes que procurassem. Depois de caminharem por muitos dias, Rafael contou que chegaram a cidades e vilas – repúblicas que não são pessimamente governadas, e com grande acorrência de povos.

Então, sob a linha do equador, que é abrangida, de um lado e de outro, por quanto se estende a órbita do sol, depararam-se com vastos desertos

obiacere solitudines perpetuo feruore torridas. Squalor undique et tristis rerum facies horrida atque inculta omnia feris habitata, serpentibusque, aut denique hominibus, neque minus efferis quam sint beluae, neque minus noxiis. Ceterum ubi longius euectus sis, paulatim omnia mansuescere. Caelum minus asperum, solum uirore blandum, mitiora animantium ingenia, tandem aperiri populos, urbes, oppida, in his assidua non inter se modo, ac finitimos, sed procul etiam dissitas gentes, terra marique commercia. Inde sibi natam facultatem multas ultro citroque terras inuisendi, quod nulla nauis ad iter quodlibet instruebatur, in quam non ille, comitesque eius libentissime admittebantur.

 Naues quas primis regionibus conspexerunt, carina plana fuisse narrabat. Vela consutis papyris aut uiminibus intendebantur, alibi coriacea. Post uero acuminatas carinas canabea uela reppererunt. Omnia denique nostris similia. Nautae maris ac caeli non imperiti. Sed miram se narrabat inisse gratiam, tradito magnetis usu, cuius antea penitus erant ignari. Ideoque timide pelago consueuisse sese, neque alias temere, quam aestate credere. Nunc uero eius fiducia lapidis contemnunt hiemem, securi magis, quam tuti, ut periculum sit, ne quae res magno eis bono futura putabatur, eadem per imprudentiam magnorum causa malorum fiat.

 Quid quoque in loco se uidisse narrauit, et longum fuerit explicare, neque huius est operis institutum, et alio fortasse loco dicetur a nobis, praesertim quicquid ex usu fuerit non ignorari, qualia sunt in primis ea, quae apud populos usquam ciuiliter conuiuentes animaduertit, recte prudenterque prouisa. His enim de rebus et nos auidissime rogabamus, et ille libentissime disserebat, omissa interim inquisitione monstrorum, quibus nihil est minus nouum. Nam Scyllas et Celenos rapaces, et Lestrigonas populiuoros, atque eiuscemodi immania portenta, nusquam fere non inuenias, at sane ac sapienter institutos ciues haud reperias ubilibet. Ceterum ut multa apud nouos illos populos adnotauit perperam consulta, sic haud pauca recensuit, unde possint exempla sumi corrigendis harum urbium, nationum, gentium, ac regnorum erroribus idonea, alio, ut dixi, loco a me commemoranda.

requeimados por perpétuo calor. Por toda parte, tudo era árido; era triste a horrível aparência das coisas; a terra não era cultivada, habitada por feras e serpentes, ou, quando muito, por homens não menos ferozes e perigosos do que os bichos. Porém, à medida que se afastavam, todas as coisas, aos poucos, se abrandaram. O céu ficou menos hostil, o solo mais macio, graças à vegetação; e diminuiu a inata ferocidade dos animais; daí, apareceram povos, cidades e vilas, que mantinham constante comércio não apenas entre si e seus vizinhos, mas também com povos distantes, por terra ou mar. Contou-nos que lá teve a oportunidade de visitar muitas terras, para cima e para baixo, pois em todo navio em que, não apenas ele, mas também seus companheiros, quisessem embarcar, eram sempre muito bem-vindos.

Contou que as embarcações que viram nos primeiros lugares em que estiveram eram planas. As velas eram tecidas com papiros e vimes entrelaçados; outras eram feitas de couro. Depois, contou que se depararam com embarcações alongadas, guarnecidas de velas de cânhamo, e, finalmente, com navios iguais aos nossos, e marinheiros peritos nos mares e no céu. Porém, ele disse que entrou nas boas graças daquele povo após transmitir o uso da agulha magnética, sobre o que eles eram de todo ignorantes. Antes, lançavam-se ao mar só timidamente, e não arriscavam se confiar ao oceano profundo senão no verão. Hoje, com fé no instrumento, eles enfrentam o inverno, mais confiantes do que seguros, pois, diante do perigo, aquela invenção, que parecia lhes trazer tantos benefícios, por sua imprudência, transformou-se em causa de grandes males.

O que ademais Rafael nos contou ter visto naquele lugar seria muito longo aqui relatar, e não é o objetivo desta obra. Talvez alhures eu diga, em especial o que, por ser útil, não se deve ignorar – principalmente as sábias instituições que ele observou nos povos que viviam de maneira civilizada. Nós o interrogamos com avidez sobre tais questões, e ele, de bom grado, nos ia respondendo – sem perguntarmos, entretanto, sobre monstros, a respeito dos quais nada há de novo. As cilas, os vorazes celenos, os lestrigões comedores de gente, e outros terríveis portentos do mesmo gênero são encontrados em quase toda parte, mas não se acham cidadãos organizados de modo são e sábio em todos os lugares. Além disso, ele notou naqueles novos povos muitas leis absurdas, mas também não poucas outras que podem ser consideradas idôneas para corrigir os erros cometidos nas cidades, nações, povos ou reinos – coisas que serão lembradas por mim, como já disse, em outro lugar.

Nunc ea tantum referre animus est, quae de moribus atque institutis narrabat Vtopiensium, praemisso tamen eo sermone, quo uelut tractu quodam ad eius mentionem reipublicae deuentum est.

Nam cum Raphael prudentissime recensuisset, alia hic, alia illic errata, utrobique certe plurima, tum quae apud nos, quaeue item sunt apud illos cauta sapientius, cum uniuscuiusque populi mores atque instituta sic teneret, tamquam in quemcumque locum diuertisset, totam ibi uitam uixisse uideretur, admiratus hominem miror Petrus, profecto mi Raphael, inquit, cur te regi cuipiam non adiungas, quorum neminem esse satis scio, cui tu non sis futurus uehementer gratus, utpote quem hac doctrina, atque hac locorum hominumque peritia non oblectare solum, sed exemplis quoque instruere, atque adiuuare consilio sis idoneus, simul hoc pacto et tuis rebus egregie consulueris, et tuorum omnium commodis magno esse adiumento possis.

Quod ad meos attinet, inquit ille, non ualde commoueor, nempe in quos mediocriter opinor me officii mei partes impleuisse. Nam quibus rebus alii non nisi senes et aegri cedunt, immo tum quoque aegre cedunt, cum amplius retinere non possunt, eas res ego non sanus modo ac uegetus, sed iuuenis quoque cognatis, amicisque dispartiui, quos debere puto hac mea esse benignitate contentos, neque id exigere atque expectare praeterea, ut memet eorum causa regibus in seruitium dedam.

Bona uerba inquit Petrus, mihi uisum est non ut seruias regibus, sed ut inseruias.

Hoc est inquit ille, una syllaba plusquam seruias.

At ego sic censeo inquit Petrus, quoquo tu nomine rem appelles, eam tamen ipsam esse uiam, qua non aliis modo et priuatim, et publice possis conducere, sed tuam quoque ipsius conditionem reddere feliciorem.

Felicioremne inquit Raphael, ea uia facerem, a qua abhorret animus! Atqui nunc sic uiuo ut uolo, quod ego certe suspicor paucissimis purpuratorum contingere. Quin satis est eorum, qui potentum amicitias ambiunt, ne magnam putes iacturam fieri, si me atque uno aut altero mei similibus sint carituri.

Aqui e agora, o meu propósito é apenas o de narrar as coisas que ele contou sobre os modos e as instituições dos utopienses, tendo antes tão-só mostrado de que maneira se chegou à menção àquela república.

De fato, após Rafael, com muita prudência, aprofundar-se nas coisas que estão erradas, algumas aqui, outras acolá, e a maioria, em todos os lugares; e também depois de ter falado sobre o que é oportuno aqui e lá, com a demonstração de conhecer as instituições e os modos de cada povo, como se houvesse passado toda a vida em cada lugar por onde viajou, Pieter, espantado com tão notável homem, disse: "Decerto, caro Rafael, pergunto-me por qual motivo não te juntaste à corte de algum rei. Sei que não há monarca que não ficaria extremamente satisfeito contigo, dadas não só tua erudição e o conhecimento que tens sobre lugares e homens, mas também para o instruíres com teus exemplos, e o aconselhares. Assim fazendo, cuidarias bem de teus interesses, e ainda poderias ser de grande valia para a conveniência de todos os teus".

"No que se refere aos meus", respondeu Rafael, "em nada me preocupo, já que cumpri, por mínimo que seja, meus deveres para com eles. Pois aqueles bens, aos quais as outras pessoas não renunciam senão depois de velhas e doentes, e aos quais mesmo assim só renunciam dolorosamente, quando não mais os podem manter, eu, não apenas são e forte, mas também jovem, os reparti entre meus parentes e amigos, que creio devam estar bem contentes com minha generosidade, sem exigirem ou esperarem que, por sua causa, eu me ponha a serviço dos reis".

"Boas palavras", disse Pieter. "Porém não me pareceu que serias um servo dos reis, mas um servidor".

"O que é a mesma coisa que um servo", disse Rafael, "com apenas uma sílaba a mais".

"Eu penso, todavia", disse Pieter, "que, qualquer que seja o nome que dês, é esse o caminho pelo qual tu podes ser útil não só ao público e aos particulares, mas também pelo qual tornes mais próspera tua própria condição".

"Seguirei mais feliz", diz Rafael, "pelo caminho que meu espírito abomina? Hoje vivo como quero, e suspeito que assim suceda a pouquíssimos dos purpurados. Muitos há que ambicionam a amizade dos poderosos, e não penses que minha falta ou a de alguém parecido será grande ausência".

Tum ego, perspicuum est inquam te mi Raphael, neque opum esse, neque potentiae cupidum, atque ego profecto huius tuae mentis hominem non minus ueneror ac suspicio, quam eorum quemuis, qui maxime rerum sunt potentes. Ceterum uideberis plane rem te atque isthoc animo tuo tam generoso, tam uere philosopho dignam facturus, si te ita compares, ut uel cum aliquo priuatim incommodo ingenium tuum atque industriam, publicis rebus accommodes, quod numquam tanto cum fructu queas, quanto si a consiliis fueris magno alicui principi, eique—quod te facturum certe scio—recta atque honesta persuaseris. Nempe a principe bonorum, malorumque omnium torrens in totum populum, uelut a perenni quodam fonte promanat. In te uero tam absoluta doctrina est, ut uel citra magnum rerum usum, porro tanta rerum peritia, ut sine ulla doctrina, egregium consiliarium cuiuis regum sis praestaturus.

Bis erras, inquit ille, mi More, primum in me, deinde in re ipsa. Nam neque mihi ea est facultas, quam tu tribuis, et si maxime esset, tamen cum otio meo negotium facesserem, publicam rem nihil promoueam. Primum enim principes ipsi plerique omnes militaribus studiis—quorum ego neque peritiam habeo, neque desidero—libentius occupantur, quam bonis pacis artibus, maiusque multo studium est, quibus modis per fas ac nefas noua sibi regna pariant, quam uti parta bene administrent. Praeterea quicumque regibus a consilio sunt, eorum nemo est, qui non aut uere tantum sapit, ut non egeat, aut tantum sibi sapere uidetur, ut non libeat alterius probare consilium, nisi quod absurdissimis quibusque dictis assentiuntur et supparasitantur eorum, quos ut maxime apud principem gratiae, student assentatione demereri sibi. Et certe sic est natura comparatum, ut sua cuique inuenta blandiantur. Sic et coruo suus arridet pullus, et suus simiae catulus placet.

Quod si quis in illo coetu uel alienis inuidentium, uel praeferentium sua, aliquid afferat, quod aut aliis temporibus factum legit, aut aliis fieri locis uidit, ibi qui audiunt, perinde agunt, ac si tota sapientiae suae periclitaretur opinio, et post illa pro stultis plane sint habendi, nisi aliquid sufficiant inuenire, quod in aliorum inuentis uertant uitio. Si cetera destituant, tum

Então digo eu, "É evidente, caro Rafael, que não tens qualquer necessidade ou ambição por riquezas e poder; e, na verdade, eu respeito e admiro um homem que tem tua mente não menos do que aqueles que têm o máximo poder sobre as coisas. Parece-me, entretanto, que seria bastante digno de um espírito como o teu, tão generoso e tão sábio, se dedicasses teu engenho e tua indústria, ainda que com algum inconveniente pessoal, aos assuntos públicos, porque nunca tanto se aproveita alguém quanto quando se o põe a serviço de algum grande príncipe, e – estou certo de que assim farias – se esse alguém o aconselha de forma correta e honesta. Pois é do príncipe que mana sobre o povo uma torrente de todas as bondades e males, como uma fonte perene. Há, deveras, em ti tão perfeito conhecimento das coisas, ainda que sem grande experiência, e, por outro lado, há tamanha perícia, mesmo que sem a erudição dos assuntos, que serias um excelente conselheiro para qualquer rei".

"Erras duas vezes, meu caro More", respondeu-me Rafael. "Primeiro, em relação a mim; e depois, em relação ao assunto. Pois não tenho a capacidade que me atribuis, e ainda que se maximamente eu a tivesse, e ainda que tornasse produtivo o tempo de meu descanso, eu não seria útil à república. Primeiro porque a maior parte dos príncipes, senão todos, aplica-se com mais boa vontade às artes da guerra – sobre as quais não tenho qualquer perícia, nem desejo ter – do que às artes da paz, e interessam-se muito mais pelas maneiras, justas ou não, de conquistarem para si novos reinos, do que por bem administrar os que já alcançaram. Por outro lado, dentre aqueles que compõem o conselho real, ou há quem seja tão sábio que não necessita de conselhos, ou quem se imagine tão sábio que prefira não receber o conselho de outrem, a não ser daqueles que, com absurdas falas, concordam e bajulam os que contam com a graça do príncipe, e que buscam conquistar seu favor. Decerto é disposto pela natureza que cada um se compraza com sua opinião, assim como o corvo, que ama seus filhotes, e as crias encantam os símios.

"Ora, se em tal reunião, onde se desprezam as opiniões alheias, ou só as opiniões próprias são consideradas as melhores, alguém descrever os fatos que leu sobre outros tempos, ou o que viu ocorrerem noutros lugares, ali, aqueles que o ouvem comportam-se exatamente como se a reputação de sua sabedoria estivesse em risco, e eles, assim, pudessem ser considerados completos estultos, a não ser que encontrem

huc confugiunt, haec nostris, inquiunt, placuere maioribus, quorum prudentiam utinam nos aequaremus, itaque hoc dicto ueluti egregie perorata re considunt. Tamquam magnum sit periculum, si quis ulla in re deprehendatur maioribus suis sapientior. A quibus tamen, ut quicque optime consultum est, ita aequissimo animo ualere sinimus. At si qua de re potuit consuli prudentius, eam protinus ansam cupide arreptam mordicus retinemus. Itaque in haec superba, absurda, ac morosa iudicia, cum saepe alibi, tum semel in Anglia quoque incidi.

Obsecro inquam, fuisti apud nos!

Fui inquit, atque aliquot menses ibi sum uersatus, non multo post eam cladem, qua Anglorum occidentalium ciuile aduersus regem bellum miseranda ipsorum strage compressum est.

Interea multum debui reuerendissimo patri Ioanni Mortono Cantuariensi Archiepiscopo et Cardinali, ac tum quoque Angliae Cancellario, uiro mi Petre—nam Moro cognita sum narraturus—non authoritate magis, quam prudentia ac uirtute uenerabili. Etenim statura ei mediocris erat, nec aetati, quamquam serae cedens. Vultus quem reuereare, non horreas. In congressu non difficilis. Serius tamen et grauis. Libido erat asperius interdum compellando supplicantes experiri, sed sine noxa, quid ingenii, quam animi praesentiam quisque prae se ferret, qua uelut cognata sibi uirtute, modo abesset impudentia delectabatur, et ut idoneam ad res gerendas amplectebatur, sermo politus et efficax, iuris magna peritia, ingenium incomparabile, memoria ad prodigium usque excellens. Haec enim natura egregia, discendo atque exercendo prouexit.

Huius consiliis rex plurimum fidere, multum respublica niti—cum ego aderam—uidebatur. Quippe qui ab prima fere iuuenta protinus a schola coniectus in aulam, maximis in negotiis per omnem uersatus aetatem, ac uariis fortunae aestibus assidue iactatus prudentiam rerum—quae sic recepta non facile elabitur—multis, magnisque cum periculis didicerat.

Forte fortuna cum die quodam in eius mensa essem, laicus quidam legum uestratium peritus aderat, is nescio unde nactus

algo que deprecie as invenções alheias, ou lhes aponte vícios. E se tudo mais falhar, eles se refugiam no seguinte argumento: 'Assim aprovavam nossos antepassados, aos quais, tomara, nos igualaremos em prudência'; e, falando dessa maneira, como se houvessem discursado egregiamente, voltam a se sentar. Fazem como se fosse um grande perigo alguém ser considerado mais douto em qualquer assunto do que os antepassados. De fato, tudo o que de bom foi decidido por eles, consentimos de bom grado em fazer valer. Mas, se em algum caso, for possível decidir de forma mais prudente, agarramos com obstinação aquela asa segura pela pena. Assim encontram-se julgamentos arrogantes, absurdos e morosos sobre tais assuntos em muitos lugares, e também, ao menos uma vez, na Inglaterra".

"Desculpe-me", digo eu, "mas acaso já estiveste entre nós?".

"Sim", diz Rafael. "Passei lá alguns meses, pouco depois da guerra civil em que os ingleses ocidentais enfrentaram seu rei, e que foi contida com grande matança dos revoltosos.

"Na ocasião, contraí uma grande dívida com o reverendíssimo padre John Morton, cardeal-arcebispo da Cantuária e chanceler da Inglaterra – um homem, caro Pieter (pois não me dirijo a More, a quem eu contaria coisas já conhecidas), não mais venerável pela autoridade do que pela prudência e pela virtude. Era um homem de estatura mediana, que não se curvou com a idade; suas feições eram respeitáveis, ainda que não assustadoras; não era de difícil trato, apesar de severo e grave. Tinha prazer em experimentar os que o procuravam, dirigindo-se a eles de modo áspero, posto que sem ofensas; porém deleitava-se se, pelas respostas que recebia, mostrassem-lhe inteligência e presença de espírito, mas sem insolência – pelo que ele lhes reconhecia a virtude e fazia suas escolhas para cargos públicos. Era polido e eficaz com as palavras, tinha grande perícia jurídica e excelente memória. Além disso, aperfeiçoou sua egrégia natureza no estudo e no exercício.

"Quando eu lá estive, o rei parecia confiar muito em seus conselhos e nele sustentava a república. Levado para a corte na primeira juventude, envolveu-se, durante toda a vida, com os mais importantes negócios de estado, e, sendo jogado amiúde pelos vários estos da Fortuna, adquiriu, entre muitos e graves perigos, o conhecimento da vida, que, assim conquistado, não se perde facilmente.

"Como, por ventura da sorte, eu me encontrava certa vez à sua mesa, onde se achava certo leigo, perito em vossas leis, este, não sei por qual

occasionem, coepit accurate laudare, rigidam illam iustitiam, quae tum illic exercebatur in fures, quos passim narrabat nonnumquam suspendi uiginti in una cruce, atque eo uehementius dicebat se mirari, cum tam pauci elaberentur supplicio, quo malo fato fieret, uti tam multi tamen ubique grassarentur.

Tum ego, ausus enim sum libere apud Cardinalem loqui; nihil mireris inquam. Nam haec punitio furum et supra iustum est, et non ex usu publico. Est enim ad uindicanda furta nimis atrox, nec tamen ad refrenanda sufficiens. Quippe neque furtum simplex tam ingens facinus est, ut capite debeat plecti, neque ulla poena est tanta, ut ab latrociniis cohibeat eos, qui nullam aliam artem quaerendi uictus habent. Itaque hac in re non uos modo, sed bona pars huius orbis imitari uidetur malos praeceptores, qui discipulos uerberant libentius quam docent. Decernuntur enim furanti grauia atque horrenda supplicia, cum potius multo fuerit prouidendum, uti aliquis esset prouentus uitae, ne cuiquam tam dira sit furandi primum, dehinc pereundi necessitas.

Est inquit ille, satis hoc prouisum; sunt artes mechanicae, est agricolatio, ex his tueri uitam liceat, ni sponte mali esse mallent. At non sic euades inquam. Nam primum omittamus eos, qui saepe uel ab externis bellis, uel ciuilibus mutili redeunt domum, ut nuper apud uos e Cornubiensi proelio, et non ita pridem e Gallico, qui uel reipublicae impendunt membra, uel regi, quos neque pristinas artes exercere debilitas patitur, neque aetas nouam discere. Hos inquam omittamus, quando bella per intermissas uices commeant. Ea contemplemur, quae nullo die non accidunt.

Tantus est ergo nobilium numerus, qui non ipsi modo degant otiosi tamquam fuci laboribus aliorum, quos puta suorum praediorum colonos augendis reditibus ad uiuum usque radunt. Nam eam solam frugalitatem nouere, homines alioquin ad mendicitatem usque prodigi; uerum immensam quoque otiosorum stipatorum turbam circumferunt, qui nullam umquam quaerendi uictus artem didicere. Hi simul atque herus obierit, aut ipsi aegrotauerint, eiiciuntur ilico. Nam et otiosos libentius quam aegrotos alunt, et saepe morientis heres non protinus alendae sufficit paternae familiae.

motivo, começou a elogiar diligentemente a inflexível justiça que então era ali aplicada aos ladrões, sobre os quais ele contava que, por toda parte, eram, vez por outra, pendurados às vintenas em uma só forca, e dizia se admirar bastante com o fato de que, apesar de tão poucos escaparem daquele suplício, tantos ainda grassarem por toda parte.

"Então, eu, que me atrevia a falar com liberdade na presença do cardeal, disse: 'Não te espantes, pois tal punição aos ladrões é muito além do que é justo, e não serve aos interesses públicos. É, de fato, uma punição assaz atroz para os furtos, embora não suficiente para os refrear. Um simples furto não é crime tão grave que deva ser castigado com a morte, e não há pena tamanha que impeça de roubar aqueles que não têm outro recurso para conseguir alimentos. Desse modo, não apenas vós, mas quase todo o vosso mundo pareceis imitar os maus professores, que preferem espancar os alunos a instruí-los. São aplicados aos ladrões graves e terríveis castigos, quando muito melhor seria providenciar meios para sustentarem a vida, a fim de que ninguém sofresse tão cruel necessidade de primeiro roubar, e depois perder a vida.

"'Isso', respondeu ele, 'já foi bem resolvido. Há as profissões e a agricultura, por meio dos quais eles poderiam ganhar a vida, se não preferissem, de boa vontade, o crime'. 'Não escaparás assim à questão', disse-lhe eu. 'Primeiro, não falarei daqueles que voltam mutilados para casa, vindos das guerras externas ou civis, como os que, há pouco tempo, junto a vós, chegaram da Guerra da Cornualha, ou, um pouco antes, da Guerra da França – aqueles que perderam os membros a serviço da pátria ou do rei, e cuja fraqueza impediu de retornarem às antigas atividades, ou cuja idade não permitiu que aprendessem uma nova profissão. Não falemos desses, já que as guerras acontecem apenas de vez em quando. Olhemos, antes, para aquilo que nos ocorre todos os dias.

"'Há, deveras, um grande contingente de nobres que, ociosos como zangões, vivem do trabalho alheio – por exemplo, do trabalho dos colonos de suas propriedades, a quem esfolam vivos com excessivas taxas. Eles conhecem apenas tal economia – são homens pródigos a ponto de se conduzirem à mendicância; além disso, rodeiam-se de uma imensa turba de ociosos aduladores, que não aprenderam qualquer ofício para garantir o próprio sustento. Esses, tão logo morre o senhor, ou no caso de eles próprios adoecerem, são lançados sem demora à rua, pois é preferível alimentar os ociosos do que os doentes, e muitas vezes o herdeiro logo

Interim illi esuriunt strenue, nisi strenue latrocinentur. Nam quid faciant! Siquidem ubi errando paululum uestes ac ualetudinem attriuere, morbo iam squalidos, atque obsitos pannis, neque generosi dignantur accipere, neque audent rustici; non ignari eum qui molliter educatus in otio ac deliciis, solitus sit accinctus acinace ac cetra, totam uiciniam uultu nebulonico despicere et contemnere omnes prae se, haudquaquam idoneum fore, qui cum ligone ac marra, maligna mercede ac uictu parco, fideliter inseruiat pauperi.

Ad haec ille, atqui nobis inquit, hoc hominum genus in primis fouendum est. In his enim, utpote hominibus animi magis excelsi ac generosioris, quam sunt opifices aut agricolae, consistunt uires ac robur exercitus, si quando sit confligendum bello.

Profecto inquam ego, eadem opera dicas licet, belli gratia fouendos esse fures, quibus haud dubie numquam carebitis, dum habebitis hos. Quin neque latrones sunt instrenui milites, neque milites ignauissimi latronum, adeo inter has artes belle conuenit. At hoc uitium tamen frequens est uobis, non proprium. Est enim omnium fere gentium commune. Nam Gallias infestat alia praeterea pestis pestilentior, tota patria stipendiariis, in pace quoque—si illa pax est—oppleta atque obsessa militibus, eadem persuasione inductis, qua uos otiosos hic ministros alendos esse censuistis. Nempe quod Morosophis uisum est, in eo sitam esse publicam salutem, si in promptu semper adsit ualidum, firmumque praesidium, maxime ueteranorum. Neque enim confidunt inexercitatis quicquam, ut uel ideo quaerendum eis bellum sit, ne imperitos habeant milites, et homines iugulandi gratis, ne—ut habet facete Sallustius—manus aut animus incipiat per otium torpescere.

At quam sit perniciosum huiusmodi beluas alere, et Gallia suo malo didicit, et Romanorum, Carthaginensium, ac Syrorum, tum multarum gentium exempla declarant, quorum omnium non imperium modo, sed agros quoque, atque adeo urbes ipsas parati ipsorum exercitus aliis atque aliis occasionibus euerterunt. Quam uero non magnopere necessarium, uel hinc elucescit, quod ne Galli quidem milites armis ab unguiculis

não tem condições para sustentar a casa do pai defunto. Então, corajosamente, tais homens morrem de fome, a não ser que, também de forma corajosa, tornem-se ladrões. Pois, o que mais fariam? Já que na errância gastaram, aos poucos, as roupas e a saúde que tinham, e, quando esquálidos pela doença e cobertos de andrajos, os nobres não mais se dignam em os aceitar, nem se arriscam a fazê-lo os camponeses, pois sabem que aquele que foi educado no ócio e nos prazeres, acostumado a empunhar alfanje e broquel, useiro em desdenhar, com torvo olhar, os vizinhos e a desprezar a todos, jamais será apto a servir fielmente a um pobre, com pá e enxada, por vil salário e merenda parca'.

"A tais coisas ele disse: 'É essa a espécie de homens que primeiro devemos favorecer, porque há neles muito mais altivez e coragem do que nos artesãos e lavradores; neles estão a força e o vigor dos exércitos, para quando a guerra começar'.

"'Decerto', falei-lhe eu, 'será o mesmo que dizeres que, em razão da guerra, devam ser favorecidos os ladrões, que nunca faltarão enquanto houver soldados. Com efeito, os ladrões não são os mais preguiçosos soldados, nem os soldados os mais covardes ladrões, de tal sorte que ambos os ofícios convivem muito bem. Contudo, esse não é um vício próprio nosso; é também frequente junto a vós, e comum a quase todas as nações. No entanto, outra peste ainda muito pior infesta a França, pois todo aquele reino está repleto de mercenários, mesmo durante a paz – se é que aquilo é paz –; está sempre ocupado por soldados, recrutados sob o mesmo argumento pelo qual se justifica que aqui sejam alimentados tais lacaios. Pois parece aos *morosofos*[1] que aí se assenta a segurança pública, porque sempre deve haver um contingente de prontidão, firme e forte, principalmente de veteranos, porque os franceses não confiam em recrutas inexperientes, de modo que são até mesmo obrigados a procurar a guerra, para que não tenham soldados destreinados, e a fim de que a mão e o ímpeto não comecem a estrangular os homens sem outra razão do que, como Salústio disse com tanta graça, para alívio do ócio.

"'A França, às suas expensas e prejuízo, aprendeu como é pernicioso sustentar tais feras. Mostram-no os exemplos dos romanos, cartagineses, sírios e tantos outros povos em que os exércitos por eles mesmos mobilizados destruíram, em muitas ocasiões, não apenas todo o império, mas também os campos e cidades. Põe à luz o quanto isso é desnecessário, pois é fato que os soldados franceses, treinadíssimos

exercitatissimi cum euocatis comparati uestris, admodum saepe gloriantur superiores sese discessisse, ut ne quid dicam amplius, ne praesentibus uidear adblandiri uobis.

Sed nec uestri illi uel opifices urbici, uel rudes atque agrestes agricolae otiosos generosorum stipatores creduntur ualde pertimescere, nisi aut hi quibus ad uires atque audaciam corpus contigit ineptius, aut quorum animi uis inopia rei familiaris infringitur, adeo periculum nullum est, ne quorum ualida et robusta corpora—neque enim nisi selectos dignantur generosi corrumpere—nunc uel elanguescunt otio, uel negotiis prope muliebribus emolliuntur, iidem bonis artibus instructi ad uitam, et uirilibus exercitati laboribus effeminentur. Certe utcumque sese haec habet res, illud mihi nequaquam uidetur publicae rei conducere, in euentum belli, quod numquam habetis, nisi cum uultis, infinitam eius generis turbam alere, quod infestat pacem, cuius tanto maior haberi ratio, quam belli debeat. Neque haec tamen sola est furandi necessitas. Est alia magis quantum credo, peculiaris uobis.

Quaenam est ea! Inquit oues Cardinalis. Inquam uestrae, quae tam mites esse, tamque exiguo solent ali, nunc—uti fertur—tam edaces atque indomitae esse coeperunt, ut homines deuorent ipsos, agros, domos, oppida uastent ac depopulentur. Nempe quibuscumque regni partibus nascitur lana tenuior, atque ideo pretiosior, ibi nobiles et generosi, atque adeo Abbates aliquot sancti uiri, non his contenti reditibus, fructibusque annuis, qui maioribus suis solebant ex praediis crescere, nec habentes satis, quod otiose ac laute uiuentes, nihil in publicum prosint, nisi etiam obsint, aruo nihil relinquunt, onmia claudunt pascuis, demoliuntur domos, diruunt oppida, templo dumtaxat stabulandis ouibus relicto, et tamquam parum soli perderent apud uos ferarum saltus, ac uiuaria, illi boni uiri habitationes omnes, et quicquid usquam est culti, uertunt in solitudinem.

Ergo ut unus helluo inexplebilis ac dira pestis patriae, continuatis agris, aliquot milia iugerum uno circumdet septo, eiiciuntur coloni. Quidam suis etiam aut circumscripti fraude, aut ui oppressi exuuntur, aut fatigati iniuriis, adiguntur ad uenditionem. Itaque

nas armas desde o berço, só poucas vezes se compararam aos vossos recrutas e raramente se gabam de terem sido superiores. Porém, nada mais direi, para não parecer lisonjear a vossa presença.

"'Entretanto, sabe-se que vosso povo, sejam os artesãos da cidade, sejam os agricultores rudes e agrestes, em nada temem os aduladores dos nobres, exceto aqueles cujos corpos são incapazes para a coragem, ou nos quais a miséria familiar alquebra a força da alma. Por isso, não há perigo, pois seus fortes e robustos corpos – e o são, uma vez que os nobres escolhem as mulheres a quem corromper –, agora se enlanguescem no ócio e se amolecem em tarefas feminis, enquanto aqueles que aprenderam um bom ofício para a vida e que foram exercitados nos trabalhos viris não se debilitam. Na verdade, de qualquer maneira que as coisas se passem, parece-me inútil à república que, na perspectiva de uma guerra – que nunca haverá, a não ser que desejes –, alimente-se uma infinita multidão dessa espécie de gente, que é infesta na paz, na proporção que deva ser considerada do que a guerra. No entanto, essa não é a única motivação para os roubos; há outra que creio seja maior, e peculiar a vós'.

"'Qual é?' 'Vossas ovelhas, cardeal', disse eu, 'que costumavam ser tão mansas e que eram alimentadas com tão pouco, puseram-se hoje, como se conta, a ser tão famintas e ferozes que devoram os próprios homens, campos e casas, e devastam e despovoam as cidades. De fato, em todas as partes do reino onde se produz a mais fina lã, e por isso mesmo a mais preciosa, os nobres, os ricos e mesmo os abades e homens santos, não satisfeitos com suas rendas e com os frutos prediais que seus antepassados costumavam majorar, não tendo o bastante, por viverem no ócio e no luxo que de nada servem para o bem público, a não ser que sejam impedidos, não deixam nenhuma lavoura; cercam toda terra para pastagens, derrubam casas e vilas, deixando tão só o templo para servir de redil às ovelhas. E, uma vez que os bosques de caça e os parques ocupam tanto do território do país, aqueles benditos homens transformaram todas as habitações e culturas em deserto.

"'Logo, quando um único glutão insaciável – essa terrível peste da pátria – cerca, com um único muro, alguns milhares de acres de contínuos campos, os colonos são expulsos – alguns deles, arrancados de suas propriedades ou enganados por fraude, ou constrangidos à força, ou mesmo perseguidos

quoquo pacto emigrant miseri, uiri, mulieres, mariti, uxores, orbi, uiduae, parentes cum paruis liberis, et numerosa magis quam diuite familia, ut multis opus habet manibus res rustica, emigrant inquam e notis atque assuetis laribus, nec inueniunt quo se recipiant, supellectilem omnem haud magno uendibilem, etiam si manere possit emptorem, cum extrudi necesse est, minimo uenundant. Id cum breui errando insumpserint, quid restat aliud denique, quam uti furentur, et pendeant iuste scilicet, aut uagentur atque mendicent. Quamquam tum quoque uelut errones coniiciuntur in carcerem, quod otiosi obambulent, quorum operam nemo est qui conducat, cum illi cupidissime offerant. Nam rusticae rei cui assueuerunt nihil est quod agatur, ubi nihil seritur. Siquidem unus opilio atque bubulcus sufficit ei terrae depascendae pecoribus, in cuius cultum, ut sementi faciendae sufficeret, multae poscebantur manus.

Atque hac ratione fit, ut multis in locis annona multo sit carior. Quin lanarum quoque adeo increuit pretium, ut a tenuioribus, qui pannos inde solent apud uos conficere, prorsus emi non possint, atque ea ratione plures ab opere ablegantur in otium. Nam post aucta pascua infinitam ouium uim absumpsit tabes, uelut eorum cupiditatem ulciscente deo immissa in oues lue, quam in ipsorum capita contortam esse fuerat iustius. Quod si maxime increscat ouium numerus, pretio nihil decrescit tamen. Quod earum, si monopolium appellari non potest quod non unus uendit, certe oligopolium est. Reciderunt enim fere in manus paucorum, eorundemque diuitum, quos nulla necessitas urget ante uendendi quam libet, nec ante libet quam liceat quanti libet.

Iam cetera quoque pecorum genera, ut aeque cara sint, eadem ratio est, atque hoc etiam amplius, quod dirutis uillis, atque imminuta re rustica non sint qui foeturam curent. Neque enim diuites illi, ut ouium, sic etiam armentorum foetus educant; sed aliunde macra empta uili, posteaquam suis pascuis pinguerint, magno reuendunt. Ideoque, sicuti reor, nondum sentitur totum huius rei incommodum. Nempe adhuc his modo locis reddunt cara, ubi uendunt. Ceterum ubi aliquandiu celerius extulerint illinc, quam nasci possint,

por injustiças, são obrigados a vendê-las. Desse modo, emigram os desventurados homens, mulheres, maridos, esposas, órfãos, viúvas, pais com recém-nascidos e famílias mais numerosas do que ricas, já que o trabalho no campo precisa de muitas mãos. Emigram', eu insisto, 'de seus conhecidos e costumeiros lares, e não encontram quem os receba. Vendem por pouco toda a mobília venal, mesmo se poderiam esperar um comprador, ao serem obrigados a partir. Quando, na errância, esse pouco valor é gasto, o que mais lhes resta senão roubar e talvez serem enforcados pela justiça, ou vagarem e mendigarem? E, nesse caso, então também são lançados no cárcere, como vadios, porque erram ociosos, e não há quem lhes ofereça trabalho, ainda que se esforcem com grande empenho. Pois, dos trabalhos do campo a que estão acostumados, nada há para fazer onde nada há para plantar. Um único pastor ou vaqueiro basta para a terra onde pastam os rebanhos, cujo cultivo, para ser semeada e preparada, antes exigia muitos braços.

"'Essa é a razão da grande carestia de víveres que houve em tantos lugares. Ademais, o preço das lãs subiu tanto, que os mais pobres, que são os que junto a vós costumam tecer os panos, nem sequer as podem comprar; por essa razão, muitos são obrigados a trocar o trabalho pelo ócio. Um motivo é que, depois que os pastos foram alargados, uma peste consumiu a imensa parte do rebanho, como se Deus, para punir-lhes a cobiça, houvesse mandado uma calamidade contra os carneiros, quando mais justo seria que a houvesse lançado contra as cabeças daquela gente. Mas, embora o número de carneiros tenha crescido ao máximo, o preço nada diminuiu, uma vez que seu comércio, ainda que não possa ser chamado de monopólio, por não ser só um o vendedor, decerto é um oligopólio, porque se concentra nas mãos de uns poucos ricos, aos quais nenhuma necessidade obriga a vender seus produtos antes do tempo, e que não os vendem senão quando recebem o que querem.

"'Já também os outros tipos de gado, do mesmo modo, se encareceram, e pelo mesmo motivo, além de outro mais, porque, com a destruição das granjas e a diminuição do trabalho rural, ninguém mais se preocupa com a reprodução dos animais. Acontece que os homens ricos não cuidam da criação de grande porte da mesma maneira que da criação de carneiros, pois compram animais magros em outras vilas e, depois que os engordam em seus pastos, revendem-nos por um preço maior. No entanto, segundo eu penso, ainda não se fizeram sentir os inconvenientes de tal abuso, pois, até agora, só se encareceram as coisas nos lugares onde são vendidas; mas,

tum demum ibi quoque paulatim decrescente copia, ubi coemuntur, necesse est hic insigni laboretur inopia.

Ita qua re uel maxime felix haec uestra uidebatur insula, iam ipsam paucorum improba cupiditas uertit in perniciem. Nam haec annonae caritas in causa est, cur quisque quam possit plurimos e familia dimittat, quo quaeso nisi mendicatum, aut quod generosis animis persuadeas facilius latrocinatum!

Quid quod ad miseram hanc egestatem, atque inopiam adiungitur, importuna luxuries. Nam et ministris nobilium, et opificibus, et ipsis propemodum rusticis, et omnibus denique ordinibus, multum est insolentis apparatus in uestibus, nimius in uictu luxus. Iam ganea, lustra, lupanar, et aliud lupanar tabernae, uinariae, ceruisiariae, postremo tot improbi ludi, alea, charta, fritillus, pila, sphaera, discus, an non haec celeriter exhausta pecunia, recta suos mystas mittunt aliquo latrocinatum!

Has perniciosas pestes eiicite, statuite, ut uillas atque oppida rustica, aut hi restituant qui diruere, aut ea cedant reposituris, atque aedificare uolentibus. Refrenate coemptiones istas diuitum, ac uelut monopolii exercendi licentiam. Pauciores alantur otio, reddatur agricolatio, lanificium instauretur, ut sit honestum negotium, quo se utiliter exerceat otiosa ista turba, uel quos hactenus inopia fures fecit, uel qui nunc errones aut otiosi sunt ministri, fures nimirum utrique futuri. Certe nisi his malis medemini, frustra iactetis exercitam in uindicanda furta iustitiam, nempe speciosam magis, quam aut iustam aut utilem. Siquidem cum pessime sinitis educari, et mores paulatim ab teneris annis corrumpi, puniendos uidelicet, tum demum cum ea flagitia uiri designent, quorum spem de se perpetuam a pueritia usquam praebuerant, quid aliud quaeso quam facitis fures, et iidem plectitis!

Iam me haec loquente iuris ille consultus interim se ad dicendum composuerat, ac statuerat secum modo illo solemni disputantium uti, qui diligentius repetunt quam respondent, adeo bonam partem laudis ponunt in memoria.

Belle, inquit, dixisti profecto, cum sis uidelicet hospes, qui magis audire his de rebus aliquid potueris, quam

se forem dali retiradas mais rápido do que possam ser produzidas, então, sua quantidade também aos poucos diminuirá, e, quando tudo for comprado, padecer-se-á de imensa pobreza.

"'Desse modo, a vossa ilha, que parecia tão afortunada, pela ímproba avareza de uns poucos, transformou-se em uma calamidade. Pois é essa carestia de víveres que está em questão, e que faz todo aquele que pode restringir sua criadagem. Então, pergunto eu, o que resta senão a mendicância e o roubo, que é o mais fácil para um espírito generoso?

"'A essa mísera pobreza e à carestia, ajunta-se o luxo inconveniente. Pois também os lacaios dos nobres, os artesãos, praticamente todos os agricultores e todas as classes sociais exibem excessivo aparato nas vestes insolentes, e extraordinário luxo na alimentação. As casas de má fama, os covis, os lupanares, as tabernas de vinho, as bodegas de cerveja, e dos locais de desonestos jogos de dados, cartas, o fritilo, os dardos, bolas e discos, já que rápido exaurem o dinheiro de seus frequentadores, conduzem-nos direto ao roubo.

"'Livrai-vos dessas perniciosas mazelas; obrigai que aqueles que destruíram as vilas rurais as reconstruam, ou as entreguem a quem as desejar reconstruir. Refreai a ganância dos ricos, coibindo o exercício do monopólio. Que menos homens sejam mantidos no ócio; que se retorne à agricultura; estabeleçam-se tecelagens, para que seja honesto o trabalho no qual se empregue, de modo útil, essa turba ociosa, que apenas a miséria transformou em ladrões – ou que agora é composta de vadios ou criados desempregados, mas que, decerto, se transformarão em ladrões. Certamente, a não ser que esses males sejam remediados, em vão vos jactareis de vossa justiça aplicada na punição dos furtos, pois é mais de aparência do que justa ou útil. Se vós permitis que alguém seja pessimamente educado, e que desde a tenra idade seus costumes sejam aos poucos corrompidos, e que então, na idade adulta, esse alguém seja punido por aqueles crimes que na infância foram consentidos, o que fazeis, pergunto eu, senão ladrões, para depois os castigardes?'

"Enquanto eu assim dizia, aquele jurisconsulto se preparava para falar, e decidira fazê-lo naquele modo solene dos argumentadores, que mais diligentemente repetem do que respondem, a ponto de receberem pela memória a maior parte de seus elogios.

"'De fato, falaste bem', disse o jurisconsulto, 'quanto mais que és estrangeiro, e que assim apenas pudeste mais ouvir falar sobre tais coisas

exacte quicquam cognoscere, id quod ego paucis efficiam perspicuum. Nam primum ordine recensebo quae tu dixisti. Deinde ostendam quibus in rebus imposuit tibi nostrarum rerum ignoratio, postremo rationes tuas omnes diluam atque dissoluam. Igitur ut a primo quod sum pollicitus exordiar, quattuor mihi uisus es...

Tace inquit Cardinalis; nam haud responsurus paucis uideris qui sic incipias. Quamobrem leuabimus in praesenti te hac respondendi molestia, seruaturi tamen integrum id munus tibi in proximum congressum uestrum, quem—nisi quid impediat, aut te, aut Raphaelem hunc—crastinus dies uelim referat. Sed interim abs te mi Raphael perquam libenter audierim, quare tu furtum putes ultimo supplicio non puniendum quamue aliam poenam ipse statuas, quae magis conducat in publicum. Nam tolerandum ne tu quidem sentis. At si nunc per mortem quoque, tamen in furtum ruitur, proposita semel uitae securitate, quae uis, quis metus posset absterrere maleficos; qui mitigatione supplicii, uelut praemio quodam ad maleficium se inuitatos interpretarentur!

Omnino mihi uidetur inquam pater benignissime homini uitam eripi propter ereptam pecuniam prorsus inicum esse. Siquidem cum humana uita ne omnibus quidem fortunae possessionibus paria fieri posse arbitror. Quod si laesam iustitiam, si leges uiolatas, hac rependi poena dicant, haud pecuniam; quid ni merito summum illud ius, summa uocetur iniuria! Nam neque legum probanda sunt tam Manliana imperia, ut sicubi in leuissimis parum obtemperetur, illico stringant gladium; neque tam Stoica scita, ut omnia peccata adeo existiment paria, uti nihil iudicent interesse, occidatne aliquis hominem, an nummum ei surripiat, inter quae— si quicquam aequitas ualet—nihil omnino simile aut affine. Deus uetuit occidi quemquam, et nos tam facile occidimus ob ademptam pecuniolam! Quod si quis interpretetur, illo dei iussu interdictam necis potestatem, nisi quatenus humana lex declaret occidendum, quid obstat quo minus homines eodem modo constituant inter se, quatenus stuprum admittendum sit, adulterandum, peierandum! Siquidem cum deus non alienae modo, uerum etiam suae cuique mortis ius ademerit, si hominum inter se consensus de mutua

do que as conhecer com exatidão. Vou esclarecê-las em poucas palavras. Em ordem, primeiro recordarei o que disseste. Daí, demonstrarei das coisas que falaste, os erros a que tua ignorância sobre nossos assuntos te levou; por fim, desfarei e dissolverei todos os teus argumentos. Portanto, como primeiro prometi, começarei. Parece-me que são quatro os pontos...'

"'Um momento', disse o cardeal. 'Vejo que tua resposta vai longe, se assim a inicias. Por isso, poupar-te-emos hoje do sacrifício de responder. Porém, essa tarefa será guardada para ti integralmente, para o vosso próximo encontro, encontro esse eu desejo que ocorra amanhã, a menos que algo te impeça, ou a Rafael. Porém, nesse ínterim, meu caro Rafael, eu gostaria de ouvir de ti por qual motivo pensas que o roubo não deva ser punido com pena capital; e qual outra pena tu determinas como a mais conveniente ao bem público? Decerto não achas que o crime deva ser tolerado. De fato, se hoje o furto não for coibido com a pena de morte, e se for garantida a segurança da vida, que força e que temor poderão amedrontar os malfeitores? Quem não interpretaria que a mitigação da pena, como um prêmio, seria um convite ao crime?'

"'Parece-me evidente, reverendíssimo padre', disse eu, 'que é iníquo retirar-se a vida de um homem em punição pelo roubo de dinheiro. Penso que nem sequer todas as possessões da riqueza equiparam-se à vida humana. E se me disserem que são punidas com tal pena a lesão à justiça e a violação às leis, eu não direi em resposta senão que a suma justiça é sumamente injusta. Pois não devem ser aprovadas leis tão duras e tão severas que, ao serem aplicadas a pequenas infrações, empunhem de imediato a espada; nem devem ser promulgadas leis tão estoicas que considerem iguais todos os crimes, de modo que crê não haver diferença entre matar um homem ou afanar-lhe dinheiro – situações entre as quais (se vale de algo a equidade) não há qualquer semelhança ou afinidade. Deus proibiu matar quem quer que seja, e nós muito facilmente matamos por uma moedinha roubada! Afinal, se alguém interpreta que, por aquele mandamento de Deus, nos é interditado o poder de matar, a não ser que a lei humana declare que alguém deva ser morto, quem impede que os homens, do mesmo modo, deliberem entre si, e que sejam admitidos o estupro, o adultério e o perjúrio? Ora, tendo Deus retirado dos homens o direito de dispor não só da vida dos

cede, certis placitis consentientium, adeo debet ualere, ut illius praecepti uinculis eximat suos satellites, qui sine ullo exemplo dei, eos interemerint, quos humana sanctio iussit occidi; an non hoc pacto praeceptum illud dei tantum iuris est habiturum, quantum humana iura permiserint! Ac fiet nimirum ut ad eundem modum omnibus in rebus statuant homines, quatenus diuina mandata conueniat obseruari. Denique lex Mosaica, quamquam inclemens et aspera; nempe in seruos, et quidem obstinatos lata, tamen pecunia furtum haud morte mulctauit. Ne putemus deum in noua lege clementiae; qua pater imperat filiis maiorem indulsisse nobis inuicem saeuiendi licentiam.

Haec sunt cur non licere putem. Quam uero sit absurdum, atque etiam perniciosum reipublicae furem, atque homicidam ex aequo puniri, nemo est, opinor, qui nesciat. Nempe cum latro conspiciat non minus imminere discriminis dumtaxat furti damnato, quam si praeterea conuincatur homicidii, hac una cogitatione impellitur in caedem eius, quem alioqui fuerat tantum spoliaturus. Quippe praeterquam quod deprehenso nihil sit plus periculi, est etiam in caede securitas maior, et maior caelandi spes sublato facinoris indice. Itaque dum fures nimis atrociter studemus perterrefacere, in bonorum incitamus perniciem.

Iam quod quaeri solet; quae punitio possit esset commodior; hoc meo iudicio haud paulo facilius est repertu; quam quae possit esse deterior. Cur enim dubitemus eam uiam utilem esse castigandis sceleribus; quam scimus olim tam diu placuisse Romanis administrandae reipublicae peritissimis! Nempe hi magnorum facinorum conuictos in lapidicinas, atque fodienda metalla damnabant, perpetuis adseruandos uinculis.

Quamquam ego quod ad hanc rem attinet, nullius institutum gentis magis probo, quam id quod intearea dum peregrinabar, in Perside obseruatum apud uulgo dictos Polyleritas adnotaui, populum neque exiguum, neque imprudenter institutum, et nisi quod tributum quotannis Persarum pendit regi; cetera liberum ac suis permissum legibus. Ceterum quoniam longe ab mari, montibus fere circumdati, et suae terrae nulla in re maligne contenti fructibus, neque adeunt alios saepe, neque adeuntur. Tamen ex uetusto more gentis, neque fines

outros, mas também de sua própria, se houver entre os homens o legítimo consenso que lhes autorize a matar nos casos em que Deus deixou de exemplificar, é certo que se desobriguem dos preceitos divinos, que os revoguem e que matem com aprovação humana? Acaso os preceitos de Deus vão até onde permitem as leis humanas? E se assim for, do mesmo modo, os homens podem deliberar até onde lhes convém observarem os mandamentos divinos. Mesmo a lei de Moisés, ainda que inclemente e rude, feita para escravos e homens inflexíveis, não puniu com a morte o furto de dinheiro. Não pensemos que Deus, na nova lei de clemência, que ele ordena como um pai aos filhos, nos permita sermos, da nossa parte, ainda mais cruéis.

"'Tais são os motivos pelos quais não considero justo. É assaz absurdo, além de pernicioso à república, punir da mesma maneira o ladrão e o assassino – e creio que não há quem não o saiba. Pois, se o ladrão perceber que não há a menor diferença entre ser condenado somente por furto ou, por além do furto, por homicídio, um único pensamento impelirá para a morte aquele que, de outro modo, apenas seria espoliado. Pois, para que não haja o perigo de ser descoberto, maior é sua segurança no assassinato, e maior a possibilidade de manter oculta a prova do crime. Assim, quando atemorizamos com excessiva atrocidade o ladrão, incitamo-lo a ser uma calamidade para os bons.

"'Mas, quanto ao que se costuma indagar de qual deva ser a mais conveniente forma de punição, a meu juízo, é melhor achar uma já existente do que poder fazer outra pior. Afinal, não duvidemos de que já haja um caminho útil para castigar os criminosos, quando conhecemos o que aprouve aos romanos, tão peritos na administração da república. Eles condenavam os que cometiam maiores crimes às pedreiras e às minas, mantendo-os em perpétuos grilhões.

"'Contudo, no que a isso se refere, reputo que em nenhuma outra nação haja instituto, ou regulamentação, melhor do que aquele que, em minhas peregrinações, pude ver praticado na Pérsia, entre os popularmente conhecidos como poliléritas – um povo numeroso, de sábias instituições, que, a não ser pelo fato de terem pendente sobre si um tributo anual cobrado pelos persas, são, no restante, livres, sendo-lhes permitidas suas próprias leis. Além disso, uma vez que estão longe do mar, quase inteiramente cercados por montanhas, e contentes com suas terras, tão apropriadas para os frutos, não viajam nem recebem

prorogare student, et quos habent ab omni facile iniuria, et montes tuentur, et pensio quam rerum potienti persoluunt, immunes prorsus ab militia, haud perinde splendide, atque commode, felicesque magis quam nobiles, aut clari degunt. Quippe ne nomine quidem opinor praeterquam conterminis admodum, satis noti.

Ergo apud hos furti qui peraguntur, quod sustulere domino reddunt, non, quod alibi fieri solet, principi; utpote cui tantum iuris esse censent in rem furtiuam quantum ipsi furi; sin res perierit, pretio ex bonis furum confecto ac persoluto tum reliquo uxoribus eorum atque liberis integro, ipsi damnantur in opera, ac nisi atrociter commissum furtum est, neque clauduntur ergastulo, neque gestant compedes, sed liberi, ac soluti in publicis occupantur operibus. Detrectantes ac languidius gerentes sese; non tam uinculis cohercent quam excitant uerberibus, strenuam nauantes operam, absunt a contumeliis, noctu tantum nominatim censiti cubiculis includuntur. Praeter assiduum laborem nihil incommodi est in uita. Aluntur enim haud duriter qui publicae rei seruiunt, e publico. Alibi aliter. Siquidem alicubi quod impenditur in eos ex eleemosyna colligitur, atque ea uia quamquam incerta; tamen ut est ille populus misericors nulla reperitur uberior. Alibi reditus quidam publici ad id destinantur. Est ubi certum in eos usus tributum uiritim conferunt. Quin aliquot in locis nullum publicum opus faciunt, sed ut priuatus quisque eget mercenariis, ita illorum cuiuspiam in eum diem operam, stata mercede conducit apud forum, paulo minoris quam quanti liberam fuerat conducturus; praeterea fas est seruilem ignauiam flagris corripere. Sic fit uti numquam opere careant; et praeter uictum aliquid quoque die ab singulis publico inferatur aerario.

Vno quodam colore uestiuntur et omnes et soli, capillo non abraso uerum paulo supra auriculas attonso, e quarum altera paululum praescinditur. Cibum cuique ab amicis dari, potumque ac sui coloris uestem, licet; pecuniam datam esse danti pariter, atque accipienti capitale, neque minus periculosum etiam homini libero quacumque de causa

viajantes. E por um costume antigo do povo, não querem expandir suas fronteiras, achando-se protegidos pelos montes e pelo tributo que pagam aos persas. E assim vivem menos esplêndida do que comodamente, e mais felizes do que importantes e nobres. Por isso, creio que eles não sejam conhecidos pelo nome nem mesmo por seus vizinhos.

"'Entre eles, quem é pego furtando algo devolve o que furtou ao dono, e não, como de costume, ao príncipe, porque pensam que o príncipe tem tanto direito à coisa roubada quanto o ladrão. Porém, se o objeto do furto se perder, busca-se o seu valor entre os bens do ladrão; e o que resta deles, depois da restituição, é entregue integralmente à esposa e aos filhos, sendo ele condenado a trabalhos forçados. Contudo, a não ser que tenham sido sentenciados por crimes atrozes, não ficam encarcerados em prisões, nem são acorrentados com grilhões, mas permanecem livres e ocupam-se das tarefas públicas. Contra os que se revoltam ou são preguiçosos não só se empregam as correntes quanto os açoites; mas os que são zelosos quanto ao penoso trabalho não são castigados. À noite, conferidos pelo nome, eles são encerrados em pequenas celas. Além do contínuo trabalho, nenhum outro incômodo sofrem na vida. Não são alimentados mais parcamente do que aqueloutros que servem à república, uma vez que são alimentados pela população, como em outros lugares. Em algumas partes, são recolhidas esmolas para os condenados, e, embora esse seja um evento incerto, graças à misericórdia daquele povo, não se acha nenhum meio mais farto. Em outros países, o tributo recolhido do público é destinado para tal função, mas há também onde exista um imposto específico cobrado de cada cidadão para tal uso. Há lugares em que eles não são utilizados nas obras públicas, mas quando algum cidadão privado precisa contratar trabalhadores, e ter deles o serviço de um dia, alugam-nos no mercado por uma quantia estabelecida, por um preço um pouco menor do que se pagaria a um homem livre; sendo, porém, permitido corrigir a chicote sua preguiça. Assim, eles nunca faltam ao trabalho, pois, além da comida, todos os dias ainda recebem alguma paga do erário público.

"'Todos usam as roupas da mesma cor; os cabelos não são raspados, mas cortados um pouco acima das orelhas, das quais uma tem uma pequena mutilação. Cada um tem o direito de receber dos amigos comida, bebida e roupas da cor apropriada – dar dinheiro, porém, leva à pena capital, tanto para quem paga quanto para quem recebe, e não é menos perigoso para um homem livre por qualquer motivo receber dinheiro de um condenado,

nummum a damnato recepisse, et seruos item—sic enim damnatos uocant—arma contingere. Suos quaeque regio propria distinguit nota, quam abiecisse capitale est, ut uel extra suos conspici fines, uel cum alterius regionis seruo quicquam esse collocutum. At neque tutior fugae meditatio quam ipsa est fuga. Quin conscium talis fuisse consilii in seruo nex est; in libero seruitus. Contra indici praemia decreta sunt; libero pecunia, seruo libertas. Vtrique uero uenia atque impunitas conscientiae, ne quando persequi malum consilium quam poenitere sit tutius.

Huius rei haec lex atque hic ordo est, quem dixi. Qui quantum habeat humanitatis et commodi, facile patet. Quando sic irascitur, ut uitia perimat seruatis hominibus, atque ita tractatis, ut bonos esse necesse sit. Et quantum ante damni dederunt, tantum reliqua uita resartiant.

Porro ne ad pristinos relabantur mores, adeo nullus est metus, ut uiatores quoque quibus iter aliquo institutum est, non aliis uiae ducibus sese tutioreis arbitrentur, quam seruis illis ad quamque regionem subinde commutatis. Nempe ad perpetrandum latrocinium nihil habent usquam non importunum; manus inermes; pecunia tantum sceleris index; deprehenso parata uindicta; neque spes ulla prorsus fugiendi quoquam. Quo enim pacto falleret ac tegeret fugam; homo nulla uestium parte populo similis; nisi abeat nudus! Quin sic quoque fugientem proderet auricula.

At ne inito saltem consilio coniurent in rempublicam id demum scilicet periculum est. Quasi in tantam uenire spem ulla possit uicinia non tentatis ac sollicitatis ante multarum regionum seruitiis. Quae tantum absunt a facultate conspirandi; ut ne conuenire quidem; et colloqui aut salutare se mutuo liceat; ut credantur interim id consilium intrepide credituri suis; quod reticentibus periculosum, prodentibus maximo esse bono sciant. Cum contra nemo sit prorsus exspes, obediendo ac perferendo, bonamque de se praebendo spem, emendatioris in posterum uitae, posse his modis fieri, ut libertatem aliquando recuperet. Quippe nullo non anno restitutis aliquot commendatione patientiae.

como também é apenado com a morte do servo (pois assim chamam os condenados) que porta uma arma. Cada região do país os distingue com uma marca própria, e é condenado à morte aquele que as retirar, como quem for visto além das fronteiras e quem conversar com um servo de outra região. Não é mais seguro o plano de fuga do que a própria fuga. Por ter conhecimento da trama, a morte é cominada ao escravo, e a servidão, ao homem livre. Por outro lado, há recompensa para quem delata – para o homem livre, dinheiro, para o servo, a liberdade, e, para ambos, o perdão e a impunidade pelo conhecimento, a fim de que o delinquente não se sinta mais seguro perseverando no plano do que sendo punido.

"'Tais são as leis e regras sobre o assunto de que falei; e facilmente se patenteia o quanto há nelas de humanidade e conveniência. Assim, se a lei castiga, é para eliminar os vícios, enquanto preserva os homens, que são assim tratados para que tenham a necessidade de serem bons, e que passem o resto da vida a ressarcir os danos que antes cometeram.

"'Adiante, eles não retornam aos antigos costumes, tanto é assim que nenhum medo têm os viajantes, que normalmente os consideram os guias mais seguros, substituindo-os quando passam de uma região para outra. Na verdade, eles não têm chance de serem perigosos e perpetrarem furtos, pois vão com as mãos desarmadas, e a mera posse de dinheiro já é um indicativo de crime. Logo que descobertos, é imediata a punição; não têm qualquer esperança de escapar. Não conseguiriam enganar ninguém, nem esconder com ardis a fuga, já que em nenhuma parte do país há homens vestidos de tal maneira, e, assim, teriam de fugir nus. E mais, também a orelha mutilada denunciaria o fugitivo.

"'O único perigo que se pode deles temer é que conspirem contra a república. Contudo, não há nenhuma esperança de que isso ocorra para aqueles de uma região, a menos que antes atraiam e arrastem consigo os escravos de outras partes do país. No entanto, não existe tal possibilidade de conspiração, pois os escravos não podem se reunir, nem conversar ou sequer saudarem-se uns aos outros; não se pode crer que intrepidamente eles confiariam seus projetos aos companheiros, porque estes sabem o quão perigoso é guardar silêncio e quão proveitosa é a delação. Por outro lado, para que ninguém fique de todo desesperançado da vida, pela obediência, resignação e expectativa de regeneração no futuro, poderia ocorrer de certo dia alguns deles recuperarem a liberdade, porque todos os anos ela é restituída a alguns, em consideração à resignação do comportamento'.

Haec cum dixissem atque adiecissem nihil mihi uideri causae, quare non hic modus haberi uel in Anglia possit, multo maiore cum fructu, quam illa iustitia, quam iuris ille peritus tantopere laudauerat.

Sub haec ille, nempe iureconsultus, numquam inquit istud sic stabiliri queat in Anglia, ut non in summum discrimen adducat rempublicam et simul haec dicens, commouit caput, ac distorsit labrum, atque ita conticuit. Et omnes qui aderant, pedibus in eius ibant sententiam.

Tum Cardinalis non est, inquit, procliue diuinare, commodene an secus res cessura sit, nullo prorsus facto periculo. Verum si pronuntiata mortis sententia, differri executionem iubeat princeps, atque hunc experiatur morem, cohibitis asylorum priuilegiis. Tum uero si res comprobetur euentu esse utilis, rectum fuerit eam stabiliri. Alioqui tunc quoque afficere supplicio eos, qui sunt ante damnati, neque minus e republica fuerit, neque magis iniustum, quam si nunc idem fieret, nec ullum interea nasci ex ea re potest periculum. Quin mihi certe uidentur errones quoque ad eundem posse modum non pessime tractari, in quos hactenus tam multis aeditis legibus, nihil promouimus tamen.

Haec ubi dixit Cardinalis, quae me narrante contempserant omnes, eadem nemo non certatim laudibus est prosecutus, maxime tamen illud de erronibus, quoniam hoc ab ipso adiectum est.

Nescio an quae sunt secuta silere praestiterit. Erant enim ridicula, sed narrabo tamen. Nam non erant mala, et aliquid ad hanc rem pertinebant.

Adstabat forte parasitus quidam, qui uideri uolebat imitari morionem, sed ita simulabat, ut propior uero esset, tam frigidis dictis captans risum, ut ipse saepius, quam dicta sua rideretur. Excidebant homini tamen interdum quaedam, adeo non absurda, ut fidem adagio facerent, crebro iactu iaci aliquando is Venerem. Ergo, dicente quodam e conuiuis, iam meo sermone bene prouisum esse furibus, atque a Cardinale etiam cautum de erronibus, restare nunc uti his praeterea consuleretur publicitus, quos ad egestatem morbus aut senectus impulisset, atque ad labores unde uiui possit, reddidisset impotes. Sine, inquit, me. Nam ego et hoc recte ut fiat uidero. Etenim hoc genus hominum misere cupio aliquo e conspectu amoliri meo, ita

"Quando assim falei, acrescentei que não via razão pela qual esse método não pudesse ser usado na Inglaterra com muito mais proveito do que aquela forma de justiça que o jurisconsulto tanto louvara.

"Respondeu-me o jurisconsulto que isso nunca poderia ser assim estabelecido na Inglaterra, sem conduzir o Estado à completa ruína. E assim dizendo, ele balançou a cabeça, torceu os lábios e então se calou, e todos que ali estavam acompanharam sua opinião.

"Então disse o cardeal, 'É difícil imaginar se tal medida seria útil ou nefasta, uma vez que nunca foi posta à prova. Na verdade, quando pronunciada a sentença de morte, o rei poderia adiar a execução e experimentar tal costume, abolindo, porém, o *direito de asilo*.[2] Daí, se na decisão se comprovar útil o procedimento, seria recomendável seu estabelecimento. Caso contrário, seriam mandados ao suplício a que antes haviam sido condenados. Isso não seria nem mais nem menos justo para o Estado do que agora acontece, e não faria que nesse entretempo pudesse nascer algum perigo. Parece-me que também poderiam ser tratados da mesma forma os vadios, contra os quais até aqui têm sido promulgadas tantas leis, sem que nada tenhamos conseguido'.

"Quando assim disse o cardeal, todos aqueles que, enquanto eu falava, desprezavam-me, porfiaram nos elogios, mormente no que se referia aos vadios, uma vez que fora dito pelo cardeal.

"Não sei se seria melhor eu me calar quanto ao restante, afinal, eram coisas ridículas. Contarei ainda assim, pois não eram de todo ruins, e algumas delas se relacionavam ao assunto.

"Encontrava-se ali por acaso um convidado que parecia se passar por louco, e que simulava tão bem como se fosse de fato verdadeiro, provocando o riso com gracejos tão frios, que decerto mais se ria dele do que de suas tontices. Às vezes, porém, escapavam-lhe coisas que não eram inteiramente sandices e que confirmavam o adágio: quem lança repetidamente os dados, de quando em vez alcança o *lance de Vênus*.[3] Quando um dos convivas disse que meu discurso era a solução para o problema dos ladrões, e que a fala do cardeal cuidava da questão dos vadios, e que agora só restava pôr em consideração aqueles que vivem às expensas públicas, que são os levados pela miséria, pela doença e pela velhice, impossibilitados para os trabalhos com que se ganha a vida, disse o louco: 'Permiti-me vós, e saberei o que de melhor fazer. Afinal, esse é o tipo de gente que desejo afastar de minha

me male uexarunt saepe, cum querulis illis opplorationibus flagitarent pecuniam, quas numquam tamen tam commode potuerunt occinere, ut nummum a me extorquerent. Quippe semper alterum euenit, ut aut non libeat dare, aut ne liceat quidem, quando nihil est quod detur. Itaque nunc coeperunt sapere. Nam ne perdant operam, ubi me praeterire uident, praetermittunt taciti, ita nihil a me sperant amplius, non hercule magis quam si essem sacerdos. Sed illos ego mendicos omnes lata lege distribui ac dispartiri iubeo in Benedictinorum coenobia, et fieri laicos ut uocant monachos; mulieres moniales esse impero.

Subrisit Cardinalis et approbat ioco, ceteri etiam serio.

Ceterum theologus quidam frater hoc dicto in sacerdotes ac monachos adeo est exhilaratus, ut iam ipse quoque coeperit ludere homo alioqui prope ad toruitatem grauis. At ne sic quidem, inquit, extricaberis a mendicis, nisi nobis quoque prospexeris fratribus. Atqui, inquit Parasitus, hoc iam curatum est. Nam Cardinalis egregie prospexit uobis cum statueret de cohercendis, atque opere exercendis erronibus. Nam uos estis errones maximi.

Hoc quoque dictum, cum coniectis in Cardinalem oculis eum uiderent non abnuere, coeperunt onmes non illibenter arripere, excepto fratre. Nam is—neque equidem miror—tali perfusus aceto, sic indignatus est, atque incanduit, ut nec a conuiciis quidem potuerit temperare; hominem uocauit nebulonem, detractorem, susurronem, et filium perditionis, minas interim terribiles citans e scriptura sacra. Iam scurra serio scurrari coepit. Et erat plane in sua palaestra.

Noli, inquit, irasci bone frater, scriptum est, in patientia uestra possidebitis animas uestras. Rursum frater—referam enim ipsius uerba—non irascor, inquit furcifer, uel saltem non pecco. Nam Psalmista dicit, irascimini et nolite peccare.

Admonitus deinde frater a Cardinale suauiter, ut suos affectus compesceret, non domine, inquit, ego loquor nisi ex bono zelo sicut debeo, nam uiri sancti habuerunt bonum zelum, unde dicitur: zelus domus tuae comedit me et canitur in ecclesiis: irrisores Helizei, dum conscendit domum dei, zelus calui sentiunt, sicut fortasse sentiet iste derisor, scurra, ribaldus.

vista, porque lamentavelmente sempre me enojou, importunando-me com chorosos pedidos de dinheiro, embora com essa cantilena nunca tenham conseguido extorquir de mim qualquer moeda. Porque sempre acontece uma de duas coisas: ou não quero dar as esmolas, ou, quando quero, não tenho o que dar. Assim, agora eles começaram a saber, e não perdem mais seu trabalho, e, ao me verem passar, calados deixam-me ir, sem esperar de mim, por Hércules, nada mais do que se eu fosse um sacerdote. Porém, eu sugiro que seja promulgada uma lei pela qual todos os pedintes sejam mandados aos monastérios beneditinos, para se tornarem irmãos-leigos, e que as mulheres sejam transformadas em monjas'.

"O cardeal sorriu e considerou isso zombaria, enquanto os demais levaram o bobo a sério.

"De resto, um frade teólogo que lá estava, rindo da mofa sobre padres e monjas, e apesar de ser homem de aspecto grave e severo, pôs-se a troçar. 'Mas não vos livrareis dos pedintes', disse ele, 'a não ser que também vos livreis de nossos irmãos'. 'Isso já foi resolvido', disse o bobo, 'porque o cardeal o providenciou para vós, quando propôs que se prendessem os vadios e os obrigassem a trabalhar. Afinal, sois vós os maiores vadios'.

"Assim disse ele, e, como os olhos que se voltaram para o cardeal não o viram reprovar, começaram todos a rir, exceto o frade. Pois ele ficou tão azedo – e disso não me espanto – e tão indignado e incandescido que não conseguiu temperar os impropérios; chamou o louco de embusteiro, detrator, delator e filho da perdição, e invocou, no ínterim, ameaças terríveis das Sagradas Escrituras. E o bobo pôs-se a bufonear com seriedade, e, nisso, estava inteiramente em seu terreno.

"'Não quero', disse ele, 'irritar-te, meu bom frade. Em vossa paciência possuireis vossas almas'! 'Pelo quê', respondeu o frade – e reproduzirei aqui as próprias palavras: 'não me enfureço', disse ele engasgado, 'e não peco, porque disse o salmista: *mesmo em cólera, e não pequeis*'.[4]

"O frade, apesar de exortado sutilmente pelo cardeal a refrear as emoções, prosseguiu dizendo que 'Não, senhor, eu não falo senão por zelo, como devo. Porque os homens santos tiveram zelo, de onde se diz que o *zelo pela tua casa me consome*,[5] e como se canta nas igrejas *que os que riram de Eliseu enquanto ele subia à casa de Deus sentiram o zelo do careca*,[6] do mesmo modo sentirá esse debochado e escarnecedor bobo'.

Facis inquit, Cardinalis bono fortassis affectu, sed mihi uideris facturus, nescio an sanctius, certe sapientius, si te ita compares, ne cum homine stulto et ridiculo ridiculum tibi certamen instituas.

Non domine inquit, non facerem sapientius. Nam Solomon ipse sapientissimus dicit: responde stulto secundum stultitiam eius sicut ego nunc facio, et demonstro ei foueam in quam cadet, nisi bene praecaueat. Nam si multi irrisores Helizei, qui erat tantum unus caluus, senserunt zelus calui, quanto magis sentiet unus derisor multorum fratrum, in quibus sunt multi calui! et etiam habemus bullam Papalem, per quam omnes qui derident nos, sunt excommunicati.

Cardinalis, ubi uidit nullum fieri finem, nutu ablegato parasito, ac aliam in rem commodum uerso sermone, paulo post surgit e mensa, atque audiendis clientum negotiis dedit se, nosque dimisit.

[De optimo statu reipublicae]

En mi More, quam longo te sermone oneraui, quod tam diu facere plane puduisset me, nisi tu et cupide flagitasses, et sic uidereris audire, tamquam nolles quicquam eius confabulationis omitti, quae quamquam aliquanto perstrictius, narranda tamen mihi fuit omnino propter eorum iudicium, qui quae me dicente spreuerant, eadem rursus euestigio non improbante Cardinale, etiam ipsi comprobarunt, usque adeo assentantes ei, ut parasiti quoque eius inuentis, quae dominus per iocum non aspernabatur, adblandirentur et serio propemodum admitterent. Vt hinc possis aestimare quanti me ac mea consilia aulici forent aestimaturi.

Profecto mi Raphael inquam magna me affecisti uoluptate, ita sunt abs te dicta prudenter simul et lepide omnia, praeterea uisus mihi interim sum, non solum in patria uersari, uerum etiam repuerascere quodammodo iucunda recordatione Cardinalis illius, in cuius aula puer sum educatus. Cuius uiri memoriae quod tu tam impense faues, non credas mi Raphael quanto mihi sis effectus hoc nomine carior, cum esses alioqui carissimus. Ceterum non possum adhuc ullo pacto meam demutare sententiam, quin te plane putem, si animum inducas tuum, uti ne ab aulis principum abhorreas, in publicum posse

"'Decerto' disse o cardeal, 'tu o fazes de boa intenção, embora me pareça que não deverias, não sei se mais santa ou se mais sabiamente, entrar em tão ridícula contenda com homem assim tão ridículo e estulto'. Ao que responde o frade: 'Não, senhor, nada farei de mais sapiente. Afinal, o próprio sapientíssimo Salomão disse que *responde ao tolo segundo a sua loucura*,[7] e assim agora eu faço, e lhe mostro a armadilha em que cairá, a menos que ele se acautele. Pois se os muitos escarnecedores de Eliseu, que era um único careca, sentiram a ira de um careca, quanto mais um único escarnecedor sentirá a ira dos muitos irmãos, entre os quais há tantos tonsurados. E ainda temos a bula papal pela qual todo aquele que escarnecer de nós será excomungado'.

"O cardeal, ao ver que a conversa não teria fim, com um aceno, mandou embora o bobo e mudou o assunto da conversa. Levantou-se pouco depois da mesa e despediu-se de nós para ir conceder audiência a seus protegidos.

Da melhor constituição da república

"Então, meu caro More, a quem cansei com tão longa fala, eu me envergonharia disso se não houvesses insistido tão desejosamente e se não parecesses ouvir com tanta atenção, como se não quisesses nada dela perder. Eu bem que poderia ter sido mais conciso, mas narrei todas as coisas em razão do juízo daqueles que, enquanto eu falava, me desprezavam, e que assim que viram o cardeal concordar comigo, mudaram de opinião e também concordaram, de tal modo lisonjeiros com ele que chegaram a bajular as invenções do bobo, as quais o cardeal, por gracejo, não reprovara, admitindo-as como sérias. Como, então, podes imaginar que meus conselhos seriam estimados pelos cortesãos?"

"Sem dúvidas, caro Rafael", disse eu, "deste-me imenso prazer, pois tudo foi dito com prudência e graça. Além disso, nesse ínterim, pareceu-me que eu estava não só em minha pátria, mas também que eu retornara à juventude pela feliz recordação do cardeal, na casa de quem, quando criança, eu fui educado. Pela tão grande consideração que demonstras pela memória daquele homem, não imaginas, caro Rafael, tu que já me eras caríssimo, como te tornas ainda mais caro para mim. Além de tudo, não posso mudar minha opinião, porque eu acho que tu, se mudasses de ideia e se não tivesses aversão às cortes dos príncipes,

te tuis consiliis plurimum boni conferre. Quare nihil magis incumbit tuo, hoc est boni uiri, officio. Siquidem cum tuus censeat Plato. Respublicas ita demum futuras esse felices, si aut regnent philosophi, aut reges philosophentur, quam procul aberit felicitas, si philosophi regibus nec dignentur saltem suum impartiri consilium!

Non sunt, inquit ille, tam ingrati, quin id libenter facerent, immo multi libris aeditis iam fecerunt, si ii qui rerum potiuntur essent parati, bene consultis parere. Sed bene haud dubie praeuidit Plato, nisi reges philosophentur ipsi, numquam futurum, ut peruersis opinionibus a pueris imbuti, atque infecti penitus philosophantium comprobent consilia; quod ipse quoque experiebatur apud Dionysium. An non me putas, si apud aliquem regum decreta sana proponerem, et perniciosa malorum semina, conarer illi euellere, protinus aut eiiciendum aut habendum ludibrio!

Age finge me apud regem esse Gallorum, atque in eius considere consilio, dum in secretissimo secessu praesidente rege ipso, in corona prudentissimorum hominum, magnis agitur studiis, quibus artibus ac machinamentis Mediolanum retineat, ac fugitiuam illam Neapolim ad se retrahat; postea uero euertat Venetos, ac totam Italiam subiiciat sibi. Deinde Flandros Brabantos, totam postremo Burgundiam suae faciat ditionis. Atque alias praeterea gentes, quarum regnum iam olim animo inuasit. Hic dum alius suadet feriendum cum Venetis foedus tantisper duraturum, dum ipsis fuerit commodum, cum illis communicandum consilium. Quin deponendam quoque apud eosdem aliquam praedae partem, quam rebus ex sententia peractis repetat, dum alius consulit conducendos Germanos, alius pecunia demulcendos alius Heluetios. Aduersus numen imperatoriae maiestatis, auro, uelut anathemate, propitiandum. Dum alii uidetur cum Aragonum rege componendas esse res, et alieno Nauariae regno, uelut pacis authoramento cedendum; alius interim censet castelliae principem aliqua spe affinitatis irretiendum, atque aulicos nobiles aliquot in suam factionem certa pensione esse pertrahendos. Dum maximus omnium nodus occurrit,

poderias fazer com teus conselhos um grande bem à república. Pois em nada se aplica mais o dever de um bom cidadão. Já que teu Platão pensa que as nações serão finalmente felizes quando os filósofos as governarem, ou se os reis se tornarem filósofos, quão longe se encontra a felicidade quando os filósofos se recusam, ao menos, a repartir com os reis seus conselhos."

"Não são", disse ele, "assim tão egoístas os filósofos. Pois o fariam de boa vontade, e muitos livros já publicados o fizeram, se os poderosos estivessem preparados para eles e para bem receber seus conselhos. Porém, sem dúvida, Platão anteviu que, exceto se os reis se tornarem filósofos, isso nunca aconteceria, pois aqueles que são encharcados e infeccionados desde a infância com perversas opiniões não aceitam os conselhos dos filósofos – o que o próprio Platão experimentou na corte de Dionísio. Não penses que eu, se propusesse a algum rei leis justas, e se tentasse arrancar dele as sementes perniciosas do mal, não seria logo escorraçado e tornado objeto de escárnio!

"Eia, supõe que eu estivesse com o rei dos franceses, e que tomasse assento em seu conselho, enquanto o próprio rei presidisse a reunião secretíssima em que as cabeças dos homens mais sábios se esforçassem por encontrar maquinações e artimanhas por meio das quais se mantivesse o poder sobre Milão e se recuperasse o reino de Nápoles, que lhes fugia, bem como por meio das quais se conquistasse Veneza e se submetessem para a França toda a Itália, e ainda Flandres, Brabante, a Borgonha inteira, e finalmente todas as outras nações, que já adrede no ânimo o príncipe conquistara. Enquanto um aconselha o monarca a celebrar um tratado que dure tanto quanto lhes for conveniente, e lhe diz que se deveria comunicar tal decisão àquelas nações, e mesmo também deixar com elas uma parte dos despojos de guerra, que seria reclamada de volta assim que fossem proveitosamente concluídas as tratativas, outro aconselha a alistar os germânicos, e outro, a afagar os helvéticos com dinheiro. Mais outro repetia, como um anátema, que o poder da majestade imperial deve ser aplacado com o ouro. Enquanto isso, a outros parece que se deveriam acertar as coisas com o rei de Aragão e lhe ceder o reino de Navarra, que nem sequer lhes pertencia, como garantia da paz. Outro, no ínterim, pensa que o príncipe de Castela deveria ser enredado na esperança de aliança, e que alguns nobres da corte deveriam ser aliciados para sua facção, por certa pensão.

quid statuendum interim de Anglia sit. Ceterum de pace tractandum tamen, et constringenda firmissimis uinculis, semper infirma societas, amici uocentur, suspiciantur ut inimici. Habendos igitur paratos, uelut in statione Scotos, ad omnem intentos occasionem, si quid se commoueant Angli protinus immittendos. Ad haec fouendum exulem nobilem aliquem occulte, namque id aperte ne fiat prohibent foedera, qui id regnum sibi deberi contendat, ut ea uelut ansa contineat, suspectum sibi principem.

Hic, inquam, in tanto rerum molimine, tot egregiis uiris ad bellum sua certatim consilia conferentibus, si ego homuncio surgam, ac uerti iubeam uela, omittendam Italiam censeam et domi dicam esse manendum, unum Galliae regnum fere maius esse, quam ut commode possit ab uno administrari, ne sibi putet rex de aliis adiiciendis esse cogitandum. Tum si illis proponerem decreta Achoriorum populi, Vtopiensium insulae ad Euronoton oppositi, qui cum olim bellum gessissent, ut regi suo aliud obtinerent regnum, quod affinitatis antiquae causa sibi contendebat haereditate deberi, consecuti tandem id, ubi uiderunt nihilo sibi minus esse molestiae in retinendo, quam in quaerendo pertulerunt, uerum assidua pullulare semina, uel internae rebellionis, uel externae incursionis, in deditos ita semper aut pro illis, aut contra pugnandum, numquam dari facultatem dimittendi exercitus, compilari interim se, efferri foras pecuniam, alienae gloriolae suum impendi sanguinem, pacem nihilo tutiorem, domi corruptos bello mores, imbibitam latrocinandi libidinem, confirmatam caedibus audaciam, leges esse contemptui, quod rex in duorum curam regnorum distractus, minus in utrumuis animum posset intendere. Cum uiderent alioqui tantis malis nullum finem fore, inito tandem consilio, regi suo humanissime fecerunt optionem retinendi utrius regni uellet. Nam utriusque non fore potestatem, se plures esse, quam qui a dimidiato possint rege gubernari, cum nemo sit libenter admissurus mulionem sibi cum alio communem. Ita coactus est ille bonus princeps, nouo regno cuipiam ex amicis relicto—qui breui etiam post eiectus est—antiquo esse contentus.

Então, chega-se ao maior de todos os nós: o que se haveria de fazer, no entanto, com a Inglaterra? Dever-se-ia celebrar a paz, firmarem-se os mais fortes laços da sempre fraca aliança, e chamá-los de amigos, sempre suspeitos de serem inimigos. Os escoceses deveriam ser mantidos preparados, como sentinelas, atentos a tudo e prontos a serem enviados, caso a Inglaterra se pusesse em movimento. E, além disso, sustentar algum nobre exilado ocultamente, já que os tratados proíbem de fazê-lo às claras, que reivindique para si o trono, para com essa pega manter desconfiado o príncipe.

"Então, suponhamos que em tamanha empresa, quando tão excelentes varões disputavam em fazer ouvir seus conselhos pela guerra, se um homúnculo como eu se levantasse, mandasse cambar as velas e dissesse para o rei esquecer a Itália e permanecer em casa; se dissesse que o reino da França já era grande demais para ser convenientemente administrado por um único homem; e que o rei não pretendesse para si outras adjacências. E se então eu propusesse as mesmas decisões tomadas pelos acóreos, um povo que vive defronte e a oeste da ilha dos utopienses, e que outrora empreendeu guerra para que seu rei obtivesse outro reino, que ele reivindicava para si por antigas alianças hereditárias, e que, ao consegui-lo, enfim, percebeu que lhe causava mais prejuízo o manter do que tivera para o conquistar, pois pululavam as sementes das rebeliões internas e das incursões externas, e por isso ele precisava seguir sempre lutando contra os vencidos, ou a favor deles, e que por tal razão seu exército nunca podia de ser dispensado; e que, para conseguir, no ínterim, o dinheiro, instituía mais e mais tributos; e cuja paz não era mais segura, já que os costumes nas casas haviam sido corrompidos pela guerra, a audácia foi embebida de desejo de latrocínio, confirmada nos assassinatos, e as leis foram desprezadas, porque o rei, dividido em duas ocupações pelo reino, a nenhuma das duas podia prestar a devida atenção. Quando viram que nenhum de tantos males teria fim, reuniram-se em um concílio e fizeram com que seu humaníssimo rei optasse por um dos dois reinos. Porque não seria possível para ele manter os tronos dos dois países, já muito populosos para serem governados pela metade de um rei, pois ninguém aceitaria de bom grado ter um carroceiro compartilhado com quem quer que fosse. Assim, aquele bom príncipe foi obrigado, após deixar o novo reino para um amigo, que também seria expulso mais tarde, a contentar-se com o antigo.

Praeterea si ostenderem omnes hos conatus bellorum, quibus tot nationes eius causa tumultuarentur, cum thesauros eius exhausissent, ac destruxissent populum, aliqua tandem fortuna frustra cessuros tamen, proinde auitum regnum coleret, ornaret quantum posset, et faceret quam florentissimum. Amet suos et ametur a suis, cum his una uiuat, imperetque suauiter, atque alia regna ualere sinat, quando id quod nunc ei contigisset, satis amplum superque esset. Hanc orationem quibus auribus mi More, putas excipiendam!

Profecto non ualde pronis inquam.

Pergamus ergo inquit, si consiliariis cum rege quopiam tractantibus, et comminiscentibus quibus technis ei queant coaceruare thesauros, dum unus intendendam consulit aestimationem monetae, cum ipsi sit eroganda pecunia. Deiiciendam rursus infra iustum, cum fuerit corroganda. Vti et multum aeris paruo dissoluat, et pro paruo multum recipiat; dum alius suadet ut bellum simulet, atque eo praetextu coacta pecunia cum uisum erit, faciat pacem, sanctis cerimoniis, quo plebeculae oculis fiat praestigium, miseratus uidelicet humanum sanguinem princeps pius; dum alius ei suggerit in mentem, antiquas quasdam, et tineis adesas leges, longa desuetudine antiquatas, quas quod nemo latas meminisset, omnes sint transgressi, earum ergo mulctas iubeat exigi, nullum uberiorem prouentum esse, nullum magis honorificum, utpote qui iustitiae prae se personam ferat; dum ab alio admonetur, uti sub magnis mulctis multa prohibeat, maxime talia, quae ne fiant, in rem sit populi. Post pecunia cum illis dispenset, quorum commodis obstat interdictum, sic et a populo gratiam iniri, et duplex adferri compendium, uel dum ii mulctantur, quos quaestus cupiditas pellexit in casses, uel dum aliis uendit priuilegia, tanto pluris, quanto scilicet fuerit melior princeps, utpote qui grauatim quicquam contra populi commodum priuato cuiquam indulgeat, et ob id non nisi magno pretio. Dum alius ei persuadet obstringendos sibi iudices, qui quauis in re pro regio iure disceptent, accersendos praeterea in palatium, atque inuitandos uti coram se de suis rebus disserant, ita nullam causam eius tam aperte iniquam fore, in qua non aliquis eorum

"E se, além disso, eu declarasse que todos esses esforços de guerra, pelos quais tantas nações se convulsionam, depois de lhes exaurir o tesouro e arruinar o povo, por alguma ventura, enfim, acabariam vãos; e que, por conseguinte, seria conveniente que o rei cuidasse do reino de seus antepassados, que o embelezasse o quanto pudesse e o tornasse mais viçoso, que amasse seus súditos e fosse por eles amado, que vivesse unido a eles, os governasse com brandura e permitisse que outros reinos crescessem, considerando que o que então lhe cabia já bastava. Como, caro More, tu pensas que eu seria recebido em tal conselho?"

"Confesso que não muito bem", foi o que eu disse.

"Prossigamos, então", disse Rafael, "e suponhamos que, em algum lugar, um rei estivesse reunido com seu conselho, a maquinar técnicas com que pudesse encher seu tesouro, quando alguém o aconselhasse a elevar o valor das moedas ao gastar o dinheiro, e o abaixar aquém do justo quando o fosse cobrar, pois assim se pagaria muito com pouco dinheiro, e se receberia muito por pequenas dívidas; e suponhamos ainda que mais alguém, por sua vez, tentasse persuadir o rei a estimular a guerra, para que, tendo sido recolhido o dinheiro a tal pretexto, parecesse, quando a paz fosse celebrada com cerimônias religiosas, que, pelo prestígio alcançado aos olhos da plebe, ele era um príncipe pio, que se comiserava evidentemente do sangue humano; e continuemos a supor que já outro conselheiro sugerisse ao mesmo rei a ideia de reestabelecer algumas antigas leis, já roídas por traças e antiquadas por longa falta de uso, as quais, já não lembradas por mais ninguém, eram transgredidas por todos, razão pela qual poder-se-ia exigir por elas grandes multas, em um procedimento mais rendoso do que qualquer outro, e mais honrado, porque traz consigo a aparência de justiça; e prossigamos na suposição de que um quarto conselheiro propusesse que, com pesadas multas, fossem proibidas muitas coisas, principalmente aquelas que não atingissem o povo, e que, depois, por um valor em pecúnia, delas dispensasse os atingidos pela lei, e assim o rei receberia o favor do povo e mais uma dupla vantagem – tanto as multas daqueles que a cupidez do lucro jogou nessa armadilha, quanto os privilégios que vendesse aos demais – e assim o príncipe seria com certeza tanto melhor quanto mais o fizesse, pois não seria indulgente com um interesse privado que se opusesse ao público a não ser por uma grande quantia; e prossigamos na imaginação de que já mais outro conselheiro tentasse persuadir o rei a constranger os juízes a julgarem apenas, e em qualquer circunstância, a favor dele, e a

uel contradicendi studio, uel pudore dicendi eadem, uel quo gratiam ineant, apud eum aliquam reperiant rimam, qua possit intendi calumnia. Sic dum iudicibus diuersa sentientibus, res per se clarissima disputatur, et ueritas in quaestionem uenit, ansam commodum regi dari, pro suo commodo ius interpretandi. Ceteros aut pudore accessuros, aut metu, sic intrepide fertur postea pro tribunali sententia. Neque enim deesse praetextus potest pronuncianti pro principe. Nempe cui satis est aut aequitatem a sua parte esse, aut uerba legis, aut contortum scripti sensum, aut quae legibus denique omnibus praeponderat, apud religiosos iudices principis indisputabilem praerogatiuam. Dum omnes in Crassiano illo consentiunt atque conspirant, nullam auri uim satis esse principi, cui sit alendus exercitus. Praeterea nihil iniuste regem facere, ut maxime etiam uelit posse. Quippe omnia omnium eius esse, ut homines etiam ipsos, tantum uero cuique esse proprium quantum regis benignitas ei non ademerit, quod ipsum ut quam minimum sit, principis multum referre, ut cuius tutamentum in eo situm sit, ne populus diuitiis ac libertate lasciuiat, quod hae res minus patienter ferant dura atque iniusta imperia, cum contra egestas atque inopia retundat animos, ac patientes reddat, adimatque pressis generosos rebellandi spiritus.

Hic si ego rursus adsurgens contendam haec consilia omnia regi et inhonesta esse, et perniciosa. Cuius non honor modo, sed securitas quoque in populi magis opibus sita sit quam suis. Quos si ostendam, regem sibi deligere sua causa, non regis, uidelicet uti eius labore ac studio ipsi commode uiuant. Tutique ab iniuriis. Eoque magis ad principem eam pertinere curam, ut populo bene sit suo, quam ut sibi, non aliter ac pastoris officium est, oues potius quam semet pascere, quatenus opilio est.

Nam quod populi egestatem censeant pacis praesidium esse, longissime aberrare eos ipsa res docet. Nempe ubi plus rixarum comperias, quam inter mendicos! Quis intentius mutationi rerum studet, quam cui minime placet praesens uitae status! Aut cui denique audacior impetus ad conturbanda omnia, spe alicunde lucrandi, quam cui iam nihil est quod possit perdere! Quod si rex

que os juízes fossem chamados à corte e convidados a deliberar sobre suas questões diante do rei, pois não existe nenhuma causa tão ilegal que não haverá alguns desses homens que, seja pelo prazer da contradita, seja pela vergonha de dizer a mesma coisa já falada, ou só para alcançar as graças do rei, encontrarão brechas pelas quais possa ser realizada a artimanha, de modo que, enquanto os juízes decidissem de forma diversa e disputassem por coisas claríssimas, a verdade seria posta em questão, e dar-se-ia ao rei azo para interpretar o direito a seu alvedrio, fazendo com que os juízes concordassem, por medo ou por vergonha, e a sentença fosse intrepidamente pronunciada pelo tribunal, pois sempre pode haver um pretexto para se julgar a favor do príncipe, já que sempre estão do seu lado a justiça, a letra da lei, os escritos, a torta interpretação das normas, ou, acima de todas as leis, junto aos religiosos juízes, a indisputável prerrogativa do príncipe. E ainda mais imaginemos que todos concordassem com a máxima de Crasso, de que nunca há dinheiro bastante para o príncipe, que deve alimentar os exércitos; e concordassem que nada do que o príncipe faça pode ser considerado injusto, posto que muito se queira. Porquanto tudo a ele pertence, mesmo os súditos, o que têm de seus, foi a bondade do príncipe que lhos concedeu, porque é do interesse do príncipe que o que tenham seja o mínimo, uma vez que convém à sua segurança que, por riqueza e liberdade, não se exceda o povo, que nesse caso menos pacientemente suportará as ordens duras e injustas, uma vez que a carestia e a pobreza lhes alquebram os ânimos, tornam-nos pacientes e reprimem os espíritos altivos daqueles dispostos à revolta.

"Então, se eu, erguendo-me outra vez, afirmasse que todos esses conselhos que davam ao rei eram desonestos e perniciosos, que não apenas a honra, mas também a segurança do príncipe se resguarda mais no povo que em seus exércitos; e se eu lhes demonstrasse que os homens escolhem o rei em proveito de si, e não no dele, e que, portanto, por seu empenho e esforço, eles devem viver comodamente, e que, por esse motivo, o príncipe deveria cuidar mais do bem-estar de seu povo do que de seu próprio, da mesma forma como um pastor, que antes alimenta a grei, e só depois a si?

"A realidade mostra, deveras, que erram completamente aqueles que pensam que a segurança da paz está na pobreza do povo. Afinal, onde mais se encontram brigas do que entre os mendigos? Quem mais deseja mudar as coisas do que aquele que sofre com o estágio presente da vida? De quem, enfim, é o mais atrevido ímpeto de conturbar tudo,

aliquis adeo aut contemptus esset, aut inuisus suis, ut aliter eos continere in officio non possit, nisi contumeliis, compilatione, et sectione grassetur, eosque redigat ad mendicitatem, praestiterit illi profecto regno abdicare, quam his retinere artibus, quibus quamquam imperii nomen, retineat, certe amittit maiestatem. Neque enim regiae dignitatis est, imperium in mendicos exercere, sed in opulentos potius, atque felices. Quod ipsum sensit certe uir erecti ac sublimis animi Fabricius, cum responderet malle se imperare diuitibus, quam diuitem esse. Et profecto unum aliquem uoluptate ac deliciis fluere, gementibus undique ac lamentantibus aliis, hoc non est regni, sed carceris esse custodem. Denique ut imperitissimus medicus est, qui morbum nescit nisi morbo curare, ita qui uitam ciuium non nouit alia uia corrigere, quam ademptis uitae commodis, is se nescire fateatur imperare liberis. Quin aut inertiam potius mutet suam, aut superbiam. Nam his fere uitiis accidit, ut populus eum uel contemnat, uel habeat odio. Viuat innocuus de suo, sumptus ad reditus accommodet, refrenet maleficia, et recta institutione suorum praeueniat potius, quam sinat increscere, quae deinde puniat, leges abrogatas consuetudine haud temere reuocet, praesertim quae diu desitae numquam desideratae sunt. Neque umquam commissi nomine eiusmodi quicquam capiat, quale priuatum quempiam iudex, uelut inicum ac uafrum non pateretur accipere.

Hic si proponerem illis Macarensium legem, qui et ipsi non longe admodum absunt ab Vtopia, quorum rex quo primum die auspicatur imperium, magnis adhibitis sacrificiis iuriiurando astringitur, numquam se uno tempore supra mille auri pondo in thesauris habiturum, aut argenti, quantum eius auri pretium aequet. Hanc legem ferunt ab optimo quodam rege institutam, cui maiori curae fuit patriae commodum, quam diuitiae suae, uelut obicem aceruandae pecuniae tantae, quanta faceret inopiam eius in populo. Nempe eum thesaurum uidebat suffecturum, siue regi aduersus rebelleis, siue regno aduersus hostium incursiones esset confligendum. Ceterum minorem esse quam ut animos faciat inuadendi aliena. Quae potissima condendae legis causa fuit. Proxima quod sic prospectum putauit, ne desit pecunia, quae in quotidiana ciuium commutatione uersetur, et cum regi necesse

com a esperança da obtenção de alguma vantagem, do que aquele que nada tem a perder? Porque, se um rei for desprezado ou odiado por seu povo, a ponto de não poder o manter em seus deveres senão à custa de violência, esbulhos e confiscos, e o reduzindo à mendicância, seria melhor para ele abdicar do reino do que o manter por tais artifícios, pelos quais, embora possa manter o nome de rei, perde, decerto, a majestade. Afinal, não é da dignidade régia governar os mendigos, mas, antes, cidadãos ricos e felizes. E foi assim decerto que pensou Fabrício, varão de alma altiva e elevada, quando respondeu que preferia governar os ricos a ser rico. E que decerto não é da condição de um rei fruir sozinho de luxo e delícias, enquanto os outros gemem e se lamentam, mas sim do carcereiro. Tal como o mais imperito médico, que não sabe curar um mal senão com mal maior, quem não conhece outra via para corrigir a vida dos cidadãos do que a de os privar das comodidades da vida, esse rei reconhece não saber governar homens livres. Assim, melhor seria que ele mudasse sua arrogância, pois de tal vício é que advêm o ódio e o desprezo que lhe dedicam o povo. Que o rei honestamente viva do que é seu; que ajuste seus gastos ao que ganha; que refreie os crimes; que antes previna os crimes pela correta educação dos seus do que permita que ele cresça para depois o punir; que não restitua sem motivo leis revogadas pelo costume, há muito desnecessárias e indesejadas; que nunca exija multa que um juiz consideraria iníqua ou fraudulenta para um particular.

"Então, se eu propusesse ao conselho a lei dos macários, cujo rei, no primeiro dia do reinado, fica comprometido, por juramento sagrado, a nunca possuir no tesouro, a um só tempo, mais que uma única libra de ouro, ou o seu equivalente em prata. Eles dizem que essa lei foi outrora instituída por um ótimo rei, cuja maior preocupação era a prosperidade da pátria, mais do que sua própria riqueza, para se tornar um óbice à acumulação de tanto dinheiro que fizesse a pobreza de seu povo. Porque parecia aos macários que esse tesouro seria suficiente para o caso de uma rebelião contra o rei, ou contra a conflagração de invasões de inimigos contra o reino; sendo, entretanto, pequena o bastante para não lhe dar ânimo de invadir terras estrangeiras. Foi essa a principal causa da elaboração de tal lei. A outra causa foi porque assim se pensou em uma provisão, para que não faltasse o dinheiro para as transações cotidianas dos cidadãos, pois, como o rei deveria

est erogare, quicquid thesauro supra legitimum accreuit modum, non quaesiturum censuit occasiones iniuriae. Talis rex et malis erit formidini, et a bonis amabitur. Haec ergo atque huiusmodi si ingererem apud homines in contrariam partem uehementer inclinatos, quam surdis essem narraturus fabulam!

Surdissimis inquam, haud dubie. Neque hercule miror, neque mihi uidentur—ut uere dicam—huiusmodi sermones ingerendi, aut talia danda consilia, quae certus sis numquam admissum iri. Quid enim prodesse possit, aut quomodo in illorum pectus influere sermo tam insolens, quorum praeoccupauit animos, atque insedit penitus diuersa persuasio! Apud amiculos in familiari colloquio non insuauis est haec philosophia scholastica. Ceterum in consiliis principum, ubi res magnae magna authoritate aguntur, non est his rebus locus.

Hoc est, inquit ille, quod dicebam non esse apud principes locum philosophiae.

Immo inquam est uerum, non huic scholasticae, quae quiduis putet ubiuis conuenire, sed est alia philosophia ciuilior, quae suam nouit scenam, eique sese accommodans, in ea fabula quae in manibus est, suas partes concinne et cum decoro tutatur. Hac utendum est tibi. Alioquin dum agitur quaepiam Plauti comoedia, nugantibus inter se uernulis, si tu in proscenium prodeas habitu philosophico, et recenseas ex Octauia locum in quo Seneca disputat cum Nerone. Nonne praestiterit egisse mutam personam, quam aliena recitando talem fecisse tragicomoediam! Corruperis enim, peruerterisque praesentem fabulam, dum diuersa permisces, etiam si ea quae tu affers meliora fuerint. Quaecumque fabula in manu est, eam age quam potes optime. Neque ideo totam perturbes, quod tibi in mentem uenit alterius, quae sit lepidior.

Sic est in republica sic in consultationibus principum. Si radicitus euelli non possint opiniones prauae, nec receptis usu uitiis mederi queas, ex animi tui sententia, non ideo tamen deserenda respublica est, et in tempestate nauis destituenda est, quoniam uentos inhibere non possis. At neque insuetus et insolens sermo inculcandus, quem scias apud diuersa persuasos pondus non habiturum, sed obliquo ductu conandum est, atque adnitendum tibi, uti pro tua uirili omnia tractes

distribuir tudo aquilo que acima da lei se acresceu ao tesouro, não haveria ocasião para cometer ilegalidades. Esse rei seria temido pelos maus e amado pelos bons. Então, se, desse modo, eu expusesse tais coisas aos homens inclinados à posição contrária, não seria como contar história a surdos?"

"Aos mais surdo", disse eu, "sem dúvidas! E isso, por Deus, não me causa espanto, nem me parece – pois aqui digo a verdade – que não se deveria começar uma conversa como essa, ou serem dados tais conselhos, se estiveres certo de que não serão admitidos. De que, afinal, um discurso tão estranho valeria? Como poderia introduzir-se nos peitos deles, tomar-lhes os ânimos e em seus âmagos instalar uma opinião contrária? Essa filosofia escolástica só não é desagradável em conversas familiares com amigos. Por outro lado, nos conselhos dos príncipes, onde grandes assuntos são tratados com a maior autoridade, não há lugar para tais coisas."

"É essa a razão", respondeu Rafael, "pela qual eu dizia que não há lugar para filosofia junto aos príncipes."

"Na verdade, até há", eu disse. "Mas não para a filosofia escolástica, que pensa explicar todas as coisas, e sim para a filosofia política, que conhece seu lugar na cena teatral, e, adaptando-se a isso, à história que tem nas mãos, representa com decoro e elegância as partes que lhe cabem. Essa é a filosofia que se deve usar. Por outro lado, se alguma comédia de Plauto estiver sendo encenada, e os escravos estiverem zombando entre si, e tu chegares ao proscênio vestido de filósofo, e declamares um trecho da *Otávia*, em que Sêneca reprovou Nero, seria preferível permaneceres mudo a, recitando coisas inapropriadas, encenares tal tragicomédia! Corromperias e perverterias o espetáculo ao misturares coisas diversas, ainda se o que trouxesses fosse da melhor qualidade. Qualquer que seja a peça que tiveres em mão, faze-a da melhor forma que puderes, e não estragues toda a trama só porque te vem à mente uma outra, que seja mais espirituosa.

"É assim na república; e é assim no conselho dos príncipes. Se não podem ser arrancadas pela raiz as opiniões perversas, se não se consegue remediar os vícios aceitos pelo uso por meio da deliberação da alma, a república não pode ser, por isso, abandonada, pois não se deve abandonar um barco na tempestade apenas por não se poderem controlar os ventos. Não se deve inculcar um discurso inusual e insólito, quando sabes que o que disseres não terá peso junto àqueles que são diferentes de ti; mas deves tentá-lo por falas indiretas e te esforçares em todas as tuas coisas,

commode. Et quod in bonum nequis uertere, efficias saltem, ut sit quam minime malum. Nam ut omnia bene sint, fieri non potest, nisi omnes boni sint, quod ad aliquot abhinc annos adhuc non expecto.

Hac, inquit, arte nihil fieret aliud, quam ne dum aliorum furori mederi studeo, ipse cum illis insaniam. Nam si uera loqui uolo, talia loquar necesse est. Ceterum falsa loqui, sitne philosophi nescio, certe non est meum. Quamquam ille meus sermo ut fuerit fortasse ingratus illis, atque molestus, ita non uideo cur uideri debeat usque ad ineptias insolens. Quod si aut ea dicerem, quae fingit Plato in sua republica aut ea quae faciunt Vtopienses in sua, haec quamquam essent, ut certe sunt, meliora, tamen aliena uideri possint, quod hic singulorum priuatae sunt possessiones, illic omnia sunt communia. Mea uero oratio—nisi quod ad eos qui statuissent secum, ruere diuersa uia praecipites, iucundus esse non potest, qui reuocet ac praemonstret pericula—alioquin quid habuit, quod non ubiuis dici, uel conueniat, uel oporteat! Equidem si omittenda sunt omnia tamquam insolentia atque absurda, quaecumque peruersi mores hominum fecerunt, ut uideri possint aliena, dissimulemus oportet, apud Christianos, pleraque omnia quae Christus docuit, ac dissimulari usqueadeo uetuit, ut ea quoque quae ipse in aures insusurrasset suis, palam in tectis iusserit praedicari. Quorum maxima pars ab istis moribus longe est alienior, quam mea fuit oratio. Nisi quod concionatores homines callidi, tuum illud consilium secuti puto, quando mores suos homines ad Christi normam grauatim paterentur aptari, doctrinam eius uelut regulam plumbeam accommodauerunt ad mores, ut aliquo saltem pacto coniungerentur scilicet. Qua re nihil uideo quid profecerint, nisi ut securius liceat esse malos, atque ipse profecto tantumdem proficiam in consiliis principum.

Nam aut diuersa sentiam, quod perinde fuerit, ac si nihil sentiam, aut eadem, et ipsorum adiutor sim, ut inquit Micio Terentianus, insaniae. Nam obliquus ille ductus tuus non uideo quid sibi uelit, quo censes adnitendum, si non possint omnia reddi bona, tamen ut tractentur commode, fiantque, quoad

com energia e, sobretudo, com tato. E se não puderes as transformar em boas, que ao menos faças que sejam menos más quanto possível, pois se não se podem transformar as coisas em boas, a não ser que todos sejam bons, coisa que não acho que ocorra nos próximos anos."

"Por esse artifício", disse Rafael, "nada acontecerá senão que, enquanto me esforço por tratar do furor dos outros, eu mesmo também irei enlouquecer com eles. Pois, se quero dizer a verdade, é preciso que eu fale daquela maneira. De resto, não sei se um filósofo pode, ou não, dizer coisas falsas, mas sei que decerto não posso eu. Ainda que minha fala lhes fosse molesta e desagradável, não vejo por qual razão deveria ser tida como estranha e inepta. Porque, se eu descrevesse as instituições que Platão criou em sua república, ou aquelas que os utopienses praticam, ainda que fossem melhores, como de fato são, poderiam parecer estranhas, porque aqui as propriedades dos cidadãos são privadas, enquanto lá todas as coisas são comunitárias. Minha fala, a não ser para aqueles que decidiram se lançar a caminhos diversos, não pode ser agradável aos conselheiros, porque os chama de volta ao caminho correto e mostra os perigos que há. Por outro lado, o que foi que eu disse que não poderia ser falado em qualquer lugar, que não seja conveniente ou oportuno? Na verdade, se forem omitidas, como inconvenientes ou absurdas, todas as coisas que os costumes perversos dos homens fizeram, e que podem ser tidas como estranhas, convém que ocultemos, junto aos cristãos, tudo aquilo que Cristo ensinou, até porque Cristo proibiu se manterem segredos, de modo que tudo que fosse sussurrado aos ouvidos fosse proclamado às claras no alto das casas. A maior parte de seus ensinamentos está muito mais longe desses costumes do que de minha fala. Creio, no entanto, que os pregadores, homens hábeis, seguiram teu conselho – vendo que os homens dificilmente adaptavam seus costumes à norma de Cristo, acomodaram a doutrina aos costumes dos homens, como uma régua de chumbo, de modo que de qualquer maneira se ajustem. Quanto a isso, penso que nada conseguem, senão fazer com que os maus se sintam seguros – e isso é tudo o que eu poderia fazer no conselho dos príncipes.

"De fato, ou eu teria uma opinião diferente da dos demais, o que seria a mesma coisa de não ter nenhuma opinião, ou teria a mesma opinião que eles, e como Mício diz na obra de Terêncio, eu seria um ajudante de sua loucura. Na verdade, não compreendo aonde levará teu tortuoso caminho, que pensas que deva ser tentado, de modo que, se não for

licet, quam minime mala. Quippe non est ibi dissimulandi locus, nec licet conniuere. Approbanda sunt aperte pessima consilia, et decretis pestilentissimis subscribendum est. Speculatoris uice fuerit, ac pene proditoris, etiam qui improbe consulta maligne laudauerit.

Porro nihil occurrit, in quo prodesse quicquam possis, in eos delatus collegas, qui uel optimum uirum facilius corruperint, quam ipsi corrigantur, quorum peruersa consuetudine uel deprauaberis, uel ipse integer atque innocens, alienae malitiae, stultitiaeque praetexeris, tantum abest ut aliquid possit in melius obliquo illo ductu conuertere.

Quam ob rem pulcherrima similitudine declarat Plato, cur merito sapientes abstineant a capessenda quippe republica. Cum populum uideant in plateas effusum assiduis imbribus perfundi, nec persuadere queant illis, ut se subducant pluuiae, tectaque subeant. Gnari nihil profuturos sese si exeant, quam ut una compluantur, semet intra tecta continent habentes satis, quando alienae stultitiae non possunt mederi, si ipsi saltem sint in tuto.

Quamquam profecto mi More—ut ea uere dicam, quae meus animus fert—mihi uidetur ubicumque priuatae sunt possessiones, ubi omnes omnia pecuniis metiuntur, ibi uix umquam posse fieri, ut cum republica aut iuste agatur, aut prospere, nisi uel ibi sentias agi iuste, ubi optima quaeque perueniunt ad pessimos, uel ibi feliciter, ubi omnia diuiduntur in paucissimos, nec illos habitos undecumque commode, ceteris uero plane miseris.

Quam ob rem cum apud animum meum reputo, prudentissima atque sanctissima instituta Vtopiensium, apud quos tam paucis legibus, tam commode res administrantur, ut et uirtuti pretium sit, et tamen aequatis rebus omnia abundent omnibus, tum ubi his eorum moribus ex aduerso comparo, tot nationes alias, semper ordinantes, nec ullam satis ordinatam umquam, earum omnium in quibus quod quisque nactus fuerit, suum uocat priuatum, quorum tam multae indies conditae leges non sufficiunt, uel ut consequatur quisquam, uel ut tueatur, uel ut satis internoscat ab alieno, illud quod suum inuicem quisque priuatum nominat, id quod facile indicant infinita illa tam assidue nascentia, quam

possível transformar todas as coisas em boas, que ao menos sejam o mínimo más. Porque aí não há lugar para dissimulação, nem se podem fechar os olhos. Deve-se aprovar abertamente os piores conselhos e subscrever os mais pestilentos decretos. Pelo contrário, seria considerado espião, e até mesmo traidor, quem, por malícia, pouco elogiar as decisões.

"Não se encontra nada em que possas ser útil quando estás entre colegas que mais facilmente corrompem os homens bons do que corrigem a si próprios, dos quais os perversos costumes ou te corromperão, ou, se te mantiveres íntegro e inocente, far-te-ão encobrir a malícia e a loucura dos outros. Portanto, não se pode converter, por aquela fala oblíqua de que disseste, o pior em algo melhor.

"Por tal motivo, Platão, em belíssima comparação, declarou, com fundamentos, que os sábios devem se afastar, por óbvio, da gestão pública, pois, quando veem o povo nas ruas, encharcados por ininterruptas chuvas, e os não conseguem persuadir a saírem da chuva e abrigarem-se em casa, sabendo que de nada adiantaria se eles próprios saíssem à chuva, senão também se molharem, contentam-se em permanecer na segurança do lar, já que não podem remediar a estultícia alheia.

"Sem dúvidas, caro More, para dizer a verdade que trago no ânimo, parece-me que, onde quer que haja propriedades privadas, e todos tudo medem por meio do dinheiro, aí é difícil que possa ocorrer que a república seja bem gerida, ou que prospere – a menos que não se aplique a justiça quando todas as melhores coisas pertençam aos piores homens, ou que se seja mais feliz quando toda a riqueza é dividida entre uns pouquíssimos, que vivem comodamente, enquanto os demais permanecem na miséria.

"Por esse motivo, quando no ânimo reflito sobre as sábias e santíssimas instituições dos utopienses, junto aos quais tudo, com tão poucas leis, é tão bem administrado, onde a virtude é tida em alta conta e, apesar dos bens serem comunitários, a ninguém nada falta; quando, em contraste, eu comparo com tais costumes todas as outras nações, que sempre produzem leis, sem que nenhuma o faça de modo satisfatório, e nas quais todo aquele que acha algo logo diz que é propriedade sua, das quais todas as leis criadas diariamente não são suficientes nem para obter a paz nem para preservá-la, nem é capaz de diferenciar do alheio o que, por sua vez, cada um diz que é sua propriedade – o que é evidenciado facilmente pelo infinito surgimento de litígios sem fim –; quando comigo

numquam finienda litigia. Haec inquam, dum apud me considero, aequior Platoni fio, minusque demiror, dedignatum illis leges ferre ullas, qui recusabant eas quibus ex aequo omnes omnia partirentur commoda. Siquidem facile praeuidit homo prudentissimus, unam atque unicam illam esse uiam ad salutem publicam, si rerum indicatur aequalitas, quae nescio an umquam possit obseruari, ubi sua sunt singulorum propria. Nam cum certis titulis, quisque quantum potest, ad se conuertit, quantacumque fuerit rerum copia, eam omnem pauci inter se partiti, reliquis relinquunt inopiam, fereque accidit, ut alteri sint alterorum sorte dignissimi, cum illi sint rapaces, improbi atque inutiles, contra hi modesti uiri, ac simplices, et cotidiana industria, in publicum quam in semet benigniores.

Adeo mihi certe persuadeo, res aequabili ac iusta aliqua ratione distribui, aut feliciter agi cum rebus mortalium, nisi sublata prorsus proprietate, non posse. Sed manente illa, mansuram semper apud multo maximam, multoque optimam hominum partem, egestatis et erumnarum anxiam atque ineuitabilem sarcinam. Quam ut fateor leuari aliquantulum posse, sic tolli plane contendo non posse.

Nempe si statuatur ne quis supra certum agri modum possideat, et uti sit legitimus cuique census pecuniae, si fuerit legibus quibusdam cautum, ut neque sit princeps nimium potens, neque populus nimis insolens, tum magistratus ne ambiantur, neu dentur uenum, aut sumptus in illis fieri sit necesse, alioquin et occasio datur per fraudem ac rapinas sarciendae pecuniae, et fit necessitas eis muneribus praeficiendi diuites, quae potius fuerant administranda prudentibus.

Talibus inquam legibus, quemadmodum aegra assiduis solent fomentis fulciri corpora deploratae ualetudinis, ita haec quoque mala leniri queant, ac mitigari. Vt sanentur uero atque in bonum redeant habitum, nulla omnino spes est, dum sua cuique sunt propria. Quin dum unius partis curae studes, aliarum uulnus exasperaueris, ita mutuo nascitur ex alterius medela alterius morbus, quando nihil sic adiici cuiquam potest, ut non idem adimatur alii.

At mihi inquam contra uidetur, ibi numquam commode uiui posse, ubi omnia sint communia. Nam quo pacto suppetat

assim penso, faço como Platão, e não me espanto de que ele não se tenha dignado a fazer leis para aqueles que recusavam as normas que repartiam os confortos igualmente. De fato, o mais sábio dos homens fácil previu um único e exclusivo caminho para o bem-estar de todos – a igualdade das coisas, que eu não sei se pode ser atingida quando os bens pertencem a particulares. Pois, quando a um título ou outro, cada um pega para si o quanto pode, qualquer que seja a quantidade das coisas, de modo que uns poucos dividem todos os bens entre si, e os restantes cidadãos são deixados na miséria, de modo que uns merecem o lote dos outros, uma vez que os ricos são avaros, desonestos e inúteis, enquanto os pobres, em contrapartida, são modestos, simples e mais úteis, no quotidiano trabalho, ao público do que a si próprios.

"Por isso, estou inteiramente convencido de que, a não ser que a propriedade privada seja abolida, não poderá haver equidade e justa distribuição dos bens, nem poderão ser geridos os assuntos mortais de modo feliz. Porém, conservando-se a propriedade privada, a maior e melhor parte da humanidade será mantida oprimida por pobreza e tribulações, e, inevitavelmente, permanecerá desesperada. Confesso que, embora essa opressão possa ser de algum modo reduzida, não pode ser inteiramente suprimida.

"A não ser que se decretasse que ninguém pode ter mais do que uma certa porção de terra, ou o quanto seria legítimo que cada um tivesse em dinheiro, a não ser que as leis cuidassem que nenhum príncipe se tornasse excessivamente poderoso, nem o povo excessivamente ingovernável, que as magistraturas não fossem ambicionadas, nem pudessem ser compradas, nem importassem despesas aos magistrados, que dessem azo para se ressarcirem do dinheiro por fraudes e rapinas, que, por suborno, os ricos não fossem preferidos nos cargos públicos em detrimento dos mais sábios.

"Sobre tais leis eu digo que são como os remédios com que se revigoram os corpos dos doentes, e que podem curar os males, ou mitigá-los. A verdade é que não há esperança de cura ou restabelecimento à boa saúde, enquanto houver proprietários para os bens. Porque, quando te esforças para cuidares de uma única parte, exasperas as feridas das outras, de modo que do remédio de uma doença nasce outro mal, porque nada pode ser dado a alguém que não tenha sido tirado de outrem."

"Contudo, para mim", disse-lhe eu, "parece-me diferente. Nunca se poderá viver bem onde as coisas são comunitárias. Como pode haver

copia rerum, unoquoque ab labore subducente se! Vtpote quem neque sui quaestus urget ratio, et alienae industriae fiducia reddit segnem. At cum et stimulentur inopia, neque quod quisquam fuerit nactus, id pro suo tueri ulla possit lege, an non necesse est perpetua caede ac seditione laboretur! Sublata praesertim authoritate ac reuerentia magistratuum, cui quis esse locus possit, apud homines taleis, quos inter nullum discrimen est, ne comminisci quidem queo.

Non miror inquit, sic uideri tibi, quippe cui eius imago rei, aut nulla succurrit, aut falsa. Verum si in Vtopia fuisses mecum, moresque eorum atque instituta uidisses praesens, ut ego feci, qui plus annis quinque ibi uixi, neque umquam uoluissem inde discedere, nisi ut nouum illum orbem proderem, tum plane faterere, populum recte institutum nusquam alibi te uidisse quam illic.

Atqui profecto inquit Petrus Aegidius, aegre persuadeas mihi, melius institutum populum in nouo illo, quam in hoc noto nobis orbe reperiri, ut in quo neque deteriora ingenia, et uetustiores opinor esse, quam in illo respublicas et in quibus plurima ad uitam commoda longus inuenit usus, ut ne adiiciam apud nos casu reperta quaedam, quibus excogitandis nullum potuisset ingenium sufficere.

Quod ad uetustatem, inquit ille, rerum attinet publicarum, tum pronunciare posses rectius, si historias illius orbis perlegisses, quibus si fides haberi debet, prius apud eos erant urbes, quam homines apud nos. Iam uero quicquid hactenus uel ingenium inuenit, uel casus repperit, hoc utrobique potuit extitisse. Ceterum ego certe puto, ut illis praestemus ingenio, studio tamen atque industria longe a tergo relinquimur. Nam—ut ipsorum habent annales—ante appulsum illuc nostrum de rebus nostris—quos illi uocant ultraequinoctialeis—nihil umquam quicquam audierant, nisi quod olim annis ab hinc ducentis supra mille, nauis quaedam apud insulam Vtopiam naufragio periit, quam tempestas eo detulerat. Eiecti sunt in litus Romani quidam, atque Aegyptii, qui postea numquam inde discessere.

Hanc unam occasionem, uide quam commodam illis sua fecit industria. Nihil artis erat intra Romanum imperium, unde possit aliquis esse usus, quod non illi aut ab expositis hospitibus

fartura quando cada homem se furta ao trabalho? O motivo do ganho não estimula ninguém, e a confiança no trabalho alheio produz preguiçosos. E, quando alguém for estimulado pela miséria e nenhuma lei puder proteger aquilo que ele conseguiu, não faltarão matanças e sedições, principalmente quando são retirados o prestígio e a autoridade dos magistrados – e não posso conceber que exista um lugar de autoridade entre os homens que sejam iguais em todos os aspectos."

"Não me surpreendo", disse ele, "de que assim penses, pois sobre o assunto, ou não tens ideia, ou, se tens, ela é falsa. De fato, se houvesses vivido comigo na ilha de Utopia, se tivesses presenciado e visto seus costumes e instituições, como eu que ali estive por mais de cinco anos, nunca teria desejado de lá sair a não ser para contar sua novidade para o mundo, confessarias inteiramente então nunca teres visto povo tão bem governado como ali."

"Apesar disso", disse Pieter Gillis, "dificilmente me convencerás de que existe um povo mais bem governado no novo mundo do que neste mundo conhecido por nós. Como aqui não são menores os engenhos, e como nosso governo, assim eu presumo, é mais antigo do que o outro, a nossa longa experiência encontrou mais conveniências para a vida, sem contar com aquelas descobertas por acaso e que nenhum engenho poderia cogitar."

"Quanto à vetustez das instituições públicas", disse Rafael, "poderias mais corretamente discorrer sobre o tema se tivesses lido as histórias daquele país, pois, se se pode nelas crer, já havia entre eles cidades muito antes do que entre nós houvesse homens. Quanto ao que até agora inventou o engenho humano, ou achou por acaso, pode existir tanto aqui quanto lá. Na verdade, creio que até possamos ser superiores a eles em inteligência, mas em estudo e trabalho somos deixados muito atrás. De fato, como consta em seus anais, antes de lá chegarmos nós – chamados por eles de ultraequinociais – éramos praticamente desconhecidos, salvo porque, há mais de mil e duzentos anos, naufragou próximo à ilha de Utopia um barco, levado pelas tempestades. Foram lançados à praia alguns romanos e egípcios, que então nunca mais partiram de lá.

"Vê como a industriosidade deles aproveitou essa única ocasião. Não houve ciência no império romano que lhes pudesse ser útil que eles não tenham aprendido da exposição dos hóspedes, ou deduzido a partir das

didicerint, aut acceptis quaerendi seminibus adinuenerint. Tanto bono fuit illis aliquos hinc semel illuc esse delatos. At si qua similis fortuna quempiam antehac illinc huc perpulerit, tam penitus hoc obliteratum est, quam istud quoque forsan excidet posteris, me aliquando illic fuisse. Et ut illi uno statim congressu quicquid a nobis commode inuentum est, fecerunt suum; sic diu futurum puto, priusquam nos accipiamus quicquam quod apud illos melius quam nobis est institutum. Quod unum maxime esse reor in causa, cur cum neque ingenio, neque opibus inferiores simus eis, ipsorum tamen res quam nostra prudentius administretur, et felicius efflorescat.

Ergo mi Raphael inquam, quaeso te atque obsecro, describe nobis insulam. Nec uelis esse breuis, sed explices ordine, agros, fluuios, urbes, homines, mores, instituta, leges, ac denique omnia, quae nos putes uelle cognoscere. Putabis autem uelle quicquid adhuc nescimus.

Nihil inquit faciam libentius. Nam haec in promptu habeo. Sed res otium poscit.

Eamus ergo inquam intro pransum, mox tempus nostro arbitratu sumemus.

Fiat inquit. Ita ingressi prandemus.

Pransi, in eundem reuersi locum, in eodem sedili consedimus, ac iussis ministris ne quis interpellaret, ego ac Petrus Aegidius hortamur Raphaelem, ut praestet quod erat pollicitus. Is ergo ubi nos uidit intentos, atque auidos audiendi, cum paulisper tacitus et cogitabundus assedisset, hunc in modum exorsus est.

Primi libri finis.

indicações que receberam. Tanto proveito houve deles que dali nenhum foi mandado embora. Mas, se um acaso similar, antes disso, trouxe para cá algum utopiense, isso foi tão inteiramente esquecido quanto também se apagará para os porvindouros o fato de que lá estive eu. E, nesse único encontro eles assimilaram de imediato tudo o que de proveitoso foi descoberto por nós. Por outro lado, creio que demorará muito tempo antes de aceitarmos algumas de suas instituições, que são melhores do que as nossas. Creio que seja essa a principal razão, uma vez que não somos inferiores a eles em inteligência ou recursos, pela qual seu governo é mais bem administrado do que o nosso, e floresce mais feliz."

"Então, meu caro Rafael", disse eu, "rogo e suplico que descrevas para nós tal ilha. Não queiras ser breve, mas conte, em ordem, sobre os campos, rios, cidades, homens, costumes, instituições e leis – enfim, tudo o que julgares que devamos conhecer. Tenhas certeza de que queremos saber tudo o que desconhecemos."

"Fá-lo-ei com prazer", disse ele. "Tenho tudo na memória. Porém, a narrativa exigirá tempo."

"Então", digo eu, "vamos almoçar. Logo disporemos do tempo que quisermos."

"Que assim seja", disse Rafael. E entramos para almoçar.

Findo o almoço, voltamos todos para o mesmo lugar e nos sentamos no mesmo banco. Tendo sido ordenado aos criados que ninguém nos interrompesse, eu e Pieter Gillis exortamos Rafael a que nos mostrasse o que nos prometera. Logo que nos viu atentos e ávidos por ouvi-lo, calou-se por um instante em reflexão, e começou a falar dessa maneira.

Fim do primeiro livro

Sermonis quem Raphael Hythlodaeus de optimo reipublicae statu habuit, liber secundus, per Thomam Morum ciuem et uicecomitem Londinensem.

[Raphaelis sermo pomeridianus de Vtopiensium insula.]

Vtopiensium insula in media sui parte—nam hac latissima est—milia passuum ducenta porrigitur, magnumque per insulae spatium non multo angustior, fines uersus paulatim utrimque tenuatur. Hi uelut circumducti circino quingentorum ambitu milium, insulam totam in lunae speciem renascentis effigiant. Cuius cornua fretum interfluens, milibus passuum plus minus undecim dirimit, ac per ingens inane diffusum, circumiectu undique terrae prohibitis uentis, uasti in morem lacus stagnans magis quam saeuiens, omnem prope eius terrae aluum pro portu facit. Magnoque hominum usu naues quaqua uersus transmittit.

Fauces hinc uadis, inde saxis formidolosae. In medio ferme interstitio una rupes eminet, eoque innoxia, cui inaedificatam turrim praesidio tenent, ceterae latentes et insidiosae. Canales solis ipsis noti, atque ideo non temere accidit, uti exterus quisquam hunc in sinum, nisi Vtopiano duce, penetret, ut in quem uix ipsis tutus ingressus est, nisi signis quibusdam e litore uiam regentibus. His in diuersa translatis loca, hostium quamlibet numerosam classem facile in perniciem traherent. Ab altera parte non infrequentes portus. At ubique descensus in terram ita natura munitus, aut arte, ut ingentes copiae paucis inde queant propugnatoribus arceri.

Ceterum uti fertur, utique ipsa loci facies prae se fert, ea tellus olim non ambiebatur mari. Sed Vtopus cuius utpote uictoris nomen refert insula, nam ante id temporis Abraxa dicebatur, quique rudem atque agrestem turbam ad id quo nunc ceteros prope mortales antecellit cultus, humanitatisque perduxit, primo protinus appulsu uictoria potitus, passuum milia quindecim, qua parte tellus continenti adhaesit, exscindendum curauit, ac mare circum terram duxit. Cumque ad id operis non incolas modo coegisset—ne contumeliae loco laborem ducerent—sed suos praeterea milites omnes adiungeret, in tantam hominum multitudinem opere

Segundo livro do discurso que fez Rafael Hitlodeu sobre a melhor constituição de uma república, por Thomas More, cidadão e visconde de Londres.

Discurso vespertino de Rafael sobre a Ilha de Utopia

A ilha dos utopienses, em sua parte central, é mais larga, estendendo-se por duzentas milhas, e seu comprimento não é muito menor, estreitando-se aos poucos em direção às duas extremidades. Seu perímetro de quinhentas milhas dá à ilha o formato de uma lua crescente. O mar, ao separar as extremidades da ilha, adentra mais ou menos onze milhas, a se espalhar por grande espaço, sendo protegido dos ventos pelas terras que o cercam, parecendo um vasto lago, que não se encrespa – o que faz com que toda essa reentrância seja como um porto, que, para grande benefício dos homens, dá acesso em toda parte aos barcos.

A entrada do mar é, em razão dos escolhos e parcéis, amedrontadora e traiçoeira. Quase no meio desse espaço, eleva-se um único penedo, que não provoca perigo. Nele foi construída uma torre, que é defendida por uma guarnição. Os outros rochedos permanecem ocultos e são perigosos. Os canais são conhecidos apenas pelos nativos, por isso, nenhum estrangeiro se atreve a adentrar o golfo, a não ser sob a condução de um utopiense, que também teria dificuldades em ingressar com segurança se não houvesse no litoral alguns marcos que lhe mostrassem o caminho. A mudança de lugar desses marcos levaria à destruição da armada inimiga, ainda que numerosa. No outro lado da ilha também são comuns os portos; mas, por toda parte, o acesso à terra é tão protegido pela natureza ou pelo trabalho humano, que tropas pouco numerosas são bastantes para afastar os invasores.

Além disso, como se conta e como a própria aparência do local indica, a terra antigamente não era cercada por mar. No entanto, Utopo, que naturalmente deu seu nome ao conquistar a ilha que antes daquele tempo era chamada de Abraxa, e que conduziu o povo rude e agreste a um grau de civilização e cultura que hoje ultrapassa os outros povos, assim que desembarcou e se assenhoreou do território, cuidou para que fosse aberto um canal de quinze milhas, no istmo que unia o território ao continente; e, assim, o mar circundou a terra. Como para essa obra Utopo não obrigou apenas os habitantes da ilha, para esses não acharem que o trabalho fosse uma humilhação, mas como também, além desses, todos os seus soldados, com tão grande multidão de homens na

distributo incredibili celeritate res perfecta, finitimos—qui initio uanitatem incoepti riserant—admiratione successus ac terrore perculerit.

Insula ciuitates habet quattuor et quinquaginta spatiosas omnes ac magnificas lingua, moribus, institutis, legibus, prorsus iisdem, idem situs omnium, eadem ubique quatenus per locum licet, rerum facies. Harum quae proximae inter se sunt milia quattuor ac uiginti separant. Nulla rursus est tam deserta, e qua non ad aliam urbem pedibus queat unius itinere diei perueniri.

Ciues quaque ex urbe terni senes ac rerum periti tractatum de rebus insulae communibus, quotannis conueniunt nam Amaurotum. Ea urbs quod tamquam in umbilico terrae sita maxime iacet omnium partium legatis opportuna—prima, princepsque habetur.

Agri ita commode ciuitatibus assignati sunt, ut ab nulla parte minus soli quam duodecim passuum milia una quaeuis habeat. Ab aliqua multo etiam amplius, uidelicet qua parte longius urbes inter se disiunguntur. Nulli urbi cupido promouendorum finium. Quippe quos habent agricolas magis eorum se, quam dominos putant.

Habent ruri per omnes agros commode dispositas domos, rusticis instrumentis instructas. Hae habitantur ciuibus per uices eo commigrantibus. Nulla familia rustica in uiris mulieribusque pauciores habet, quam quadraginta praeter duos ascriptitios seruos, quibus pater materque familias graues ac maturi praeficiuntur, et singulis tricenis familiis phylarchus unus. E quaque familia uiginti quotannis in urbem remigrant, hi qui biennium ruri compleuere. In horum locum totidem recentes ex urbe subrogantur, ut ab his qui annum ibi fuere. Atque ideo rusticarum peritiores rerum, instituantur, alios anno sequente docturi, ne si pariter omnes ibi noui, agricolationisque rudes essent, aliquid in annona per imperitiam peccaretur. Is innouandorum agricolarum mos, et si solemnis sit, ne quisquam inuitus asperiorem uitam cogatur continuare diutius, multi tamen quos rusticae rei studium natura delectat, plures sibi annos impetrant.

distribuição da tarefa, a obra foi concluída com inacreditável celeridade, e seu sucesso encheu de admiração e medo os povos vizinhos, que, no início, haviam rido da impossibilidade da empresa.

Há na ilha cinquenta e quatro cidades, grandes e magníficas, idênticas no que se refere à língua, costumes, instituições e leis. Têm todas o mesmo traçado e a mesma aparência, tanto quanto o lugar permite. As cidades que estão mais próximas distanciam-se vinte e quatro milhas umas das outras, e, por outro lado, nenhuma cidade é tão isolada que dela até outra cidade não se possa ir em um único dia de caminhada.

De cada cidade, todos os anos, três cidadãos idosos e experimentados reúnem-se para tratar de assuntos comuns à ilha, na cidade de Amauroto. Essa é a capital da ilha, e sua principal cidade, porquanto localizada como que no umbigo daquela terra, é mais conveniente para o encontro dos legados de todas as partes.

Os terrenos foram tão bem distribuídos entre as cidades que, em qualquer parte, qualquer delas possui no mínimo vinte milhas de chão arável, e algumas vezes podem ser mais amplos, se em alguma parte for maior a distância entre as cidades. Nenhuma cidade deseja alargar suas fronteiras, porque os cidadãos se consideram mais como agricultores do que como proprietários de terra.

Há, no campo, casas bem construídas, aparelhadas com instrumentos agrícolas, que são habitadas alternadamente por cidadãos enviados das cidades. Nenhuma família agrícola tem menos de quarenta pessoas,[8] entre homens e mulheres, além de dois escravos rurais, e são chefiadas por um pai e por uma mãe, sérios e prudentes. Cada família tem um filarco. Vinte pessoas dessas famílias retornam, a cada ano, para a cidade, após completarem o biênio no campo. No lugar deles, o mesmo número de novos agricultores é enviado da cidade para aprenderem com aqueles que ali já estão há um ano. Por sua vez, no ano seguinte, mais experimentados na lida rural, serão eles que ensinarão aos outros, a fim de que não faltem víveres, por serem todos ao mesmo tempo inexperientes no trabalho agrícola. Embora seja habitual esse costume de renovação dos agricultores, estabelecido para que ninguém seja obrigado a permanecer por longo tempo, contra a vontade, na rude vida do campo, muitos utopienses, por natureza, gostam do trabalho e obtêm a permissão de nele permanecerem por mais anos.

Agricolae terram colunt, nutriunt animalia, ligna comparant, atque in urbem qua commodum est, terra, mariue conuehunt. Pullorum infinitam educant multitudinem, mirabili artificio. Neque enim incubant oua gallinae, sed magnum eorum numerum calore quodam aequabili fouentes animant, educantque, hi simul atque e testa prodiere, homines, uice matrum comitantur, et agnoscunt. Equos alunt perquam paucos, nec nisi ferocientes, neque alium in usum quam exercendae rebus equestribus iuuentuti. Nam omnem, seu colendi, seu uehendi laborem, boues obeunt, quos—ut fatentur—equis impetu cedere, sic patientia uincere, nec tot obnoxios morbis putant, ad haec minore impendio, et operae, et sumptus ali, ac denique laboribus emeritos, in cibum tandem usui esse.

Semente in solum panem utuntur. Nam aut uuarum uinum bibunt, aut pomorum, pirorumue, aut denique aquam nonnumquam meram, saepe etiam, qua mel, aut glycyrizam incoxerint, cuius haud exiguam habent copiam.

Cum exploratum habeant—habent enim certissimum—quantum annonae consumat urbs, et circumiectus urbi conuentus, tamen multo amplius et sementis faciunt, et pecudum educant, quam quod in suos usus sufficiat, relicum impartituri finitimis. Quibuscumque rebus opus est, quae res ruri non habentur, eam suppellectilem omnem ab urbe petunt, et sine ulla rerum commutatione, a magistratibus urbanis nullo negotio consequuntur. Nam illo singulo quoque mense, plerique ad festum diem conueniunt.

Cum frumentandi dies instat, magistratibus urbanis agricolarum phylarchi denunciant, quantum ciuium numerum ad se mitti conueniat, quae multitudo frumentatorum, cum ad ipsum diem opportune adsit, uno prope sereno die tota frumentatione defunguntur.

[De urbibus, ac nominatim de Amauroto.]

Vrbium qui unam norit, omnes nouerit, ita sunt inter se—quatenus loci natura non obstat—omnino similes. Depingam igitur unam quampiam—neque enim admodum refert

Tais agricultores cultivam a terra, alimentam os animais, cortam lenha e transportam as provisões para a cidade, por terra ou mar, como for mais conveniente. Criam uma incontável multidão de frangos, por meio de uma incrível técnica: as galinhas não chocam os ovos, mas os criadores mantêm uma grande quantidade de ovos em calor constante, e que assim são chocados. Os frangos, tão logo rompem a casca, conhecem os homens e os seguem, como se fossem suas mães. Os utopienses criam poucos cavalos, e somente os mais indomáveis, que não têm outro uso do que exercitar a juventude na equitação. Porque todo trabalho, seja no arado, seja na tração das carroças, eles entregam aos bois que, como confessam, perdem dos cavalos em ímpeto, mas ganham em paciência; além disso, os utopienses creem que os bois são menos sujeitos a doenças, custam menos para serem mantidos e alimentados, e, quando aposentados, ainda servem de alimento.

Os cereais são utilizados apenas para se fazer o pão, pois os utopienses bebem vinho feito de uvas, de maçãs, ou de peras, ou então água pura, que costumeiramente eles misturam com mel ou alcaçuz – coisas que lá há em grande quantidade.

Embora eles avaliem, e o fazem com inteira exatidão, o quanto de víveres consomem cada cidade e seus arredores, os utopienses plantam grãos e criam gado além do que é necessário para seu uso e compartilham o restante com os vizinhos. Todo utensílio de que precisam, e que não é encontrado no campo, eles vão buscar na cidade, e, sem nenhuma contrapartida nem obstáculo, recebem-no dos magistrados urbanos. Todos os meses, a maior parte dos utopienses se reúne em um dia de festa.

Quando chega o dia das colheitas, os filarcos dos agricultores informam aos magistrados das cidades o número de cidadãos que lhes deve ser enviado, e a multidão de trabalhadores chega no dia avençado. Estando o tempo bom, eles terminam a colheita em um único dia.

Sobre as cidades, em especial sobre Amauroto

Quem conhece uma das cidades da ilha de Utopia conhece todas, pois tanto quanto a natureza do local permite, são inteiramente iguais umas às outras. Eu descreveria, portanto, uma qualquer, e isso não importaria. Mas qual seria melhor do que Amauroto? Nenhuma cidade

quam—sed quam potius, quam Amaurotum! Qua nec ulla dignior est, quippe cui senatus gratia reliquae deferunt, nec ulla mihi notior, ut in qua annos quinque perpetuos uixerim.

Situm est igitur Amaurotum, in leni deiectu montis, figura fere quadrata. Nam latitudo eius paulo infra collis incoepta uerticem, milibus passuum duobus ad flumen Anydrum pertinet, secundum ripam aliquanto longior.

Oritur Anydrus milibus octoginta supra Amaurotum, modico fonte, sed aliorum occursu fluminum, atque in his duorum etiam mediocrium auctus, ante urbem ipsam, quingentos in latum passus extenditur, mox adhuc amplior, sexaginta milia prolapsus, excipitur oceano. Hoc toto spacio, quod urbem ac mare interiacet, ac supra urbem quoque aliquot milia, sex horas perpetuas influens aestus, ac refluus alternat celeri flumine. Cum sese pelagus infert, triginta in longum milia, totum Anydri alueum suis occupat undis, profligato retrorsum fluuio. Tum aliquanto ultra liquorem eius salsugine corrumpit, dehinc paulatim dulcescens amnis, sincerus urbem perlabitur, ac refugientem uicissim purus et incorruptus, ad ipsas prope fauces insequitur.

Vrbs aduersae fluminis ripae, non pilis ac sublicibus ligneis, sed ex opere lapideo, egregie arcuato ponte, commissa est, ab ea parte, quae longissime distat a mari, quo naues totum id latus urbis possint inoffensae praeteruehi.

Habent alium praeterea fluuium, haud magnum quidem illum, sed perquam placidum, ac iucundum. Nam ex eodem scaturiens monte, in quo ciuitas collocatur, mediam illam per deuexa perfluens Anydro miscetur. Eius fluuii caput, fontemque, quod paulo extra urbem nascitur, munimentis amplexi, Amaurotoni iunxerunt oppido. Ne si qua uis hostium ingruat, intercipi, atque auerti aqua, neue corrumpi queat. Inde canalibus coctilibus, diuersim ad inferiores urbis partes aqua diriuatur, id sicubi locus fieri uetat, cisternis capacibus, collecta pluuia, tantumdem usus adfert.

Murus altus, ac latus oppidum cingit, turribus, ac propugnaculis frequens, arida fossa, sed alta, lataque ac ueprium sepibus impedita tribus ab lateribus circumdat moenia, quarto flumen ipsum pro fossa est.

é mais digna, porque as restantes cidades lhe concederam a graça de abrigar o Senado, e não conheço nenhuma outra melhor, já que nela passei cinco anos seguidos.

Amauroto está situada na suave encosta de uma montanha e tem o formato quase quadrado. Sua superfície começa um pouco abaixo do cume da colina, e estende-se por duas milhas em direção ao rio Anidro, alargando-se um pouco junto à ribeira.

O rio Anidro nasce oitenta milhas acima de Amauroto, de uma pequena fonte, mas, aumentado pela afluência de outros rios, sendo dois deles de tamanho médio, antes de chegar à cidade já se estende em largura por quinhentos passos; dali em diante, ele é ainda mais amplo e, alargando-se por sessenta milhas, é recebido pelo oceano. Por todo espaço entre a cidade e o mar, e algumas milhas acima, a maré, movendo-se a cada seis horas, alterna o curso do célere rio. Quando a maré sobe, empurrando-o para cima, invade com suas ondas todo o leito do Anidro, ao longo de trinta milhas. Então, torna salobras as águas até um pouco além desse ponto; daí para cima, adoçando-se aos poucos, o rio atravessa limpo as cidades; mas, quando a maré desce, ele é puro e cristalino, até chegar à foz.

A cidade está ligada à outra margem do rio por uma admirável ponte arqueada, construída não sobre pilares de madeira, mas sobre pilares de pedra, na parte da cidade que mais dista do mar, de modo que os navios possam livremente navegar por toda a extensão da cidade.

Há, além disso, outro rio, não tão grande quanto aquele, mas inteiramente calmo e agradável, que, brotando da mesma colina onde se encontra a cidade, a descer pelo meio dela, mistura-se ao Anidro. Os Amaurotonos cercaram com fortificações a nascente e a cabeceira do rio, que nasce um pouco além da cidade, e as ligaram à cidade, para que, caso alguma força inimiga os assalte, não possa desviar a água, nem a contaminar. Desde aí, em manilhas de cerâmica, a água é desviada para as partes mais baixas da cidade; e onde o lugar não permite que assim se faça, a água da chuva é coletada em grandes cisternas, o que lhes traz imenso proveito.

Uma alta e larga muralha rodeia a cidade, com diversas torres e baluartes. Um fosso profundo, longo e obstruído por cercas de espinhos, circunda três lados do muro, enquanto o quarto lado tem por fosso o próprio rio.

Plateae cum ad uecturam, tum aduersus uentos descriptae, commode aedificia neutiquam sordida, quorum longa, et totum per uicum, perpetua series, aduersa domorum fronte conspicitur. Has uicorum frontes uia distinguit pedes uiginti lata. Posterioribus aedium partibus, quanta est uici longitudo, hortus adiacet, latus, et uicorum tergis undique circumseptus.

Nulla domus est, quae non ut hostium in plateam, ita posticum in hortum habeat. Quin bifores quoque facili tractu manus apertiles, ac dein sua sponte coeuntes, quemuis intromittunt, ita nihil usquam priuati est. Nam domos ipsas uno quoque decennio sorte commutant.

Hos hortos magnifaciunt. In his uineas, fructus, herbas, flores habent. Tanto nitore, cultuque, ut nihil fructuosius usquam uiderim, nihil elegantius. Qua in re studium eorum, non ipsa uoluptas modo, sed uicorum quoque inuicem de suo cuiusque horti cultu certamen accendit. Et certe non aliud quicquam temere urbe tota reperias, siue ad usum ciuium, siue ad uoluptatem commodius. Eoque nullius rei, quam huiusmodi hortorum, maiorem habuisse curam uidetur is qui condidit.

Nam totam hanc urbis figuram, iam inde ab initio descriptam ab ipso Vtopo ferunt. Sed ornatum, ceterumque cultum, quibus unius aetatem hominis haud suffecturam uidit, posteris adiiciendum reliquit. Itaque scriptum in annalibus habent, quos ab capta usque insula, mille septingentorum, ac sexaginta annorum complectentes historiam, diligenter et religiose perscriptos adseruant, aedes initio humiles, ac ueluti casas, et tuguria fuisse, e quolibet ligno temere factas, parietes luto obductos, culmina in aciem fastigiata stramentis operuerant. At nunc omnis domus uisenda forma tabulatorum trium, parietum facies, aut silice, aut cementis, aut latere coctili constructae, in aluum introrsus congesto rudere. Tecta in planum subducta, quae intritis quibusdam insternunt. Nullius impendii, sed ea temperatura, quae nec igni obnoxia sit, et tolerandis tempestatum iniuriis plumbum superet. Ventos a fenestris uitro—nam eius ibi creberrimus usus est—expellunt. Interim etiam lino tenui, quod perlucido oleo, aut succino perlinunt, gemino nimirum commodo. Siquidem ad eum modum fit, ut et plus lucis transmittat, et uentorum minus admittat.

As ruas foram traçadas convenientemente para o tráfego, e são protegidas do vento. As construções não são de modo algum vis e formam duas fileiras contínuas de casas – uma defronte da outra, por toda a via. Uma largura de vinte pés separa os dois lados da rua. Na parte posterior dos edifícios, por toda a extensão da rua, há largos jardins, cercados pela parte de trás das vias.

Não há casa que não tenha uma porta voltada para a rua e outra para o jardim. As portas têm duas folhas, que se abrem fácil com o toque de mão, e depois se fecham por si próprias, deixando entrar quem quer que seja, uma vez que as casas não são privadas. Na verdade, os moradores mudam de casa, por sorteio, a cada decênio.

Os utopienses têm em grande conta seus jardins e hortos. Há neles vinhas, frutos, verduras e flores de tamanho viço e beleza, que nunca vi outros jardins mais férteis nem mais formosos. Nesse caso, anima o esforço dos utopienses não apenas o prazer, mas também a disputa das ruas quanto ao cultivo de cada canteiro. Decerto, dificilmente se encontraria em toda cidade outra atividade mais proveitosa ao uso e ao prazer de seus cidadãos, e parece que o fundador da cidade não teve outra preocupação maior do que essa.

Dizem, com efeito, que todo esse projeto da cidade foi, no princípio, traçado pelo próprio Utopo. Mas quanto aos ornatos e demais embelezamentos, ao perceber que não poderiam ser feitos por uma única geração de homens, Utopo os deixou para seus descendentes. Seus arquivos, que eles mantêm religiosa e diligentemente escritos, e que abrangem mil setecentos e sessenta anos da história, desde que a ilha foi conquistada, contam que, no início, eles construíram casas baixas, como choças ou tugúrios, feitas precariamente com qualquer tipo de madeira, com paredes recobertas de barro e com um telhado pontudo feito de palha. Hoje, porém, as casas têm três sobrados; o exterior das paredes é construído de pedras, cimento ou tijolos; e o interior é feito de cascalho. Os tetos são planos, cobertos por um certo tipo de barro, que nada custa, mas cuja composição o faz ser resistente ao fogo, e suportar, mais do que o chumbo, as injúrias das tempestades. Com vidro eles protegem as janelas do vento – pois ali é muito recorrente seu uso. No entanto, fazem-no também com fino linho, que embebem de translúcido óleo ou resina, com dupla serventia, pois ao mesmo tempo permite uma maior quantidade de luz, e admite menos vento.

[De magistratibus.]

Triginta quaeque familiae magistratum sibi quotannis eligunt, quem sua prisca lingua Syphograntum uocant, recentiore phylarchum, Syphograntis decem cum suis familiis Traniborus olim, nunc protophylarchus dictus praeficitur.

Demum Syphogranti omnes, qui sunt ducenti, iurati lecturos sese, quem maxime censent utilem, suffragiis occultis renunciant principem unum uidelicet ex his quattuor, quos eis populus nominauit. Nam a quaque urbis quarta parte, selectus unus commendatur senatui.

Principis magistratus perpetuus est in omnem illius uitam, nisi tyrannidis affectatae suspicio impediat. Traniboros quotannis eligunt. Ceterum haud temere commutant. Reliqui magistratus omnes annui.

Tranibori tertio quoque die, interdum si res postulat saepius, in consilium cum principe ueniunt. De republica consultant. Controuersias priuatorum—si quae sunt—quae perquam paucae sunt, mature dirimunt.

Syphograntos semper in senatum duos adsciscunt, atque omni die diuersos. Cautumque ut ne quid ratum sit quod ad rempublicam pertineat, de quo non tribus in senatu diebus ante agitatum, quam decretum sit. Extra senatum, aut comitia publica de rebus communibus inire consilia capitale habetur. Haec eo ferunt instituta, ne procliue esset, coniuratione principis, ac Tranibororum, oppresso per tyrannidem populo, statum reipublicae mutare. Atque ideo quicquid magni momenti iudicatur, ad Syphograntorum comitia defertur, qui cum suis familiis communicata re, post inter se consultant, ac suum consilium renunciant senatui.

Quin id quoque moris habet senatus, ut nihil, quo die primum proponitur, eodem disputetur. Sed in sequentem senatum differatur, ne quis ubi quod in buccam primum uenerit, temere effutierit, ea potius excogitet postea, quibus decreta tueatur sua, quam quae ex reipublicae usu sint. Malitque salutis publicae, quam opinionis de se iacturam facere, peruerso quodam ac praepostero pudore, ne initio parum prospexisse uideatur. Cui prospiciendum initio fuit, ut consulto potius, quam cito loqueretur.

Sobre os magistrados

Cada grupo de trinta famílias elege anualmente para si um magistrado, chamado, em sua antiga língua, de sifogrante, e, modernamente, de filarco. Cada dez *sifograntes*, com suas famílias, eram presididos antigamente por um traníboro, hoje chamado de protofilarco.

Os sifograntes, que são ao todo duzentos; tendo jurado escolher aqueles que creem que será o mais útil, por sufrágio secreto proclamam o príncipe um dos quatro que são nomeados pelo povo. Pois, de cada quarta parte da cidade, um único é escolhido e indicado pelo Senado.

A magistratura do príncipe é vitalícia, a não ser que o impeça a suspeita de tirania. Os traníboros são eleitos todos os anos, mas quase nunca são substituídos. Todos os demais magistrados são também eleitos anualmente.

Os traníboros, a cada três dias, ou mais frequentemente, se a situação exige, reúnem-se com o príncipe em conselho e deliberam sobre os assuntos públicos. Decidem com maturidade as controvérsias privadas, ainda que poucas.

Dois sifograntes são sempre admitidos no Senado, diferentes todos os dias. Têm a cautela de que nada do que seja do interesse público seja decidido antes de ser discutido durante três dias no Senado. Fora do Senado, ou das assembleias públicas, é considerado crime capital deliberar sobre assuntos comuns. Isso foi assim decidido para que não seja fácil se mudar o governo do estado, em uma conjuração do príncipe com os traníboros que oprima com tirania o povo. Por isso, toda questão de grande importância é levada à assembleia dos sifograntes, que, após comunicarem o assunto às suas famílias, e depois de deliberarem entre si, proclamam sua decisão ao Senado. No entanto, o assunto é levado ao conselho de toda a ilha.

Há também o costume do Senado de nunca se debater algo no mesmo dia em que for proposto, mas de se postergar para a sessão seguinte, a fim de que ninguém fortuitamente fale as parvoíces que primeiro lhe vierem à boca, e que depois seja obrigado a mais defender suas opiniões do que a considerar o bem público. Pois parece que não há quem prefira, por algum pudor perverso e fora de propósito, enjeitar o bem público a fazê-lo com as opiniões que tem de si. Pretendeu-se, assim, antes deliberar melhor do que falar com rapidez.

[De artificiis.]

Ars una est omnibus uiris, mulieribusque promiscua agricultura, cuius nemo est expers. Hac a pueritia erudiuntur omnes, partim in schola traditis praeceptis, partim in agros uiciniores urbi, quasi per ludum educti, non intuentes modo, sed per exercitandi corporis occasionem tractantes etiam.

Praeter agriculturam—quae est omnibus, ut dixi, communis—quilibet unam quampiam, tamquam suam docetur, ea est fere aut lanificium, aut operandi lini studium, aut cementariorum, aut fabri, seu ferrarii, seu materiarii artificium. Neque enim aliud est opificium ullum, quod numerum aliquem, dictu dignum occupet illic. Nam uestes, quarum, nisi quod habitu sexus discernitur, et caelibatus a coniugio, una per totam insulam forma est, eademque per omne aeuum perpetua, nec ad oculum indecora, et ad corporis motum habilis, tum ad frigoris aestusque rationem apposita. Eas inquam, quaeque sibi familia conficit.

Sed ex aliis illis artibus unusquisque aliquam discit, nec uiri modo, sed mulieres etiam. Ceterum hae uelut imbecilliores, leuiora tractant. Lanam fere, linumque operantur. Viris artes reliquae magis laboriosae mandantur, maxima ex parte quisque in patriis artibus educatur. Nam eo plerique natura feruntur. Quod si quem animus alio trahat, in eius opificii, cuius capitur studio, familiam quampiam adoptione traducitur, cura non a patre modo eius, sed magistratibus etiam praestita, ut graui, atque honesto patrifamilias mancipetur. Quin si quis unam perdoctus artem, aliam praeterea cupiuerit, eodem modo permittitur. Vtramque nactus, utram uelit exercet, nisi alterutra ciuitas magis egeat.

Syphograntorum, praecipuum ac prope unicum negotium est, curare, ac prospicere, ne quisquam desideat otiosus. Sed uti suae quisque arti sedulo incumbat, nec ab summo mane tamen, ad multam usque noctem perpetuo labore, uelut iumenta, fatigatus.

Nam ea plusquam seruilis erumna est, quae tamen ubique fere opificum uita est, exceptis Vtopiensibus, qui cum in horas uigintiquattuor aequales, diem connumerata nocte diuidant,

Sobre os ofícios

O único ofício que é praticado por todos, homens e mulheres, e no qual todos são peritos é a agricultura. Desde a infância, todos são nela instruídos, em parte na escola, pela transmissão dos conhecimentos, e em parte nos campos próximos à cidade, para onde são levados como que em recreação, não apenas para observarem, mas também para trabalharem, exercitando o corpo.

Além da agricultura, que, como eu disse, é uma atividade comum a todos os utopienses, cada cidadão aprende outro ofício, que será o seu, e que é normalmente a tecelagem de lã ou de linho, ou o trabalho de pedreiro, de ferreiro ou de carpinteiro. Não há nenhum outro ofício cujo número seja digno de nota. Pois as roupas, a não ser pela distinção feita entre os sexos e entre solteiros e casados, têm um único feitio em toda a ilha, que não varia no tempo; elas são agradáveis à visão e adequadas ao movimento dos corpos, mostrando-se ao mesmo convenientes para o calor e para o frio. Além disso, informo que cada família confecciona para si as suas próprias roupas.

Mas todos aprendem um daqueles ofícios, não só os homens, mas também as mulheres. Essas, por serem mais frágeis, cuidam de tarefas mais leves, como a tecelagem da lã e do linho. Os demais ofícios, por serem mais trabalhosos, são reservados aos homens. Na maior parte dos casos, cada um é instruído no ofício paterno. De fato, a maioria dos utopienses é conduzida pela natureza. Mas, se o ânimo leva alguém em direção a outro ofício, este é enviado para outra família, que exerça tal profissão, e não só o pai, mas também o chefe dos magistrados zelam para que seja entregue ao pai de família decente e honesto. Ademais, se alguém já é douto em uma profissão, e ainda desejar ser em outra, do mesmo modo lhe é permitido. Tendo os dois ofícios, escolherá o que lhe aprouver, a não ser que a cidade necessite mais de um do que do outro.

A função principal, e quase única, dos sifograntes é a de zelar e vigiar para que ninguém fique ocioso. Mas, para que cada um diligentemente se incumba de seu ofício, ninguém deve se fatigar, como um jumento, em um ininterrupto trabalho, desde a madrugada até altas horas da noite.

Na verdade, essa seria uma fadiga maior do que a dos escravos, embora essa seja a vida de quase todos os trabalhadores, exceto a dos utopienses, que dividem em vinte e quatro horas iguais seu dia,

sex dumtaxat operi deputant, tres ante meridiem, a quibus prandium ineunt, atque a prandio duas pomeridianas horas, cum interquieuerint, tres deinde rursus labori datas, cena claudunt. Cum primam horam ab meridie numerent; sub octauam cubitum eunt. Horas octo somnus uindicat.

Quicquid inter operis horas ac somni cibique medium esset, id suo cuiusque arbitrio permittitur, non quo per luxum, aut segnitiem abutatur, sed quod ab opificio suo liberum, ex animi sententia in aliud quippiam studii bene collocet. Has intercapedines plerique impendunt litteris. Solemne est enim publicas cotidie lectiones haberi, antelucanis horis, quibus ut intersint, ii dumtaxat adiguntur, qui ad litteras nominatim selecti sunt. Ceterum ex omni ordine mares simul, ac feminae multitudo maxima ad audiendas lectiones, alii alias, prout cuiusque fert natura confluit. Hoc ipsum tempus tamen, si quis arti suae malit insumere quod multis usu uenit—quorum animus in nullius contemplatione disciplinae consurgit—haud prohibetur, quin laudatur quoque, ut utilis reipublicae.

Super cenam tum unam horam ludendo producunt, aestate in hortis, hieme in aulis illis communibus, in quibus comedunt. Ibi aut musicen exercent, aut se sermone recreant. Aleam atque id genus ineptos ac perniciosos ludos ne cognoscunt quidem, ceterum duos habent in usu ludos, latrunculorum ludo non dissimiles. Alterum numerorum pugnam, in qua numerus numerum praedatur. Alterum in quo collata acie cum uirtutibus uitia confligunt. Quo in ludo perquam scite ostenditur et uitiorum inter se dissidium, et aduersus uirtutes concordia. Item quae uitia, quibus se uirtutibus opponant, quibus uiribus aperte oppugnent, quibus machinamentis ab obliquo adoriantur, quo praesidio, uirtutes uitiorum uires infringant, quibus artibus eorum conatus eludant, quibus denique modis alterutra pars uictoriae compos fiat.

Sed hoc loco, ne quid erretis quiddam pressius intuendum est. Etenim quod sex dumtaxat horas in opere sunt, fieri fortasse potest, ut inopiam aliquam putes, necessariarum rerum sequi. Quod tam longe abest ut accidat, ut id temporis ad omnium rerum copiam quae quidem ad uitae uel necessitatem requirantur

incluindo aí a noite, e separam apenas seis horas para o trabalho – três horas antes do meio dia, quando almoçam, duas horas de descanso, e então mais três horas de trabalho, que se encerra com o jantar. Como começam a contar a primeira hora depois do meio-dia, às oito horas recolhem-se ao quarto, e têm oito horas de sono.

O tempo entre as horas de trabalho, o sono e as refeições é entregue ao arbítrio de cada um, não para se entregarem ao luxo ou à preguiça, mas para que, livres das ocupações, empreguem seus esforços de acordo com as inclinações da alma. A maior parte dos utopienses usa esse tempo livre para os estudos. De fato, há o costume de todo dia assistirem às lições públicas nas horas antes do amanhecer, e só são obrigados a participar aqueles escolhidos especificamente para os estudos. Além disso, de todas as profissões, uma grande multidão, tanto de homens quanto de mulheres, conflui para ouvir tais lições, cada um conforme sua natureza. Porém, se durante esse tempo, alguém prefere se dedicar a seu ofício, como ocorre com muitos cujo espírito não se inclina às ciências especulativas, não é impedido de o fazer, mas antes é elogiado, como um ser útil à república.

Depois do jantar, os utopienses passam uma hora em diversão – durante o verão, nos jardins, durante o inverno, nas salas onde se alimentam. Ali tocam músicas e se divertem com conversações. No entanto, eles não conhecem os dados nem os demais jogos ineptos e perniciosos, embora possuam dois jogos semelhantes ao xadrez. Um desses jogos é um combate entre os números, em que um número derrota outro número. No outro jogo, como em uma batalha, os vícios enfrentam as virtudes. Tal jogo demonstra, com habilidade, a discórdia que existe entre os vícios, e, pelo contrário, a concórdia das virtudes. Mostra, do mesmo modo, também quais os vícios que se opõem a cada uma das virtudes, com quais maquinações as confrontam, com quais artimanhas insidiosamente as atacam, e sob qual proteção as virtudes quebrantam as forças dos vícios, por quais artes impedem seus esforços, e, finalmente, de que modo uma das partes se torna vitoriosa.

Nesse ponto, para que não se possa errar, deve-se atentar detalhadamente para um aspecto. Talvez se pense que seis horas apenas de trabalho possam levar à escassez dos bens necessários. Mas isso é tão longe do que acontece que esse tempo é suficiente não só para a produção de todos os bens necessários à vida e à comodidade, mas ainda

uel commoditatem non sufficiat modo, sed supersit etiam, id quod uos quoque intelligetis si uobiscum reputetis apud alias gentes, quam magna populi pars iners degit. Primum mulieres fere omnes, totius summae dimidium, aut sicubi mulieres negotiosae sunt, ibi ut plurimum, earum uice, uiri stertunt. Ad haec, sacerdotum ac religiosorum, quos uocant, quanta quamque otiosa turba, adiice diuites omnes maxime praediorum dominos, quos uulgo generosos appellant ac nobiles, his adnumera ipsorum famulitium, totam uidelicet illam cetratorum nebulonum colluuiem. Robustos denique ac ualentes mendicos adiunge, morbum quempiam praetexentes inertiae, multo certe pauciores esse quam putaras inuenies eos, quorum labore Constant haec omnia quibus mortales utuntur. Expende nunc tecum ex his ipsis quam pauci in necessariis opificiis uersantur. Siquidem ubi omnia pecuniis metimur, multas artes necesse est exerceri inanes prorsus ac superfluas, luxus tantum ac libidinis ministras. Nam haec ipsa multitudo quae nunc operatur, si partiretur in tam paucas artes, quam paucas commodus naturae usus postulat; in tanta rerum abundantia; quantam nunc esse necesse sit, pretia nimirum uiliora forent, quam ut artifices inde uitam tueri suam possent. At si isti omnes quos nunc inertes artes distringunt; ac tota insuper otio ac desidia languescens turba, quorum unus quiuis earum rerum quae aliorum laboribus suppeditantur; quantum duo earundem operatores consumit; in opera uniuersi atque eadem utilia collocarentur, facile animaduertis; quantulum temporis ad suppeditanda omnia; quae uel necessitatis ratio; uel commoditatis efflagitet—adde uoluptatis etiam quae quidem uera sit ac naturalis—abunde satis superque foret.

Atque id ipsum in Vtopia res ipsa perspicuum facit. Nam illic in tota urbe cum adiacente uicinia uix homines quingenti ex omni uirorum ac mulierum numero, quorum aetas ac robur operi sufficit, uacatio permittitur. In iis syphogranti—quamquam leges eos labore soluerunt—ipsi tamen sese non eximunt; quo facilius exemplo suo reliquos ad labores inuitent. Eadem immunitate gaudent hi; quos commendatione sacerdotum, persuasus populus occultis syphograntorum suffragiis ad perdiscendas disciplinas perpetuam uacationem indulget. Quorum si quis conceptam de

sobeja. E isso se percebe ao se lembrar de como, junto às outras nações, grande parte da população permanece inerte – primeiro, quase todas as mulheres, que são mais da metade do todo; e, nos locais em que as mulheres trabalham, os homens, por seu turno, que em vez delas permanecem indolentes. Somem-se as turbas ociosas, compostas por sacerdotes e religiosos, e, principalmente, de todos os ricos proprietários de terra, chamados de nobres pelo vulgo da população. Contem-se também os próprios fâmulos e lacaios, e evidentemente toda aquela escória de vadios armados. Por fim, aduzam-se os mendigos robustos e valentes, que justificam com a doença sua inércia, e constatar-se-á que são muito menos do que se pensava aqueles que trabalham para prover os bens necessários aos homens mortais. Considerem-se agora, dentre esses, quão poucos são os que lidam com as tarefas necessárias. Já que medimos todas as coisas pelo dinheiro, faz-se preciso executarem-se muitos trabalhos vazios e inteiramente supérfluos, que apenas servem ao luxo e aos prazeres. De fato, essa mesma multidão que hoje trabalha, se fosse repartida em tão poucos ofícios quanto poucos são os que requerem o uso conveniente da natureza, haveria tamanha abundância dos bens que agora são necessários, que os preços ficariam sem dúvida tão baixos que os trabalhadores não poderiam se manter. Mas, se todos aqueles que as profissões inúteis agora dispersam, e, sobretudo, se toda a multidão que se enlanguesce em ócio e preguiça, da qual cada um consome tanto quanto dois dos homens que trabalham o fazem, fossem todos colocados em trabalhos úteis, é fácil ver quão pouco tempo seria bastante para produzir todas as coisas necessárias à vida e ao conforto – e somem-se aí ainda também os prazeres verdadeiros e naturais.

Na ilha de Utopia isso se faz evidente. Pois ali, em todas as cidades e nas regiões adjacentes, há não mais do que quinhentas pessoas, entre homens e mulheres, que a idade e o vigor são bastantes para o trabalho, aos quais é permitida folga. Entre esses estão os sifograntes, que, embora a lei os libere do trabalho, eles próprios não se eximem, pois por seu exemplo convidam os demais ao trabalho. Da mesma imunidade gozam aqueles que, por recomendação dos sacerdotes, o povo, persuadido pelos votos secretos dos sifograntes, concede permanentemente folga para o aprendizado das ciências. Mas, se algum desses frustra as

se spem fefellerit; ad opifices retruditur, contraque non rarenter usu uenit; ut mechanicus quispiam, subcisiuas illas horas tam gnauiter impendat litteris, tantum diligentia proficiat, ut opificio suo exemptus, in litteratorum classem prouehatur.

Ex hoc litteratorum ordine legati, sacerdotes, Tranibori ac ipse denique deligitur princeps, quem illi prisca ipsorum lingua Barzanem, recentiore Ademum appellant.

Reliqua fere multitudo omnis; cum neque otiosa sit; nec inutilibus opificiis occupata, procliuis aestimatio est, quam paucae horae quantum boni operis pariant.

Ad ea quae commemoraui, hoc praeterea facilitatis accedit quod in necessariis plerisque artibus, minore opera quam aliae gentes, opus habent. Nam primum aedificiorum, aut structura; aut refectio ideo tam multorum assiduam ubique requirit operam, quod quae pater aedificauit; haeres parum frugi, paulatim dilabi sinit, ita quod minimo tueri potuit; successor eius de integro impendio magno cogitur instaurare. Quin frequenter etiam quae domus alii ingenti sumptu stetit, hanc alius delicato animo contemnit, eaque neglecta; atque ideo breui collapsa; aliam alibi impensis non minoribus extruit.

At apud Vtopienses compositis rebus omnibus; et constituta republica rarissime accidit; uti noua collocandis aedibus area deligatur et non modo remedium celeriter praesentibus uitiis adhibetur, sed etiam imminentibus occurritur. Ita fit, ut minimo labore, diutissime perdurent aedificia, et id genus opifices uix habeant interdum quod agant; nisi quod materiam dolare domi et lapides interim quadrare atque aptare iubentur, quo—si quod opus incidat—maturius possit exurgere.

Iam in uestibus uide, quam paucis operis egeant; primum dum in opere sunt; corio neglectim aut pellibus amiciuntur quae in septennium durent. Cum procedunt in publicum, superinduunt chlamydem uestem, quae rudiores illas uestes contegat; eius per totam insulam unus color est, atque is natiuus. Itaque lanei panni, non modo multo minus quam usquam alibi sufficit, uerum is ipse quoque multo minoris impendii est, at lini minor est labor, eoque usus crebrior, sed in lineo solus candor, in laneo sola mundicies conspicitur, nullum tenuioris fili pretium est.

esperanças nele depositadas, é devolvido aos ofícios. Por outro lado, não é raro que um artífice utilize suas horas vagas tão resolutamente nos estudos, e que neles avance com tamanha diligência que, liberado de sua profissão, seja promovido à classe dos estudiosos.

Entre os membros da classe dos estudiosos, que antigamente eram chamados na própria língua de *barzanes*, e mais recentemente de *ademos*, são escolhidos os sacerdotes, os traníboros e o próprio príncipe.

Como quase todo o povo restante nem é ocioso nem ocupado com trabalhos inúteis, pode-se evidentemente estimar o quanto poucas horas de bom serviço podem produzir.

Mas, além do que eu descrevi, os utopienses têm a facilidade de que, na maior parte das atividades necessárias, possuem um trabalho menor do que o dos outros povos. De fato, primeiro, por toda parte, a construção ou o reparo das propriedades requer um contínuo trabalho de tanta gente porque aquilo que o pai construiu, o herdeiro, pouco frugal e pouco cuidadoso, permite que, aos poucos, se arruíne, e seu sucessor é obrigado a restaurar com grande gasto. Muitas vezes, também, uma casa erguida com grande despesa de um, outro tranquilamente a desdenha e negligencia, e a deixa cair em ruínas, para construir outra casa, em outro lugar, e com não menores custos.

Porém, com os utopienses, todas as coisas são organizadas, e o estado raramente derruba o que foi construído para escolher nova área em que se coloquem os edifícios. Não apenas oferece rapidamente reparo para os danos presentes, mas também procura os iminentes. Assim sendo, com mínimo esforço, os edifícios perduram por muito tempo, e essas espécies de trabalhadores, têm, entretanto, pouco a fazer, a não ser ocupando-se em aparelhar o madeirame das casas e em aparar as pedras, para que, se alguma obra os exigir, possa ser erguida mais rápido.

Observa agora quão pouco trabalho demandam as vestimentas. Quando os utopienses estão no trabalho, cobrem-se folgadamente de couro ou peles, que duram sete anos. Quando se dirigem aos lugares públicos, usam uma capa por cima daquelas vestes grosseiras; e por toda a ilha uma única é a cor que se vê, que é a cor natural dos tecidos. Desse modo, basta muito menos panos de lã do que em que qualquer outra parte, com o que também muito menos se gasta. Mas o linho é muito menos trabalhoso do que a lã, e seu uso é muito mais difundido. Porém, só consideram a brancura do linho e a limpeza da lã, e não valorizam a delicadeza dos fios.

Itaque fit, ut cum alibi nusquam, uni homini quattuor aut quinque togae laneae diuersis coloribus, ac totidem sericiae tunicae sufficiant, delicatioribus paulo ne decem quidem, ibi una quisque contentus est, plerumque in biennium. Quippe nec causa est ulla cur plures affectet, quas consecutus neque aduersus frigus esset munitior, neque uestitu uideretur uel pilo cultior.

Quamobrem cum et omnes utilibus sese artibus exerceant, et ipsarum etiam opera pauciora sufficiant, fit nimirum, ut abundante rerum omnium copia, interdum in reficiendas—si quae detritae sunt—uias publicas immensam multitudinem educant, persaepe etiam cum nec talis cuiuspiam operis usus occurrat, pauciores horas operandi publice denuntient. Neque enim superuacaneo labore ciues inuitos exercent magistratus; quandoquidem eius reipublicae institutio hunc unum scopum in primis respicit; ut quoad per publicas necessitates licet; quam plurimum temporis ab seruitio corporis ad animi libertatem cultumque ciuibus uniuersis asseratur. In eo enim sitam uitae felicitatem putant.

[De commerciis mutuis.]

Sed iam quo pacto sese mutuo ciues utantur; quae populi inter se commercia; quaeque sit distribuendarum rerum forma uidetur explicandum.

Cum igitur ex familiis constet ciuitas; familias ut plurimum, cognationes efficiunt. Nam feminae—ubi maturuerint—collocatae maritis; in ipsorum domicilia concedunt. At masculi filii, ac deinceps nepotes; in familia permanent, et parentum antiquissimo parent. Nisi prae senecta mente parum ualuerit. Tunc enim aetate proximus ei sufficitur.

Verum ne ciuitas aut fieri infrequentior; aut ultra modum possit increscere, cauetur, ne ulla familia, quarum milia sex, quaeque ciuitas, excepto conuentu, complectitur; pauciores quam decem; pluresue quam sexdecim puberes habeat. Impuberum enim nullus praefiniri numerus potest. Hic modus facile seruatur, transcriptis iis in rariores familias, qui in plenioribus excrescunt. At si quando in totum plus iusto abundauerit; aliarum urbium

Por esse motivo, enquanto em outros lugares um único homem necessita de quatro ou cinco vestes de lã, de diversas cores, e outras tantas túnicas de seda, e os homens mais refinados precisam de ao menos dez, ali, cada um se contenta com uma única veste, que dura ao menos um biênio. Porque não há nenhum motivo para se querer mais, já que não estarão mais protegidos do frio, nem parecerão mais bem-vestidos ou bem penteados.

Por essa razão, como todos se aplicam em ocupações úteis, e como para elas menos esforço basta, é evidente que há abundante quantidade de todas as coisas, e eles conduzem uma imensa multidão de cidadãos para recuperar as estradas que estiverem danificadas; costumeiramente, também, quando não há necessidade dessas obras, anunciam para o público menos horas de trabalho. Os magistrados não contrariam os cidadãos, obrigando-os a tarefas desnecessárias. Afinal, a constituição daquela república tem esse como primeiro e único escopo; na medida que permitam as necessidades públicas, é assegurado o máximo de tempo longe do esforço físico, para que todos os cidadãos se dediquem à liberdade e ao cultivo do espírito. Nisso está assentada a felicidade da vida.

Sobre as relações comerciais

Mas já me parece necessário explicar quais relações têm os cidadãos entre si, qual é o comércio entre os povos, e de que forma os bens são distribuídos.

Como as cidades são compostas por famílias, as famílias, na maioria das vezes, são feitas de parentes. As mulheres, quando se tornam maduras, são entregues a maridos e vão viver em casa deles. Mas os filhos homens, e também os netos, permanecem na família e obedecem ao parente mais velho, a não ser que este se debilite em razão da mente senil. Então, o substitui o parente mais próximo em idade.

Para evitar que as cidades se tornem despovoadas, ou que cresçam além do que podem, nenhuma família — que são seis mil em cada cidade, sem contar com os arredores — pode ter menos do que dez ou mais do que dezesseis jovens púberes. O número de impúberes não é determinado. Esse limite é facilmente mantido, sendo entregues a famílias menos numerosas o excedente das mais numerosas. Mas, no caso de a população total crescer além do permitido, abastecerão outras

suarum infrequentiam sarciunt. Quod si forte per totam insulam plus aequo moles intumuerit, tum ex qualibet urbe descriptis ciuibus in continente proximo ubicumque indigenis agri multum superest, et cultu uacat; coloniam suis ipsorum legibus propagant, ascitis una terrae indigenis si conuiuere secum uelint. Cum uolentibus coniuncti in idem uitae institutum; eosdemque mores, facile coalescunt, idque utriusque populi bono. Efficiunt enim suis institutis, ut ea terra, utrisque abunda sit; quae alteris ante parca ac maligna uidebatur. Renuentes ipsorum legibus uiuere, propellunt his finibus quos sibi ipsi describunt. Aduersus repugnantes, bello confligunt. Nam eam iustissimam belli causam ducunt, cum populus quispiam eius soli quo ipse non utitur, sed uelut inane ac uacuum possidet, aliis tamen qui ex naturae praescripto inde nutriri debeant, usum ac possessionem interdicat. Si quando ullas ex suis urbibus aliquis casus, eousque imminuerit, ut ex aliis insulae partibus seruato suo cuiusque urbis modo, resarciri non possint—quod bis dumtaxat ab omni aeuo pestis grassante saeuitia fertur contigisse—remigrantibus e colonia ciuibus replentur. Perire enim colonias potius patiuntur, quam ullam ex insulanis urbibus imminui.

Sed ad conuictum ciuium reuertor. Antiquissimus—ut dixi—praeest familae. Ministri sunt uxores maritis, et liberi parentibus, atque in summa minores natu maioribus. Ciuitas omnis in quattuor aequales partes diuiditur. In medio cuiusque partis forum est omnium rerum. Eo in certas domos opera cuiusque familiae conuehuntur, atque in horrea singulae seorsum species distributae sunt. Ab iis quilibet paterfamilias quibus ipse suique opus habent, petit, ac sine pecunia, sine omni prorsus hostimento quicquid petierit, aufert. Quare enim negetur quicquam! Cum et omnium rerum abunde satis sit nec timor ullus subsit, ne quisquam plusquam sit opus, flagitare uelit! Nam cur superuacua petiturus putetur is, qui certum habeat, nihil sibi umquam defuturum! Nempe auidum ac rapacem, aut timor carendi facit, in omni animantum genere, aut in homine sola reddit superbia, quae gloriae sibi ducit, superflua rerum ostentatione ceteros antecellere, quod uitii genus in Vtopiensium institutis nullum omnino locum habet.

cidades menos povoadas do que a sua. Porém, se por acaso, por toda a ilha a população crescer além da conta, então, de cada cidade são enviados cidadãos para o continente vizinho, onde sobram por toda parte muitos campos não cultivados pelos nativos, e lá constroem uma colônia com suas próprias leis, recebendo da terra os indivíduos que queiram viver com eles. Com os que assim desejarem, unem-se em um modo de vida comum, e com os mesmos costumes, o que é bom para os dois povos. Organizam-se, então, sob suas instituições, para que seja suficiente para os dois povos aquela terra, que antes era pobre e estéril. Já aos que insistem em viver sob as próprias leis, os utopienses os expulsam das fronteiras que para si determinaram. Contra os que resistem, eles declaram guerra. Pois consideram a mais justa causa de guerra qualquer povo que não utilize seu próprio solo, mas que o deixe inane e vazio, e não deixam que o utilizem outros, que por lei natural devem se alimentar, seu uso e sua posse. Se, por qualquer acaso, alguma de suas cidades e os seus cidadãos diminuírem, e de todas as outras partes da ilha com que o excesso de cada cidade não puder suprir – o que dizem que apenas ocorreu duas vezes durante todo o tempo, quando grassou a peste – são suplementadas com cidadãos da colônia, pois é melhor deixarem morrer as colônias do que diminuir as cidades da ilha.

Mas retorno à relação entre os cidadãos. Como eu já disse, o mais velho encabeça a família; as mulheres obedecem aos maridos, e os filhos, aos pais – em suma, os mais novos obedecem aos mais velhos. Toda cidade é dividida igualmente em quatro partes. No meio de cada parte há um mercado, com todas as coisas. Para lá, em certas lojas, é levado o produto do trabalho de cada família e é distribuído em celeiros separados por espécie. Desse modo, qualquer chefe de família que necessite de algo pega e o leva consigo, sem pagamento e sem que lhe peçam qualquer restituição. Afinal, por que lho negariam? Quando há abundância de todas as coisas, nenhum temor subsiste de que alguém peça algo além do necessário. Por que pensariam que alguém pudesse pedir mais do que que aquilo de que precisa, se têm por certo que nada lhe faltará? De fato, o temor da penúria faz todos os gêneros de animais ávidos e rapaces; mas no homem, apenas o faz a soberba, que considera uma glória ultrapassar os outros em supérflua ostentação – um tipo de vício que não tem lugar entre os hábitos dos utopienses.

Adiuncta sunt foris—quae commemoraui—fora cibaria, in quae non olera modo, arborumque fructus et panes comportantur, sed pisces praeterea quadrupedumque et auium quicquid esculentum est, extra urbem locis appositis ubi fluento tabum ac sordes eluantur. Hinc deportant pecudes occisas depuratasque manibus famulorum—nam neque suos ciues patiuntur assuescere laniatu animalium, cuius usu, clementiam humanissimum naturae nostrae affectum paulatim deperire putant, neque sordidum quicquam atque immundum, cuius putredine corruptus aer morbum posset inuehere—perferri in urbem sinunt.

Habet praeterea quilibet uicus, aulas quasdam capaces, aequali ab sese inuicem interuallo distantes, nomine quamque suo cognitas. Has colunt Syphogranti, quarum unicuique triginta familiae uidelicet ab utroque latere quindecim sunt adscriptae, cibum ibi sumpturae. Obsonatores cuiusque aulae, certa hora conueniunt in forum, ac relato suorum numero, cibum petunt.

Sed prima ratio aegrotorum habetur, qui in publicis hospitiis curantur. Nam quattuor habent in ambitu ciuitatis hospitia, paulo extra muros tam capacia ut totidem oppidulis aequari possint, tum ut neque aegrotorum numerus quamlibet magnus anguste collocaretur, et per hoc incommode, tum quo ii qui tali morbo tenerentur, cuius contagio solet ab alio ad alium serpere, longius ab aliorum coetu semoueri possint. Haec hospitia ita sunt instructa, atque omnibus rebus quae ad salutem conferant referta, tum tam tenera ac sedula cura adhibetur, tam assidua medicorum peritissimorum praesentia, ut cum illuc nemo mittatur inuitus, nemo tamen fere in tota urbe sit, qui aduersa ualetudine laborans, non ibi decumbere quam domi suae praeferat.

Cum aegrotorum obsonator cibos ex medicorum praescripto receperit, deinceps optima quaeque inter aulas aequabiliter pro suo cuiusque numero distribuuntur, nisi quod principis, pontificis, et Tranibororum respectus habetur, ac legatorum etiam, et exterorum omnium—si qui sunt, qui pauci ac raro sunt—sed iis quoque cum adsunt, domicilia certa atque instructa parantur.

Nos mercados sobre os quais eu falei, há as lojas de alimentos, para onde são levados não apenas os legumes, os frutos e os pães, mas, além disso, também os peixes e tudo o que dos quadrúpedes e das aves for comestível; mas são levadas para fora da cidade, para locais apropriados, onde no rio são lavadas as sujeiras e as sobras. Para ali são transportadas as reses abatidas, que são limpas pelas mãos dos escravos, pois não é permitido aos cidadãos o abate dos animais, para que, por sua prática, não pereça a clemência, que é o afeto mais humano de nossa natureza. Eles não permitem que seja levado para a cidade nada de sórdido e imundo, cujo ar, corrompido por sua podridão, poderia conduzir consigo a peste.

Há, além disso, em cada rua, anchos palácios, distantes entre si por intervalos iguais, cada qual conhecido por seu próprio nome. Habitam-nos os sifograntes. A cada um dos palácios são adscritas trinta famílias, dispostas quinze de cada lado do edifício, e que lá se abastecem de comida. Os despenseiros dos palácios dirigem-se, em hora determinada, ao mercado, e, após relatarem o número dos seus cidadãos, recebem os alimentos correspondentes.

Mas a primeira preocupação que os utopienses têm é com os doentes, que são tratados em hospitais públicos. Pois, no perímetro da cidade, fora um pouco dos muros, eles têm quatro hospitais, tão grandes que podem ser comparados a pequenas cidades, para impedir que um número muito grande de doentes seja colocado junto em um lugar apertado, e por isso incômodo, e para que aqueles que tenham alguma doença, cujo contágio se alastra de uma pessoa para outra, possam se movimentar longe dos ajuntamentos. Os hospitais são bem instalados e equipados com todas as coisas que trazem o restabelecimento da saúde, e os doentes são tratados com tamanha delicadeza e atenção, e é tão assídua a presença dos mais peritos médicos, que para lá ninguém é enviado a contragosto, e não há quase ninguém da cidade que, lutando contra alguma doença, não prefira lá se tratar do que em sua própria casa.

Depois que o despenseiro dos doentes recebe os alimentos solicitados pelos médicos, os melhores produtos são distribuídos entre os palácios, na proporção do número de seus habitantes. Têm precedência apenas o príncipe, os pontífices, os embaixadores e os estrangeiros – que, se há, são poucos e raros, e para os quais, assim que chegam, os utopienses já têm preparadas casas determinadas e mobiliadas.

Ad has aulas prandii, cenaeque statis horis tota syphograntia conuenit, aeneae tubae clangore commonefacta, nisi qui aut in hospitiis, aut domi decumbunt. Quamquam nemo prohibetur, postquam aulis est satis factum e foro domum cibum petere. Sciunt enim neminem id temere facere, nam et si domi prandere nulli uetitum sit, nemo tamen hoc libenter facit, cum neque honestum habeatur, et stultum sit deterioris parandi prandii sumere laborem, cum lautum atque opiparum praesto apud aulam, tam propinquam sit.

In hac aula ministeria omnia in quibus paulo plus sordis, aut laboris est, obeunt serui. Ceterum coquendi, parandique cibi officium, et totius denique instruendi conuiuii solae mulieres exercent, cuiusque uidelicet familiae per uices.

Tribus, pluribusue mensis pro numero conuiuarum discumbitur. Viri ad parietem, feminae exterius collocantur, ut si quid his subiti oboriatur mali, quod uterum gerentibus interdum solet accidere, imperturbatis ordinibus exurgant, atque inde ad nutrices abeant. Sedent illae quidem seorsum cum lactentibus in cenaculo quodam ad id destinato, numquam sine foco atque aqua munda, nec absque cunis interim, ut et reclinare liceat infantulos, et ad ignem cum uelint exemptos fasciis libertate ac ludo reficere. Suae quaeque soboli nutrix est, nisi aut mors, aut morbus impediat. Id cum accidit, uxores Syphograntorum propere nutricem quaerunt, nec id difficile est. Nam quae id praestare possunt, nulli officio sese offerunt libentius, quoniam et omnes eam misericordiam laude prosequuntur, et qui educatur, nutricem parentis agnoscit loco.

In antro nutricum, considunt pueri omnes, qui primum lustrum non expleuere. Ceteri impuberes, quo in numero ducunt quicumque sexus alterius utrius intra nubiles annos sunt, aut ministrant discumbentibus, aut qui per aetatem nondum ualent, adstant tamen, atque id summo cum silentio. Vtrique quod a sedentibus porrigitur, eo uescuntur, nec aliud discretum prandendi tempus habent.

In medio primae mensae, qui summus locus est, et cui—nam ea mensa suprema in parte cenaculi transuersa est—totus conuentus conspicitur, Syphograntus cum uxore considet. His

Às salas de refeição, nas horas de almoço e jantar, reúne-se toda a sifograntia, convocada pelo clangor das tubas de bronze – exceto os que se encontram nos hospitais, ou acamados em casa. A ninguém é proibido, depois de abastecidos os palácios, de pedir no mercado provisões para comer em casa. Sabem, porém, que ninguém o fará sem motivo, pois, ainda que não seja proibido a ninguém tomar as refeições em casa, ninguém o faz de propósito, pois não seria considerado honesto, e, além disso, seria tolice o trabalho de preparar refeições piores, uma vez que se pode as ter opíparas e lautas no palácio, que se localiza tão perto.

Nesses palácios, todas as tarefas fatigantes ou um pouco mais sujas cabem aos escravos. Por outro lado, os ofícios de cozinhar e preparar os alimentos, e de instruir tudo relativo às refeições, exercem-nos apenas as mulheres de cada família.

Dependendo do número de convivas, estes são distribuídos em três ou mais mesas; os homens são colocados juntos à parede, e as mulheres do outro lado, pois se ocorrer de sentirem um súbito mal, o que costuma acometer as grávidas, elas podem sair sem perturbar as demais fileiras, e irem para onde ficam as amas. As amas são deixadas separadas, em um local onde há sempre uma lareira acesa e água limpa, e onde não faltam berços, nos quais tanto se podem deitar as crianças quanto, junto ao fogo, tirar-lhe as fraldas e cueiros, e deixá-las livremente brincar. Cada mãe amamenta seu filho, a não ser que a morte ou a doença a impeçam. Quando isso acontece, as mulheres dos sifograntes procuram rapidamente uma ama – o que não é nem um pouco difícil. Pois aquelas que isso podem fazer voluntariamente se oferecem, uma vez que tal misericórdia é louvada por todos, e aquele que é assim alimentado tem sua ama como mãe.

No quarto das amas ficam todos os meninos que não completaram o primeiro lustro de vida. Os outros impúberes, em que se contam os de ambos os sexos até chegarem aos anos núbeis, ou servem às mesas, ou aqueles que pela idade não conseguem fazê-lo permanecem de pé, em completo silêncio. Comem o que lhes é dado pelos que ficam sentados, e não têm outro tempo à parte para se alimentarem.

No centro da primeira mesa, que é o lugar mais importante – pois a mesa fica disposta longitudinalmente na parte do fundo do refeitório – e que pode ser visto por todos, assentam-se o sifogrante e sua

adiunguntur duo ex natu maximis. Sedent enim per omnes mensas quaterni. At si templum in ea Syphograntia situm est, sacerdos, eiusque uxor ita cum Syphogranto sedent ut praesideant. Ab utraque parte collocantur iuniores, post senes rursus, atque hoc pacto per totam domum, et aequales inter se iunguntur, et dissimilibus tamen immiscentur, quod ideo ferunt institutum, ut senum grauitas ac reuerentia—cum nihil ita in mensa fieri, diciue potest, ut eos ab omni parte uicinos effugiat—iuniores ab improba uerborum, gestuumque licentia cohibeat.

Ciborum fercula non a primo loco deinceps apponuntur, sed senioribus primum omnibus—quorum insignes loci sunt—optimus quisque cibus infertur. Deinde reliquis aequaliter ministratur. At senes lautitias suas—quarum non tanta erat copia, ut posset totam per domum affatim distribui—pro suo arbitratu circumsedentibus impartiuntur. Sic et maioribus natu suus seruatur honos, et commodi tantumdem tamen, ad omneis peruenit.

Omne prandium, cenamque ab aliqua lectione auspicantur, quae ad mores faciat, sed breui tamen ne fastidio sit. Ab hac seniores, honestos sermones, sed neque tristes, nec infacetos ingerunt. At nec longis logis totum occupant prandium, quin audiunt libenter iuuenes quoque atque adeo de industria prouocant, quo et indolis cuiusque et ingenii per conuiuii libertatem prodentis sese, capiant experimentum.

Prandia breuiuscula sunt, cenae largiores, quod labor illa, has somnus et nocturna quies excipit, quam illi ad salubrem concoctionem magis efficacem putant. Nulla cena sine musica transigitur. Nec ullis caret secunda mensa bellariis. Odores incendunt, et unguenta spargunt. Nihilque non faciunt, quod exhilarare conuiuas possit. Sunt enim hanc in partem aliquanto procliuiores, ut nullum uoluptatis genus—ex quo nihil sequatur incommodi—censeant interdictum.

Hoc pacto igitur in urbe conuiuunt, at ruri, qui longius ab sese dissiti sunt, omnes domi quisque suae comedunt. Nulli enim familiae quicquam ad uictum deest, quippe a quibus id totum uenit, quo uescantur urbici.

esposa. Juntam-se a eles dois dos cidadãos mais idosos. Sentam-se a todas as mesas os grupos de quatro pessoas. Porém, se há na sifograntia algum templo, sentam-se com o sifogrante o sacerdote e sua esposa, que presidem a refeição. Dos dois lados, dispõem-se intercalados os mais jovens, e, depois, de novo, os mais velhos. Com essa medida, reúnem-se pessoas de idades iguais, e ainda misturam os dessemelhantes. Têm essa providência para que a dignidade dos mais velhos e a reverência por eles – uma vez que à mesa nada pode ser feito ou dito, e passar despercebido aos vizinhos – coíbam nos mais jovens a fala ímproba e o abuso dos comportamentos.

As travessas de comida não são servidas a partir da ponta das mesas, mas, primeiro, pelos mais velhos, que ficam nos lugares mais insignes e que recebem as melhores porções. Daí, os demais comensais são servidos igualitariamente. Mas os mais velhos – uma vez que não há iguarias em abundância que possam ser distribuídas entre todos – repartem-nas a seu arbítrio para os vizinhos. Assim, a honra dos mais velhos fica preservada, e a comida é distribuída igualmente aos demais.

Todo almoço e todo jantar são iniciados por alguma lição, que ensine os costumes, mas que seja breve para não provocar enfado. Depois disso, os velhos começam conversas honestas, mas nem tristes nem despropositadas. Também não ocupam toda a refeição com longas falas, pois ouvem de bom grado os mais jovens, e até os incentivam de propósito, para que na liberdade das refeições se revelem de cada um a índole e os talentos naturais.

Os almoços são mais breves e os jantares mais longos, pois ao almoço segue o trabalho e, ao jantar, o sono e a quietude noturna, que os utopienses julgam eficazes para uma digestão saudável. Nenhum jantar se passa sem que haja música, e não faltam frutas secas à sobremesa. Eles queimam olorosos incensos e aspergem perfumes. Fazem tudo que podem para agradar aos convivas. Nesse sentido, os utopienses inclinam-se a pensar que nenhum tipo de prazer é interdito, desde que não incomode a ninguém.

Dessa maneira, vive-se comunitariamente na cidade. Nos campos, porém, onde as pessoas moram distantes, todos comem nas próprias casas. Nenhum alimento falta a essas famílias, uma vez que delas vem tudo o que é consumido pelos cidadãos urbanos.

[De peregrinatione Vtopiensium.]

At si quos aut amicorum alia in urbe commorantium, aut ipsius etiam uidendi loci desiderium coeperit, a Syphograntis ac Traniboris suis ueniam facile impetrant, nisi si quis usus impediat. Mittitur ergo simul, numerus aliquis cum epistola principis, quae et datam peregrinandi copiam testatur, et reditus diem praescribit. Vehiculum datur cum seruo publico, qui agat boues et curet. Ceterum nisi mulieres in coetu habeant, uehiculum uelut onus et impedimentum, remittitur. Toto itinere cum nihil secum efferant, nihil defit tamen, ubique enim domi sunt. Si quo in loco diutius uno die commorentur, suam ibi quisque artem exercet, atque ab artis eiusdem opificibus, humanissime tractantur. Si semet authore quisquam extra suos fines uagetur, deprehensus sine principis diplomate, contumeliose habitus, pro fugitiuo reducitur, castigatus acriter. Idem ausus denuo, seruitute plectitur.

Quod si quem libido incessat per suae ciuitatis agros palandi, uenia patris et consentiente coniuge, non prohibetur. Sed in quodcumque rus peruenerit, nullus ante cibus datur, quam ante meridianum operis pensum,—aut quantum ante cenam ibi laborari solet—absoluerit. Hac lege quouis intra suae urbis fines ire licet. Erit enim non minus utilis urbi, quam si in urbe esset.

Iam uidetis quam nulla sit usquam otiandi licentia, nullus inertiae praetextus, nulla taberna uinaria, nulla ceruisiaria, nusquam lupanar, nulla corruptelae occasio, nullae latebrae, conciliabulum nullum, sed omnium praesentes oculi necessitatem aut consueti laboris, aut otii non inhonesti faciunt.

[De aequatione ubertatis.]

Quem populi morem necesse est omnium rerum copiam sequi. Atque ea cum aequabiliter ad omnes perueniat, fit nimirum, ut inops esse nemo aut mendicus possit.

In senatu Amaurotico—quem uti dixi terni quotannis omni ex urbe frequentant—ubi primum constiterit; quae res quoque loco abundet, rursum cuius alicubi malignior prouentus fuerit,

Da peregrinação dos utopienses

Mas se alguém tem o desejo de visitar os amigos que moram em alguma outra cidade, ou de ver sua própria terra, recebe do sifogrante, ou de seu traníboro, com certa facilidade, uma licença, a menos que alguma tarefa o impeça. Então, é mandado em algum grupo, com uma carta do príncipe, na qual se atesta a data da partida e se prescreve o dia de retorno. Fornecem-lhes uma carroça com um escravo público, que conduza os bois e deles cuide. Porém, a não ser que haja mulheres no grupo, os utopienses dispensam a carroça, considerada antes um ônus ou um estorvo. Nada levam consigo no percurso, e nada lhes falta, porque estão em casa em todo lugar. Se permanecem em alguma localidade por mais de um dia, praticam aí seu ofício, e são recebidos gentilmente por aqueles que exercem a mesma profissão que a sua. Se alguém, por seu próprio talante, vaga fora de suas fronteiras, se for apanhado sem a carta do príncipe, pratica um crime grave, e, levado de volta como fugitivo, é castigado severamente. Se ousar fazê-lo outra vez, é punido com a escravidão.

No entanto, se alguém anseia por passear pelos campos de sua cidade, após obter a autorização do pai e o consentimento da esposa, não está proibido. Porém, em qualquer campo que vá, não receberá comida antes de cumprir o trabalho matinal, ou o quanto se costuma labutar antes do jantar. Por essa lei, qualquer um pode ir aonde quiser dentro de sua cidade, e não será menos útil à comunidade do que se permanecesse em casa.

Já se vê que não há permissão para o ócio, nem pretexto para a preguiça. Não há tavernas que sirvam vinho ou cerveja, nem lupanares, nem ocasião para o vício, nem locais de encontros secretos; afinal, os utopienses têm necessidade de cumprir, à vista de todos, as costumeiras tarefas e de gozarem do honesto lazer.

Da distribuição das riquezas

Desse costume do povo resulta a abundância de todos os bens; e, como os bens são igualmente distribuídos entre todos os cidadãos, é evidente que ninguém pode ser pobre ou mendigo.

No Senado de Amauroto, aonde, como eu disse, vão todos os anos três representantes de cada cidade, logo que se sabe que em algum lugar há imensa cópia de algum bem, e que, por sua vez, noutra parte há

alterius inopiam, alterius protinus ubertas explet, atque id gratuito faciunt, nihil uicissim ab his recipientes quibus donant. Sed quae de suis rebus unicuipiam urbi dederint, nihil ab ea repetentes, ab alia cui nihil impenderunt, quibus egent accipiunt. Ita tota insula uelut una familia est.

At postquam satis prouisum ipsis est,—quod non antea factum censent, quam in biennium propter anni sequentis euentum prospexerint—tum ex his quae supersunt magnam uim frumenti, mellis, lanae, lini, ligni, cocci, et conchyliorum, uellerum, cerae, seui, corii, ad haec animalium quoque in alias regiones exportant. Quarum rerum omnium, septimam partem inopibus eius regionis dono dant, reliquam pretio mediocri uenditant, quo ex commercio, non eas modo merces, quibus domi egent,—nam id fere nihil est praeter ferrum— sed argenti atque auri praeterea, magnam uim in patriam reportant. Cuius rei diutina consuetudine supra quam credi possit, ubique iam earum rerum copia abundant. Itaque nunc parum pensi habent, praesente ne pecunia, an in diem uendant, multoque maximam partem habeant in nominibus, in quibus tamen faciendis non priuatorum umquam, sed confectis ex more instrumentis, publicam urbis fidem sequuntur. Ciuitas ubi solutionis dies aduenerit, a priuatis debitoribus exigit creditum, atque in aerarium redigit, eiusque pecuniae quoad ab Vtopiensibus repetatur, usura fruitur. Illi maximam partem numquam repetunt. Nam quae res apud se nullum habet usum, eam ab his auferre, quibus usui est, haud aecum censent. Ceterum si res ita poscat, ut eius aliquam partem alii populo mutuam daturi sint, tum demum poscunt, aut cum bellum gerendum est, quam in rem unam totum illum thesaurum quem habent domi seruant, uti aut extremis in periculis, aut in subitis praesidio sit. Potissimum quo milites externos—quos libentius quam suos ciues obiiciunt discrimini—immodico stipendio conducant, gnari multitudine pecuniae hostes ipsos plerumque mercabiles, et uel proditione, uel infestis etiam signis inter se committi. Hanc ob causam inaestimabilem thesaurum seruant, at non ut thesaurum tamen, sed ita habent, quomodo me narrare profecto deterret pudor, metuentem

dele escassez, de pronto, o excesso de um lugar preenche a carestia do outro; e os utopienses o fazem de forma gratuita, sem nada receberem em troca. E qualquer cidade que fornecer suas provisões nada pedirá em paga, e nada deverá àqueles dos quais receber o que lhe falta. Assim, toda a ilha é como uma só família.

Contudo, depois de estarem suficientemente abastecidos – o que não lhes parece feito antes de se obterem provisões para ao menos os próximos dois anos, uma vez que se preparam também para o ano seguinte – o excedente de grãos, mel, linho, madeira, tintas, peles, cera, sebo, couro e animais é exportado para outras regiões. A sétima parte de tudo o que produzem, eles doam aos pobres de sua própria região, e vendem o restante a preços módicos. Por meio desse comércio, eles importam não apenas os bens que lhes faltam no país, mas principalmente o ferro e grandes somas de ouro e prata. Com a constância dessa prática, lá existe uma grande abundância de tais metais, em uma quantidade bem maior do que se poderia crer. Por isso, os utopienses não se importam em vender a dinheiro ou a prazo, exigindo, apenas, como parte importante da negociação, as assinaturas – não aquelas firmadas entre os cidadãos particulares, mas aquelas outras que, feitas segundo as normas legais, são garantidas e afiançadas pela cidade. No dia da prestação do pagamento, a cidade exige dos devedores particulares o crédito, e o encaminha ao erário público, pondo o dinheiro a render até que os proprietários o reclamem. A maior parte desse valor, contudo, nunca foi reclamada, pois, de uma coisa que para eles não tem uso, os utopienses consideram injusto auferir qualquer lucro daqueles que dela se utilizam. No entanto, se a situação exigir que seja concedida uma parte do dinheiro em empréstimos a outro povo, então, os utopienses o reclamam – embora também o façam para empreender guerras, quando reúnem em um só tesouro toda a riqueza que têm nas casas, para a utilizarem no extremo perigo ou em inesperado acidente. Eles acham bem melhor contratar soldados estrangeiros, ainda que por soldos altíssimos, a convocar seus próprios cidadãos, pois preferem mandar ao perigo os contratados, sabendo que, por uma grande soma de dinheiro, os próprios inimigos se vendem, e, por traição ou sinais falsos, põem-se em conflito. Por essa razão, os utopienses guardam um interminável tesouro; porém, não o guardam só e propriamente como um tesouro, pois, o modo como eles o usam, o pudor me impede de contar, por temer que não se dê

ne fidem oratio non sit habitura, quod eo iustius uereor, quo magis mihi sum conscius, nisi uidissem praesens, quam aegre potuissem ipse perduci, ut alteri idem recensenti crederem. Necesse est enim fere quam quicque est ab eorum qui audiunt moribus alienum, tam idem procul illis abesse a fide. Quamquam prudens rerum aestimator minus fortasse mirabitur, cum reliqua eorum instituta, tam longe ab nostris differant; si argenti quoque atque auri usus ad ipsorum potius, quam ad nostri moris rationem accommodetur.

Nempe cum pecunia non utantur ipsi, sed in eum seruent euentum, qui ut potest usu uenire, ita fieri potest ut numquam incidat. Interim aurum, argentumque—unde ea fit—sic apud se habent, ut ab nullo pluris aestimetur, quam rerum ipsarum natura meretur, qua quis non uidet quam longe infra ferrum sunt! Vt sine quo non hercule magis quam absque igni atque aqua uiuere mortales queant, cum interim auro, argentoque nullum usum, quo non facile careamus, natura tribuerit, nisi hominum stultitia pretium raritati fecisset. Quin contra, uelut parens indulgentissima optima quaeque in propatulo posuerit, ut aerem, aquam, ac tellurem ipsam, longissime uero uana ac nihil profutura semouerit.

Ergo haec metalla si apud eos in turrim aliquam abstruderentur. Princeps ac senatus in suspicionem uenire posset—ut est uulgi stulta solertia—ne deluso per technam populo, ipsi aliquo inde commodo fruerentur. Porro si phyalas inde aliaque id genus opera fabre excusa conficerent, si quando incidisset occasio, ut conflanda sint rursus, atque in militum eroganda stipendium, uident nimirum fore, ut aegre patiantur auelli quae semel in delitiis habere coepissent.

His rebus uti occurrant, excogitauere quandam rationem, ut reliquis ipsorum institutis consentaneam, ita ab nostris—apud quos aurum tanti fit, ac tam diligenter conditur—longissime abhorrentem, eoque nisi peritis non credibilem. Nam cum in fictilibus e terra uitroque elegantissimis quidem illis, sed uilibus tamen edant bibantque. Ex auro, atque argento non in communibus aulis modo, sed in priuatis etiam domibus, matellas passim, ac sordidissima quaeque uasa conficiunt. Ad haec catenas et crassas compedes, quibus cohercent seruos; iisdem ex metallis

crédito à minha fala — o que eu acho bastante compreensível, porque bem sei que, se ali eu não tivesse ido e visto por mim mesmo, dificilmente poderia ser convencido a crer em alguém que as mesmas coisas me contasse. É certo que tudo aquilo que se ouve sobre os costumes diferentes, quanto mais distantes forem esses costumes de nós, tanto mais se mostram inacreditáveis. No entanto, um sábio observador das coisas talvez se admirasse menos, considerando o restante dos hábitos dos utopienses, tão diferentes dos nossos, se eles preferem dar à prata e ao ouro um uso próprio, do que se acomodarem aos nossos costumes.

De fato, eles nunca usam dinheiro, mas o guardam para a ocasião em que puderem usá-lo — o que pode nunca acontecer. Enquanto isso, asseguram-se de que não se valorizem o ouro e a prata, de que são feitas as moedas, além do que a natureza dos materiais merece, considerando-os muito inferiores ao ferro, sem o qual, por Hércules, os homens não podem viver mais do que sem o fogo ou a água, uma vez que a natureza não atribui ao ouro e à prata nenhum uso sem o qual facilmente não podemos passar, a não ser o preço que a loucura humana, pela raridade, lhes concedeu. Pelo contrário, como indulgente mãe, a natureza pôs a descoberto as melhores coisas, como o ar, a água e a própria terra, e escondeu nas profundezas as coisas vãs e inúteis.

Logo, se, entre eles, esses metais fossem encerrados nalguma torre, os utopienses poderiam suspeitar de que o príncipe e o Senado — ai, como é tola a imaginação do vulgo! —, enganando o povo com velhacarias, auferissem para si vantagens. Por sua vez, se eles fizessem com tais metais vasos ou quaisquer obras cinzeladas, se se desse a necessidade de derretê-los para se pagar o soldo dos soldados, eles acreditam que, com certeza, dificilmente as pessoas consentiriam em devolvê-los, por terem deles começado a se apaixonar.

Para prevenir tais inconvenientes, os utopienses imaginaram um meio coerente com suas instituições, e inteiramente distante das nossas — nós, que tantos valorizamos o ouro e com tanta diligência o guardamos —, um meio em que apenas os experientes podem crer. Pois os utopienses comem e bebem em utensílios de barro ou vidro, elegantíssimos, embora bem baratos. Já de ouro e prata eles fazem urinóis e todos os vasos mais vis, não apenas dos palácios públicos, mas também das casas privadas. E ainda fabricam, dos mesmos metais, as correntes e os pesados grilhões com que são presos escravos. Finalmente, todos aqueles que o

operantur. Postremo quoscumque aliquod crimen infames facit, ab horum auribus anuli dependent aurei, digitos aurum cingit, aurea torques ambit collum, et caput denique auro uincitur. Ita omnibus curant modis, uti apud se aurum argentumque in ignominia sint, atque hoc pacto fit, ut haec metalla, quae ceterae gentes non minus fere dolenter ac uiscera sua distrahi patiuntur, apud Vtopienses, si semel omnia res postularet efferri, nemo sibi iacturam unius fecisse assis uideretur.

Margaritas praeterea legunt in litoribus, quin in rupibus quibusdam adamantes ac pyropos quoque; neque tamen quaerunt, sed oblatos casu, perpoliunt. His ornant infantulos, qui ut primis pueritiae annis, talibus ornamentis gloriantur, ac superbiunt; sic ubi plusculum accreuit aetatis, cum animaduertunt eiusmodi nugis non nisi pueros uti, nullo parentum monitu, sed suomet ipsorum pudore deponunt. Non aliter ac nostri pueri, cum grandescunt nuces, bullas, et pupas abiiciunt.

Itaque haec tam diuersa ab reliquis gentibus instituta, quam diuersas itidem animorum affectiones pariant, numquam aeque mihi atque in Anemoliorum legatis inclaruit. Venerunt hi Amaurotum—dum ego aderam—et quoniam magnis de rebus tractatum ueniebant, aduentum eorum terni illi ciues, ex qualibet urbe praeuenerant, sed omnes finitimarum gentium legati, qui eo ante appulerant, quibus Vtopiensium perspecti mores erant, apud quos sumptuoso uestitui nihil honoris haberi intelligebant, sericum contemptui esse, aurum etiam infame sciebant, cultu quam poterant modestissimo uenire consueuerant. At Anemolii, quod longius aberant, ac minus cum illis commercii habuerant, cum accepissent, eodem omnes, eoque rudi corporis cultu esse, persuasi non habere eos, quo non utebantur, ipsi etiam superbi magis, quam sapientes, decreuerunt apparatus elegantia, deos quosdam repraesentare, et miserorum oculos Vtopiensium, ornatus sui splendore praestringere. Itaque ingressi sunt legati tres, cum comitibus centum, omnes uestitu uersicolori, plerique serico, legati ipsi—nam domi nobiles erant—amictu aureo, magnis torquibus, et inauribus aureis, ad haec anulis aureis in manibus,

crime tornou infames carregam brincos de ouro nas orelhas, têm anéis de ouro nos dedos, põem no pescoço correntes de ouro, e até mesmo cingem de ouro a cabeça. Os utopienses cuidam, assim, por todos os meios, que seja uma verdadeira ignomínia portar qualquer peça de ouro ou prata. Por tal motivo, esses metais, cuja perda os outros povos temem mais do que a perda das próprias vísceras, junto aos utopienses, quando se torna necessário que os entreguem, ninguém parece haver perdido sequer um único centavo.

Ademais, os utopienses apanham pérolas nas praias, e diamantes e pepitas de ouro em determinados rochedos; não os procuram, mas, se os encontram por acaso, dão-lhes polimento. Adornam com eles as criancinhas, que, como se encontram nos primeiros anos da infância, orgulham-se ainda dos atavios, e deles se vangloriam. No entanto, quando a idade avança um pouco, vendo que apenas crianças se interessam por essas quinquilharias, sem necessitar de qualquer admoestação dos pais, os meninos deixam-nas, por pudor, do mesmo modo que nossas crianças, que, ao crescerem, abandonam os brinquedos, as bolas e bonecas.

Nunca se aclaram tanto os institutos utopienses, tão diferentes dos das demais nações e que provocam tão diversas afecções nos espíritos, até se saber o que se passou com os embaixadores anemolianos. Estes chegaram a Amauroto enquanto lá eu ainda me encontrava, e, uma vez que lá foram tratar de assuntos importantes, um grupo de três cidadãos utopienses enviados de cada cidade foi esperar sua chegada. Os embaixadores das nações vizinhas, que antes já lá haviam estado, conhecendo os costumes dos utopienses, e por compreenderem que estes não consideravam honrosas as vestimentas suntuosas e que desprezavam a seda e consideravam o ouro infame, decidiram os visitar com os trajes mais modestos que tivessem. Os anemolianos, porém, que chegavam de mais longe, e por terem tido tão pouco contato com eles, quando viram que todos utopienses se vestiam do mesmo modo grosseiro, convencidos de que não usavam ornamentos porque não os tinham, sendo eles mais arrogantes do que sábios, decidiram se apresentar com a elegância dos deuses, para deslumbrarem, com o esplendor de seus adornos, os olhos dos míseros utopienses. Assim, os três embaixadores chegaram com uma centena de acompanhantes – todos com trajes multicoloridos, e, na maior parte, confeccionados em seda, enquanto os próprios embaixadores, como eram nobres em seu país, com manto

monilibus insuper appensis in pileo, quae margaritis ac gemmis affulgebant, omnibus postremo rebus ornati, quae apud Vtopienses, aut seruorum supplicia, aut infamium dedecora, aut puerorum nugamenta fuere. Itaque operae pretium erat uidere, quo pacto cristas erexerint, ubi suum ornatum cum Vtopiensium uestitu—nam in plateis sese populus effuderat—contulere. Contraque non minus erat uoluptatis considerare quam longe sua eos spes expectatioque fefellerat, quamquam longe ab ea existimatione aberant, quam se consecuturos putauerant. Nempe Vtopiensium oculis omnium, exceptis perquam paucis, qui alias gentes aliqua idonea de causa inuiserant, totus ille splendor apparatus pudendus uidebatur, et infimum quemque pro dominis reuerenter salutantes, legatos ipsos ex aurearum usu catenarum pro seruis habitos, sine ullo prorsus honore praetermiserunt. Quin pueros quoque uidisses, qui gemmas ac margaritas abiecerant, ubi in legatorum pileis affixas conspexerunt, compellare matrem ac latus fodere. En mater, quam magnus nebulo margaritis adhuc et gemmulis utitur, ac si esset puerulus! At parens serio etiam illa, tace inquit fili, est opinor quispiam e morionibus legatorum. Alii catenas illas aureas reprehendere, utpote nullius usus, quippe tam graciles, ut eas facile seruus infringere, tam laxas rursus, uti cum fuerit libitum possit excutere, et solutus ac liber quouis aufugere.

 Verum legati postquam ibi unum, atque alterum diem uersati tantam auri uim in tanta uilitate conspexerunt, nec in minore contumelia, quam apud se honore habitam uidissent, ad haec in unius fugitiui serui catenas compedesque plus auri, atque argenti congestum, quam totus ipsorum trium apparatus constiterat, subsidentibus pennis omnem illum cultum, quo sese tam arroganter extulerant, pudefacti, seposuerunt. Maxime uero postquam familiarius cum Vtopiensibus collocuti, mores eorum atque opiniones didicere, mirantur illi siquidem quemquam esse mortalium quem exiguae gemmulae, aut lapilli dubius oblectet fulgor, cui quidem stellam aliquam, atque ipsum denique solem liceat intueri, aut quemquam tam insanum esse, ut nobilior ipse sibi ob tenuioris lanae filum uideatur, siquidem hanc ipsam—

de ouro, portavam grandes correntes e brincos de ouro, anéis de ouro nos dedos, chapéus com correntes de ouro penduradas, em que brilhavam pérolas e gemas; enfim, adornados com todas as coisas que junto aos utopienses serviam para o castigo dos escravos, atavios dos infames ou brinquedo de crianças. Valia a pena ver o quanto se vangloriavam dos penachos, enquanto comparavam seus enfeites com os trajes dos utopienses – porquanto o povo se espalhava pelas ruas. Por outro lado, não era menos divertido considerar o quanto suas esperanças e expectativas falharam, e o quão longe estava o respeito que acreditavam alcançar. Pois, aos olhos de todos os utopienses, exceto de uns poucos, que por causa idônea visitaram algum outro país, todo aquele esplendor parecia-lhes um aparato vergonhoso. Eles saudavam reverentemente os membros mais baixos da comitiva como se fossem os senhores, e tomavam os próprios embaixadores, pelo uso das correntes de ouro, por escravos, sem lhes prestarem, assim, qualquer reverência. Dever-se-iam ver também as crianças, que já haviam deixado de lado as gemas e as pedras, quando as avistaram presas nos chapéus dos embaixadores, chamarem as mães e as puxarem de lado para lhes dizerem: "Vê, mãe, que grande tolo é aquele que ainda usa as pérolas e as pedras, como se fosse uma criancinha". Mas as mães, em tom sério, lhes respondiam: "Cala-te, filho. Creio que esse deve ser um dos bufões dos embaixadores". Outros criticavam as cadeias de ouro como inúteis, porque eram tão finas, que qualquer escravo poderia as romper, e, tão frouxas que, se quisesse, as poderia lançar fora e, livre e solto, fugir.

Então, depois que os embaixadores lá passaram um ou dois dias, e viram tanto ouro ser desprezado, e como esse metal era ali tão desconsiderado quanto era honrado junto ao seu próprio povo, a ponto de um único escravo fugitivo ter mais correntes e grilhões de ouro e prata do que havia em todo o aparato dos três embaixadores, e que estes, envergonhados por todos os enfeites de plumas que tão arrogantes ostentavam, despiram-se deles. Mormente depois de, um pouco mais familiarizados, terem conversado com os utopienses e terem aprendido seus costumes e opiniões, segundo os quais os utopienses se espantam de que houvesse algum mortal tão insano que se deleitasse com o dúbio fulgor de pequenas pedras e joias, quando poderia contemplar uma estrela ou o sol, ou que houvesse quem se achasse mais nobre em razão das vestes do mais fino fio de lã – a mesma lã

quantumuis tenui filo sit—ouis olim gestauit, nec aliud tamen interim, quam ouis fuit. Mirantur item aurum suapte natura tam inutile, nunc ubique gentium aestimari tanti, ut homo ipse per quem, atque adeo in cuius usum id pretii obtinuit, minoris multo quam aurum ipsum aestimetur, usque adeo ut plumbeus quispiam, et cui non plus ingenii sit quam stipiti, nec minus etiam improbus quam stultus, multos tamen et sapientes et bonos uiros in seruitute habeat, ob id dumtaxat, quod ei magnus contigit aureorum numismatum cumulus, quem si qua fortuna, aut aliqua legum stropha—quae nihil minus ac fortuna ipsa summis ima permiscet—ab hero illo ad abiectissimum totius familiae suae nebulonem transtulerit, fit nimirum paulo post, ut in famuli sui famulicium concedat, uelut appendix additamentumque numismatum. Ceterum multo magis eorum mirantur, ac detestantur insaniam qui diuitibus illis, quibus neque debent quicquam, neque sunt obnoxii, nullo alio respectu, quam quod diuites sunt, honores tantum non diuinos impendunt, idque cum eos tam sordidos atque auaros cognoscunt, ut habeant certo certius ex tanto nummorum cumulo, uiuentibus illis ne unum quidem nummulum umquam ad se uenturum.

[De educatione et artibus.]

Has atque huiusmodi opiniones partim ex educatione conceperunt. In ea educti republica cuius instituta longissime ab his stultitiae generibus absunt, partim ex doctrina et litteris. Nam et si haud multi cuiusque urbis sunt, qui ceteris exonerati laboribus soli disciplinae deputantur. Ii uidelicet in quibus a pueritia egregiam indolem, eximium ingenium, atque animum ad bonas artes propensum deprehendere, tamen omnes pueri litteris imbuuntur, et populi bona pars, uiri, feminaeque, per totam uitam, horas illas quas ab operibus liberas diximus, in litteris collocant.

Disciplinas ipsorum lingua perdiscunt. Est enim neque uerborum inops, nec insuauis auditu, nec ulla fidelior animi interpres est. Eadem fere—nisi quod ubique corruptior, alibi aliter—magnam eius orbis plagam peruagatur.

Ex omnibus his philosophis, quorum nomina sunt in hoc noto nobis orbe celebria, ante nostrum aduentum ne fama quidem

que, seja quão tênue for o fio, antes fora usada por uma ovelha, que não deixou, por isso, de ser ovelha. Espantam-se ainda de que o ouro, por sua natureza inteiramente inútil, seja tão estimado por tanta gente, de modo que o próprio homem, que lhe conferiu uso e preço, valha menos do que o ouro, e como algum cabeça de chumbo, com não mais inteligência do que uma estaca de pau, e não menos desonesto do que tolo, tenha a seu serviço tantos homens bons e sábios, tão somente porque possui um grande monte de moedas de ouro – esse mesmo homem que, se por algum acaso ou artimanha das leis – o que, mais do que a Fortuna, mistura os que estão em cima com que estão embaixo – ele perder todo o patrimônio de sua família para o mais abjeto dos seus escravos, com certeza, em pouco tempo, se tornaria ele mesmo um escravo de seu escravo, como um apêndice, ou como um acessório das moedas. Porém, o que muito mais os espanta e lhes provoca desagrado é a insânia daqueles que prestam honras quase divinas aos ricos, de quem nada têm a temer e para os quais nada devem, nem mesmo respeito, senão pelo fato de serem ricos, ainda que saibam como são sórdidos e avaros, e estando certos de que tão grande montanha de moedas, enquanto aqueles ricos forem vivos, nem sequer uma única lhes haverá de chegar.

Sobre a educação e as artes

Tais opiniões eles receberam, em parte, da educação que tiveram, educados em uma república cujas instituições são inteiramente opostas àquela espécie de tolices; mas também, em parte, da erudição e da literatura. De fato, não são muitos em cada cidade os que, liberados do restante dos trabalhos, dedicam-se apenas ao aprendizado – isto é, aqueles que, desde a infância, demonstraram ter índole superior, exímia inteligência e ânimo propenso às boas artes. No entanto, todas as crianças são alfabetizadas, e boa parte do povo, tanto homens quanto mulheres, durante toda a vida, dedica às leituras as horas livres de trabalho, de que falamos.

Eles aprendem as disciplinas em sua própria língua, que é rica em palavras e suave aos ouvidos, sendo que nenhuma é mais fiel intérprete da alma do que ela. É a mesma língua utilizada na maior parte daquela região do orbe, posto que deturpada aqui e ali, conforme a região.

Antes de nossa chegada, a fama de nenhum dos filósofos, cujos nomes são célebres neste mundo conhecido por nós, lá chegara; no

cuiusquam eo peruenerat, et tamen in musica, dialecticaque, ac numerandi et metiendi scientia, eadem fere quae nostri illi ueteres inuenere. Ceterum ut antiquos omnibus prope rebus exaequant, ita nuperorum inuentis dialecticorum longe sunt impares. Nam ne ullam quidem regulam inuenerunt earum, quas de restrictionibus, amplificationibus, ac suppositionibus acutissime excogitatis in paruis logicalibus passim hic ediscunt pueri. Porro secundas intentiones tam longe abest ut inuestigare suffecerint, ut nec hominem ipsum in communi quem uocant, quamquam—ut scitis—plane colosseum et quouis gigante maiorem, tum a nobis praeterea digito demonstratum, nemo tamen eorum uidere potuerit.

At sunt in astrorum cursu, et caelestium orbium motu, peritissimi. Quin instrumenta quoque diuersis figuris solerter excogitarunt, quibus solis ac lunae, et ceterorum item astrorum quae in ipsorum horizonte uisuntur, motiones ac situs exactissime comprehensos habent. Ceterum amicitias, atque errantium dissidia siderum, ac totam denique illam ex astris diuinandi imposturam, ne somniant quidem. Imbres, uentos, ac ceteras tempestatum uicissitudines, signis quibusdam longo perspectis usu praesentiunt. Sed de causis earum rerum omnium, et de fluxu maris eiusque salsitate, et in summa de caeli mundique origine, ac natura partim eadem quae ueteres philosophi nostri disserunt, partim ut illi inter se dissident, ita hi quoque dum nouas rerum rationes afferunt, ab omnibus illis dissentiunt, nec inter se tamen usquequaque conueniunt.

In ea philosophiae parte qua de moribus agitur, eadem illis disputantur quae nobis, de bonis animi quaerunt et corporis, et externis, tum utrum boni nomen omnibus his, an solis animi dotibus conueniat. De uirtute disserunt, ac uoluptate, sed omnium prima est ac princeps controuersia, quanam in re, una pluribusue sitam hominis felicitatem putent. At hac in re propensiores aequo uidentur in factionem uoluptatis assertricem, ut qua uel totam, uel potissimam felicitatis humanae partem definiant. Et quo magis mireris ab religione quoque—quae grauis et seuera est fereque tristis et rigida—petunt tamen sententiae tam delicatae patrocinium. Neque enim de felicitate disceptant

entanto, na música, dialética, matemática e geometria, eles descobriram praticamente as mesmas coisas que os nossos antepassados. Embora se igualem a nós em quase tudo o que sabiam os antigos, são muito inferiores a nós em relação às invenções dos retóricos recentes. Pois ainda não inventaram essas pequenas regras a respeito de restrições, amplificações e suposições, pensadas com agudeza pelos tolos lógicos, que aqui, por toda parte, os meninos aprendem. De tão distante que lhes eram, os utopienses não conseguiram entender as segundas intenções, nem aquilo a que chamam de homem em geral, e que, como se sabe, é, por nós indigitado como um autêntico colosso, maior do que um gigante, mas que nenhum deles conseguiria enxergar.

Ele são, contudo, peritíssimos no curso dos astros e no movimento das órbitas celestes. Também inventaram, com grande argúcia, certos instrumentos, com diversas figuras, com as quais representam, em seus horizontes, o sol, a lua e os demais astros, com seus movimentos, na mais exata posição. Porém, as afinidades e aversões dos planetas errantes, e toda a impostura da adivinhação pelos astros, eles sequer as concebem. Preveem as chuvas, os ventos e todas as vicissitudes das tempestades, pelo longo costume da observação de sinais específicos. Mas, sobre a causa das coisas, sobre os movimentos do mar e sobre sua salinidade, sobre a origem do céu e do universo, em parte, como disseram nossos antigos filósofos, e, em parte, como esses filósofos entre si discordam e trazem novas razões para as coisas, eles também divergem de todos eles, e nem entre si mesmos eles sequer concordaram.

No que trata da filosofia moral, os utopienses discutem as mesmas coisas que nós: indagam sobre os bens da alma e do corpo, sobre as dádivas eternas, e se o termo bem pode ser utilizado para todos os casos, ou se convém apenas aos dotes da alma. Discutem sobre a virtude e o prazer, embora, de todas, a primeira e mais importante controvérsia trate do que é, onde se encontra e se é única ou múltipla a felicidade humana. Nessa matéria parecem propensos a concordar com a escola dos defensores do prazer, que acreditam nele residir toda, ou a maior parte da felicidade humana. O que mais provoca espanto é que, a partir de sua religião, que é grave, severa, rígida e quase triste, eles defendem tão delicada opinião. E, de fato, eles nunca discorrem sobre a felicidade sem acrescentarem alguns princípios

umquam, quin principia quaedam ex religione deprompta, tum philosophia quae rationibus utitur coniungant, sine quibus ad uerae felicitatis inuestigationem mancam, atque imbecillam per se rationem putant.

Ea principia sunt huiusmodi: animam esse immortalem, ac dei beneficentia ad felicitatem natam, uirtutibus ac bene factis nostris praemia post hanc uitam, flagitiis destinata supplicia. Haec tametsi religionis sint, ratione tamen censent ad ea credenda, et concedenda perduci, quibus e medio sublatis, sine ulla cunctatione pronunciant neminem esse tam stupidum, qui non sentiat petendam sibi per fas ac nefas uoluptatem. Hoc tantum caueret ne minor uoluptas obstet maiori, aut eam persequatur quam inuicem retaliet dolor. Nam uirtutem asperam, ac difficilem sequi, ac non abigere modo suauitatem uitae, sed dolorem etiam sponte perpeti, cuius nullum expectes fructum—quis enim potest esse fructus si post mortem nihil assequeris cum hanc uitam totam insuauiter hoc est misere traduxeris—id uero dementissimum ferunt.

Nunc uero non in omni uoluptate felicitatem, sed in bona, atque honesta sitam putant. Ad eam enim uelut ad summum bonum, naturam nostram ab ipsa uirtute pertrahi, cui sola aduersa factio felicitatem tribuit. Nempe uirtutem definiunt, secundum naturam uiuere ad id siquidem a deo institutos esse nos. Eum uero naturae ductum sequi quisquis in appetendis fugiendisque rebus obtemperat rationi. Rationem porro, mortales primum omnium in amorem, ac uenerationem diuinae maiestatis incendere, cui debemus, et quod sumus, et quod compotes esse felicitatis possumus, secundum id commonet, atque excitat nos ut uitam quam licet minime anxiam, ac maxime laetam ducamus ipsi, ceterisque omnibus ad idem obtinendum adiutores nos pro naturae societate praebeamus. Neque enim quisquam umquam fuit tam tristis ac rigidus assecla uirtutis, et osor uoluptatis, qui ita labores, uigilias et squalores indicat tibi, ut non idem aliorum inopiam, atque incommoda leuare, te pro tua uirili iubeat, et id laudandum humanitatis nomine censeat, hominem homini saluti ac solatio esse, si humanum

tirados da religião às razões da filosofia. Sem tais princípios religiosos eles acreditam que a verdadeira investigação sobre a felicidade é sempre manca e imperfeita.

Eis seus princípios: a alma é imortal e nascida para a felicidade, graças à bondade de deus; e, depois desta vida, a alma é premiada por suas virtudes, ou supliciada pelas maldades. Embora isso seja um preceito religioso, eles acreditam que sua crença deva ser incentivada, e que seja aceita pela razão; e garantem, sem qualquer hesitação, que, se tais princípios forem rejeitados, não haveria ninguém tão estúpido que não procurasse para si a realização do prazer, pelo bem ou pelo mal. Apenas se precaveria de que um prazer menor não impedisse o gozo de um maior, e de procurar um prazer que, pelo contrário, importe dor. Pois, é verdade que consideram totalmente insano seguir uma virtude austera e difícil, que não apenas expulsa o prazer da vida, mas que faz suportar espontaneamente a dor, sem nenhuma expectativa de recompensa – pois que recompensa pode haver se, depois da morte, nada se alcança, tendo se passado uma vida inteira áspera e miserável.

Ora, os utopienses consideram que a felicidade não reside em todos os tipos de prazer, mas apenas naqueles que são bons e honestos; e eles creem que a nossa natureza é conduzida a tal facilidade, como também ao sumo bem, pela virtude, e consideram errada a opinião daqueles que atribuem à virtude apenas a felicidade, pois os utopienses definem a virtude como a prática de se viver conforme a natureza, e acreditam que apenas para isso fomos criados por deus, e, ainda, que aquele que segue levado pela natureza obedece à razão em seus apetites e aversões. Os utopienses dizem, além disso, e primeiro de tudo, que a razão incendeia os mortais com o amor e a veneração pela majestade de deus, a quem devemos tudo o que somos e a possibilidade de sermos partícipes da felicidade. Em segundo lugar, eles creem que a razão nos ensina e incita a levarmos a vida com o mínimo possível de angústias e com o máximo de alegrias, e a ajudarmos todos os outros homens a obtê-la, em virtude da sociedade que nos une. Com efeito, mesmo o mais rígido e triste defensor da virtude, inimigo do prazer e propugnador de sofrimentos, vigílias e jejuns ordena que se aliviem das outras pessoas a pobreza e os incômodos, tanto quanto pudermos, e considera louvável, em nome da humanidade, o consolo dado de um homem a outro homem, já que a humanidade – a virtude mais própria do homem – é sobretudo mitigar o infortúnio

est maxime—qua uirtute nulla est homini magis propria—aliorum mitigare molestiam, et sublata tristitia uitae iucunditati, hoc est uoluptati reddere. Quid ni natura quemque instiget ut sibimet idem praestet! Nam aut mala est uita iucunda, id est, uoluptaria, quod si est, non solum neminem ad eam debes adiutare, sed omnibus utpote noxiam ac mortiferam, quantum potes adimere, aut si conciliare aliis eam, ut bonam non licet modo, sed etiam debes, cur non tibi in primis ipsi! Cui non minus propitium esse te quam aliis decet. Neque enim cum te natura moneat uti in alios bonus sis, eadem te rursus iubet, in temet saeuum atque inclementem esse.

Vitam ergo iucundam inquiunt, id est uoluptatem tamquam operationum omnium finem, ipsa nobis natura praescribit, ex cuius praescripto uiuere, uirtutem definiunt. At cum natura mortales inuitet ad hilarioris uitae mutuum subsidium—quod certe merito facit. Neque enim tam supra generis humani sortem quisquam est, ut solus naturae curae sit, quae uniuersos ex aequo fouet, quos eiusdem formae communione complectitur—eadem te nimirum iubet etiam atque etiam obseruare, ne sic tuis commodis obsecundes; ut aliorum procures incommoda.

Seruanda igitur censent non inita solum inter priuatos pacta, sed publicas etiam leges, quas aut bonus princeps iuste promulgauit, aut populus, nec oppressus tyrannide, nec dolo circumscriptus, de partiendis uitae commodis, hoc est materia uoluptatis, communi consensu sanxit. Iis inoffensis legibus tuum curare commodum, prudentia est; publicum praeterea, pietatis; sed alienam uoluptatem praereptum ire, dum consequare tuam; ea uero iniuria est, contra tibi aliquid ipsi demere, quod addas aliis, id demum est humanitatis ac benignitatis officium, quod ipsum numquam tantum aufert commodi, quantum refert. Nam et beneficiorum uicissitudine pensatur, et ipsa benefacti conscientia, ac recordatio caritatis eorum et beneuolentiae quibus benefeceris, plus uoluptatis affert animo, quam fuisset illa corporis qua abstinuisti. Postremo—quod facile persuadet animo libenter assentienti religio—breuis et exiguae uoluptatis uicem, ingenti ac numquam interituro gaudio rependit deus.

das outras pessoas, e, retirando a tristeza da alegria da vida, devolver a todos o prazer. Por que a natureza não nos instigará a que façamos o mesmo por nós? Afinal, uma vida agradável, ou de prazeres, ou é má, e se o é, não só não deveria ser recomendada a ninguém, mas deveria ser afastada o quanto possível de todos, como nociva e mortífera; ou ela é boa, e não apenas podemos, mas, sobretudo, devemos recomendá-la aos nossos semelhantes – e por que não a nós mesmos em primeiro lugar, com quem devemos ser não menos benevolentes do que com os outros? Pois, quando a natureza nos admoesta a que sejamos bons com os outros, não nos manda ser inclementes conosco mesmos.

Os utopienses dizem, assim, que é a própria natureza que nos prescreve uma vida agradável, isso é, uma vida que tenha o prazer como o fim de todas as ações; e eles definem a virtude como o viver sob tal preceito. A natureza convida os mortais ao auxílio recíproco para uma vida feliz – e, decerto, o faz com toda razão. Pois, ninguém está tão acima da ventura do gênero humano que a natureza cuide apenas dele; pelo contrário, ela favorece igualmente a todos que são abrangidos pela mesma forma – ela que, com certeza, também nos ordena observar que não busquemos nossas conveniências à custa dos incômodos alheios.

Por isso, os utopienses pensam que devam ser observados não só os pactos celebrados entre os particulares, mas também as leis públicas promulgadas de forma justa por um bom príncipe e que o povo, não oprimido pela tirania, nem ludibriado por dolos, sancionou com o consentimento comum, e que tratam da repartição das conveniências da vida, isso é, da matéria do prazer. Cuidarmos de nossa conveniência sem infringirmos tais leis é a prudência; cuidarmos, além disso, do bem público é a justiça; mas privarmos as outras pessoas do prazer para alcançarmos o nosso, isso é uma verdadeira injúria. Porém, privarmo-nos de algo para dá-lo a outrem é, na verdade, um ato de humanidade e benevolência, já que nunca são entregues tantos bens quanto são recebidos. Assim, a lembrança da sucessão dos benefícios, a própria consciência dos bons feitos, e a recordação da caridade e da benevolência daqueles que beneficiamos trazem à alma mais prazer do que o corpo teria tido se houvesse aproveitado ele próprio. Por fim, os utopienses acreditam – e a religião convence facilmente os ânimos a nisso acreditarem – que deus nos recompensa com imensa e imorredoura alegria por abrirmos mão de um breve e exíguo prazer.

Itaque hoc pacto censent, et excussa sedulo et perpensa re omnes actiones nostras, atque in his uirtutes etiam ipsas, uoluptatem tandem uelut finem, felicitatemque respicere.

Voluptatem appellant omnem corporis animiue motum statumque, in quo uersari natura duce delectet. Appetitionem naturae, non temere addunt. Nam ut quicquid natura iucundum est, ad quod neque per iniuriam tenditur, nec iucundius aliud amittitur, nec labor succedit, non sensus modo, sed recta quoque ratio persequitur, ita quae praeter naturam dulcia sibi mortales uanissima conspiratione confingunt—tamquam in ipsis esset perinde res ac uocabula commutare—ea omnia statuunt adeo nihil ad felicitatem facere, ut plurimum officiant etiam, uel eo quod quibus semel insederunt, ne ueris ac genuinis oblectamentis usquam uacet locus, totum prorsus animum falsa uoluptatis opinione praeoccupant. Sunt enim perquam multa, quae cum suapte natura nihil contineant suauitatis, immo bona pars amaritudinis etiam plurimum, peruersa tum improbarum cupiditatum illecebra, non pro summis tantum uoluptatibus habeantur; uerum etiam inter praecipuas uitae causas numerentur.

In hoc adulterinae uoluptatis genere, eos collocant, quos ante memoraui, qui quo meliorem togam habent, eo sibi meliores ipsi uidentur. Qua una in re, bis errant. Neque enim minus falsi sunt, quod meliorem putant togam suam, quam quod se. Cur enim si uestis usum spectes, tenuioris fili lana praestet crassiori! at illi tamen tamquam natura non errore praecellerent, attolunt cristas, et sibimet quoque pretii credunt inde non nihil accedere. Eoque honorem, quem uilius uestiti sperare non essent ausi elegantiori togae, uelut suo iure exigunt, et praetermissi negligentius indignantur.

At hoc ipsum quoque, uanis et nihil profuturis honoribus affici, an non eiusdem inscitiae est! Nam quid naturalis et uerae uoluptatis affert nudatus alterius uertex, aut curuati poplites, hoccine tuorum poplitum dolori medebitur! Aut tui capitis phrenesim leuabit! In hac fucatae uoluptatis imagine, mirum quam suauiter insaniunt ii qui nobilitatis opinione sibi blandiuntur ac plaudunt, quod eiusmodi maioribus nasci

Assim, tendo tudo sido diligentemente considerado, os utopienses concluem que todas as nossas ações, e também as virtudes que há nelas, têm como fim buscar o prazer e a felicidade.

Os utopienses chamam de prazer todo movimento e estado do corpo e da alma com que, levados pela natureza, eles se deleitam. Não sem razão consideram natural o prazer. Pois não só os sentidos, mas também a reta razão procuram tudo aquilo que é naturalmente agradável, que não seja alcançado com injustiças, que não impeça alguma alegria maior, ou que não acarrete penosa fadiga. No entanto, as coisas contra a natureza que os mortais, em vã elucubração, chamam de deleites – como se se pudesse mudar a natureza das coisas com as palavras –, eles consideram que elas não conduzem à felicidade, mas, pelo contrário, que muito a obstam, pois naqueles de quem esses deleites se apoderam não sobra espaço para os verdadeiros e genuínos divertimentos, preocupando o espírito com falsas impressões de prazer. Há, de fato, muitas coisas que, por sua natureza, não contêm nada de agradável, mas que, pelo contrário, em boa parte provocam principalmente amarguras. Porém, a perversa malícia dos desejos ímprobos não apenas as tem como sumos prazeres, mas ainda as conta entre as principais razões da vida.

Nesse gênero de prazeres adulterinos, os utopienses inserem aqueles de que antes falei, que fazem com que se sintam melhores as pessoas que têm uma toga melhor – uma vaidade que, a um só tempo, conduz duas vezes ao erro, pois não estão menos equivocados os que creem que seja melhor a sua toga do que os que acham a si próprios melhores do que os outros. Afinal, por que razão, considerando o uso das vestimentas, a lã de fino fio é preferível à lã mais grosseira? No entanto, como se uma lã fosse melhor do que a outra por sua natureza, e não por erro de avaliação, eles enchem-se de empáfia, e pensam que também eles mesmos valem mais do que os outros. Por isso, essas pessoas exigem, como direito seu, as honras que não ousariam esperar se não estivessem vestidas com uma toga mais elegante, e indignam-se com aqueles que por elas passam e as desconsideram.

Que ignorância é apegar-se às honras vãs e sem serventia! Pois, que tipo de prazer natural e verdadeiro alguém aufere de outrem que diante dele desnuda a cabeça e dobra os joelhos? Acaso isso curará a dor de teus joelhos ou aliviará a febre de tua cabeça? Com essa ideia de falso prazer, é espantoso como são levemente loucos aqueles que se deleitam e se gabam por sua nobreza, obtida pela sorte de nascerem de antepassados nobres e

contigerit, quorum longa series diues—neque enim nunc aliud est nobilitas—habita sit, praesertim in praediis, nec pilo quidem minus sibi nobiles uidentur, etiam si maiores nihil inde reliquerint, aut relictum ipsi obligurierint.

His adnumerant eos qui gemmis ac lapillis—ut dixi—capiuntur, ac dii quodammodo sibi uidentur facti, si quando eximium aliquem consequantur, eius praesertim generis, quod sua tempestate, maximo apud suos aestimetur; neque enim apud omnes, neque omni tempore, eadem genera sunt in pretio; sed nec nisi exemptum auro ac nudum comparant. Immo ne sic quidem, nisi adiurato uenditore, et praestanti cautionem, ueram gemmam ac lapidem uerum esse, tam solliciti sunt; ne oculis eorum, ueri loco adulterinus imponat. At spectaturo tibi, cur minus praebeat oblectamenti factitius, quem tuus oculus non discernit a uero! Vterque ex aequo ualere debet, tibi, non minus hercle quam caeco.

Quid ii qui superfluas opes adseruant, ut nullo acerui usu, sed sola contemplatione delectentur, num ueram percipiunt; an falsa potius uoluptate luduntur! Aut hi qui diuerso uitio, aurum quo numquam sint usuri, fortasse nec uisuri amplius, abscondunt, et solliciti ne perdant, perdunt. Quid enim aliud est, usibus demptum tuis et omnium fortasse mortalium, telluri reddere! Et tu tamen abstruso thesauro, uelut animi iam securus laetitia gestis. Quem si quis furto sustulerit, cuius tu ignarus furti, decem post annis obieris, toto illo decennio, quo subtractae pecuniae superfuisti, quid tua retulit, surreptum an saluum fuisse! Vtroque certe modo tantumdem usus ad te peruenit, ad has tam ineptas laetitias, aleatores—quorum insaniam auditu, non usu cognouere—uenatores praeterea, atque aucupes, adiungunt. Nam quid habet, inquiunt, uoluptatis, talos in alueum proiicere, quod toties fecisti, ut si quid uoluptatis inesset, oriri tamen potuisset ex frequenti usu satietas! Aut quae suauitas esse potest, ac non fastidium potius in audiendo latratu, atque ululatu canum! Aut qui maior uoluptatis sensus est, cum leporem canis insequitur, quam cum canis canem! Nempe idem utrobique agitur, accurritur enim, si te cursus oblectet. At si te caedis spes, laniatus expectatio

de pertencerem a uma longa linhagem de riqueza – afinal, hoje, é aí que se encontra a nobreza, rica, sobretudo, em propriedades. E esses loucos não se acham sequer um único fio de cabelo menos nobres se seus antepassados nada lhes deixaram.

Enumeram-se entre tais loucos, como eu disse, aqueles que são seduzidos por pedrarias e gemas e que se imaginam quase deuses se conseguem alguma pedra excelente, notavelmente estimada em seu tempo junto aos seus – pois as pedras não têm sempre, e junto a todos, o mesmo preço, e só são compradas após serem desencastoadas do ouro e examinadas, e depois de, sob o juramento do vendedor, ser prestada a garantia de serem verdadeiras as pedras ou as gemas. Têm essa preocupação para que seus olhos não tomem por verdadeira uma pedra falsa. Será, contudo, menor o prazer de contemplar uma pedra falsa, que os olhos não podem discernir da verdadeira? Ambas deveriam ter o mesmo valor – não menor, por Hércules, do que têm para um cego.

O que dizer das pessoas que guardam riquezas supérfluas, como um acervo sem qualquer uso senão o prazer que proporciona aos que o contemplam? Acaso essas pessoas não são enganadas por um falso prazer? Ou o que dizer daquelas outras que, por um vício diferente, escondem o ouro, que nunca usarão – e que talvez nunca mais será visto –; ou daquelas mais que, preocupadas em não o perder, o perdem? Pois o que mais aconteceria quando, retirando-o de seu uso corrente, e talvez do uso de todos os mortais, o avarento esconde o ouro na terra? O avarento, escondido o tesouro, já seguro, entrega-se à alegria. E se alguém o furtar, esse sovina, ignorando o furto, morrerá dez anos depois, e, por todo aquele decênio, depois que lhe foi subtraído o dinheiro, que diferença lhe fez ter sido roubado ou ter poupado? Em ambos os casos, ele teria auferido o mesmo proveito. E a tais alegrias tão tolas, os utopienses ajuntam o jogo de dados, cuja loucura eles ouviram contar, embora não conheçam seu uso, e ainda o prazer da caça e da falcoaria. Pois, qual é o prazer, eles se indagam, que há em lançar dados sobre a mesa? E se algum prazer houver nisso, eles pensam que o fato de repeti-lo tantas vezes pode, exatamente pela repetição, levar ao enfado. Quanto à caça, que delícia pode haver no ganido dos cães, ao invés do fastio por ouvi-los ladrar? Ou, por que é maior a sensação de prazer de ver um cão perseguir uma lebre do que de perseguir outro cão? Se for a visão da corrida que desperta o prazer, corre-se do mesmo modo em

sub oculis peragendi retinet, misericordiam potius mouere debet, spectare, lepusculum a cane, imbecillum a ualidiore, fugacem ac timidum a feroce, innoxium denique a crudeli discerptum.

Itaque Vtopienses totum hoc uenandi exercitium, ut rem liberis indignam, in lanios—quam artem per seruos obire eos supra diximus—reiecerunt. Infimam enim eius partem esse uenationem statuunt, reliquas eius partes et utiliores et honestiores ut quae et multo magis conferant, et animalia necessitatis dumtaxat gratia perimant, cum uenator ab miseri animalculi caede ac laniatu, nihil nisi uoluptatem petat, quam spectandae necis libidinem in ipsis etiam bestiis, aut ab animi crudelis affectu censent exoriri, aut in crudelitatem denique, assiduo tam efferae uoluptatis usu defluere.

Haec igitur et quicquid est eiusmodi—sunt enim innumera—quamquam pro uoluptatibus mortalium uulgus habeat, illi tamen cum natura nihil insit suaue, plane statuunt, cum uera uoluptate nihil habere commercii. Nam quod uulgo sensum iucunditate perfundunt—quod uoluptatis opus uidetur—nihil de sententia decedunt. Non enim ipsius rei natura, sed ipsorum peruersa consuetudo in causa est. Cuius uitio fit, ut amara pro dulcibus amplectantur. Non aliter ac mulieres grauidae picem et seuum, corrupto gustu, melle mellitius arbitrantur. Nec cuiusquam tamen aut morbo, aut consuetudine deprauatum iudicium, mutare naturam, ut non aliarum rerum, ita nec uoluptatis potest.

Voluptatum quas ueras fatentur, species diuersas faciunt. Siquidem alias animo, corpori alias tribuunt. Animo dant intellectum, eamque dulcedinem quam ueri contemplatio pepererit. Ad haec suauis additur bene actae uitae memoria, et spes non dubia futuri boni.

Corporis uoluptatem in duas partiuntur formas, quarum prima sit ea, quae sensum perspicua suauitate perfundit, quod alias earum instauratione partium fit, quas insitus nobis calor exhauserit. Nam hae cibo potuque redduntur, alias dum egeruntur illa, quorum copia corpus exuberat. Haec suggeritur, dum excrementis intestina purgamus, aut opera liberis datur, aut

ambos os casos. Mas se for a expectativa da matança e do despedaçamento do animal diante dos olhos que é apreciada, antes, então, deveria suscitar misericórdia o fato de se ver uma pequena lebre, frágil e apavorada, tímida e inocente, ser morta por um cão mais forte, feroz e cruel.

Por isso, os utopienses entregam o exercício da caça, considerado indigno para os homens livres, aos açougueiros – um ofício que, como já dissemos, é próprio dos escravos. Afinal, os utopienses consideram a caça a parte mais vil da tarefa do abate dos animais, e reputam as outras modalidades bem mais úteis e honestas, por acontecerem em razão da necessidade, enquanto o caçador não caça senão pelo prazer de matar e mutilar os míseros animaizinhos; e os utopienses creem que o prazer de ver a morte, mesmo dos pequenos animais, demonstra os sentimentos de uma alma cruel, ou que surgiram pela prática contínua de tão terrível prazer.

Essas práticas, e quaisquer outras similares – e são inúmeras –, que o vulgo dos mortais considera como prazer, os utopienses, percebendo que nada há nelas de natural, estatuíram que não têm nenhuma relação com o verdadeiro prazer. Pois, ainda que encham de alegria os sentidos da turbamulta, o que lhes parece obra do prazer, os utopienses não mudam de ideia. Afinal, não está em causa a natureza do próprio prazer, mas o costume perverso do vulgo, por cujos vícios compreende-se o amargo por doce – do mesmo modo como as mulheres grávidas, que, com o paladar corrompido, acham pez e sebo mais doces do que o mel; e da mesma maneira como o juízo corrompido pela doença ou pelo costume não pode mudar a natureza das coisas, nem mesmo o prazer.

Porém, são diversas as espécies de prazer que os utopienses consideram verdadeiros – uns são atribuídos ao espírito, outros, ao corpo. Ao espírito os utopienses dão a inteligência e o deleite que a contemplação da verdade confere. Soma-se a isso a suave memória da vida passada em virtude, e a indubitável esperança em um futuro bom.

Já do corpo os utopienses separam duas formas de prazer, das quais a primeira embebe os sentidos com evidente satisfação, porque restaura a parte do calor que existia em nós e que se exauriu; pois se recupera com a comida e a bebida; e quando expele aquelas coisas que no corpo sobram. Esse prazer é, pois, sentido enquanto purgamos os intestinos de seus excrementos, ou durante o trabalho de parto, ou no alívio

ullius prurigo partis frictu scalptuue lenitur. Interdum uero uoluptas oritur, nec redditura quicquam quod membra nostra desiderent, nec adempturo quo laborent; ceterum quae sensus nostros tamen ui quadam occulta, sed illustri motu titillet afficiatque, et in se conuertat, qualis ex musica nascitur.

Alteram corporeae uoluptatis formam, eam uolunt esse, quae in quieto, atque aequabili corporis statu consistat, id est nimirum sua cuiusque nullo interpellata malo sanitas. Haec siquidem, si nihil eam doloris oppugnet, per se ipsa delectat, etiam si nulla extrinsecus adhibita uoluptate moueatur. Quamquam enim sese minus effert, minusque offert sensui, quam tumida illa edendi bibendique libido, nihilo tamen secius multi eam statuunt uoluptatum maximam, omnes fere Vtopienses magnam et uelut fundamentum omnium ac basim fatentur, ut quae uel sola placidam et optabilem uitae conditionem reddat, et qua sublata, nullus usquam reliquus sit cuiquam uoluptati locus. Nam dolore prorsus uacare, nisi adsit sanitas, stuporem certe non uoluptatem uocant. Iamdudum explosum est apud eos decretum illorum, qui stabilem et tranquillam sanitatem—nam haec quoque quaestio gnauiter apud eos agitata est—ideo non habendam pro uoluptate censebant, quod praesentem non posse dicerent, nisi motu quopiam extrario sentiri. Verum contra nunc in hoc prope uniuersi conspirant, sanitatem uel in primis uoluptati esse. Etenim cum in morbo, inquiunt, dolor sit, qui uoluptati implacabilis hostis est, non aliter, ac sanitati morbus, quid ni uicissim insit sanitatis tranquillitati uoluptas! Nihil enim ad hanc rem referre putant, seu morbus dolor esse, seu morbo dolor inesse dicatur. Tantumdem enim utroque modo effici. Quippe si sanitas, aut uoluptas ipsa sit, aut necessario uoluptatem pariat, uelut calor igni gignitur, nimirum utrobique efficitur, ut quibus immota sanitas adest his uoluptas abesse non possit. Praeterea dum uescimur, inquiunt, quid aliud quam sanitas quae labefactari coeperat, aduersus esuriem—cibo commilitone—depugnat, in qua dum paulatim inualescit, ille ipse profectus ad solitum uigorem suggerit illam, qua sic reficimur, uoluptatem. Sanitas ergo quae in conflictu laetatur, eadem non gaudebit adepta uictoriam! Sed pristinum robur, quod solum toto conflictu petiuerat, tandem feliciter assecuta, protinus obstupescet!

de algum prurido pela fricção. Algumas vezes, porém, o prazer nasce não pelo atendimento ao que os membros reclamam, nem pelo que se esforça o corpo em expelir, mas sim de algo que, como uma força oculta e não manifesto impulso, atiça e excita, e volta-se para si, como o prazer nascido da música.

A outra forma de prazer corpóreo, eles querem que seja aquela que consiste no estado de equilíbrio do corpo, isso é, na saúde não atingida por qualquer mal. Essa saúde, se nenhuma dor a desafia, por si própria deleita, ainda que não seja movida externamente por nenhum desejo adjacente. Embora seja menos evidente e ofereça menos aos sentidos do que a túmida satisfação proporcionada pelos atos de comer e beber, muitos consideram a saúde o máximo prazer, e quase todos os utopienses reputam-na a grande base e o fundamento de tudo que há, porque a saúde, por si só, proporciona uma plácida e agradável condição de vida; mas, se for perdida, não restará mais qualquer condição de prazer. Porque se, apesar de não haver dor, não houver saúde, os utopienses chamam o que sentem de estupor, e não de prazer. Há muito tempo – e essa foi uma questão cuidadosamente debatida –, eles rejeitaram a opinião dos que julgavam que uma saúde estável e tranquila não era considerada um prazer, pois não se pode perceber sua presença, uma vez que apenas poderia ser sentida por meio de sua ausência. Hoje, pelo contrário, quase todos consideram que a saúde é o principal prazer. Dizem que a dor é inerente à doença, que é inimiga implacável dos prazeres, como o é a doença da saúde, e que, por isso, não há prazer senão na tranquilidade da saúde. Reputam sem importância que a dor seja uma doença, pois, de qualquer modo, o resultado é o mesmo. Se a saúde é mesmo um prazer, ou se é a causa necessária do prazer, como o calor que nasce do corpo, em ambos os casos, aquele em quem a saúde é mantida não pode deixar de sentir prazer. Além disso, quando nos alimentamos, dizem eles, a saúde, que começava a fraquejar, militando com a comida, luta contra a fome, e, nesse combate, enquanto aos poucos se convalesce, o corpo, retornado ao costumeiro vigor, sente o prazer da própria recuperação. Logo, a saúde, que se apraz no conflito, quanto mais não se alegrará ao alcançar a vitória! Porém, quando a saúde enfim retomar o antigo vigor, porque era isso que de fato procurava durante todo o combate, será que ela se entorpecerá e não mais reconhecerá nem fruirá de seus bens? De fato, os utopienses acreditam ser

Nec bona sua cognoscet atque amplexabitur! Nam quod non sentiri sanitas dicta est, id uero perquam procul a uero putant. Quis enim uigilans, inquiunt, sanum esse se non sentit, nisi qui non est! Quemne tantus, aut stupor, aut lethargus adstringit, ut sanitatem non iucundam sibi fateatur ac delectabilem! At delectatio quid aliud quam alio nomine uoluptas est!

Amplectuntur ergo in primis animi uoluptates,—eas enim primas omnium principesque ducunt—quarum potissimam partem censent ab exercitio uirtutum bonaeque uitae conscientia proficisci. Earum uoluptatum quas corpus suggerit, palmam sanitati deferunt. Nam edendi, bibendique suauitatem, et quicquid eandem oblectamenti rationem habet, appetenda quidem, sed non nisi sanitatis gratia statuunt. Neque enim per se iucunda esse talia, sed quatenus aduersae ualitudini clanculum surrepenti resistunt. Ideoque sapienti, sicuti magis deprecandos morbos, quam optandam medicinam, et dolores profligandos potius, quam adsciscenda solatia, ita hoc quoque uoluptatis genere non egere quam deliniri praestiterit, quo uoluptatis genere si quisquam se beatum putet, is necesse est fateatur, se tum demum fore felicissimum, si ea uita contigerit, quae in perpetua fame, siti, pruritu, esu, potatione, scalptu, frictuque, traducatur; quae quam non foeda solum, sed misera etiam sit, quis non uidet! Infimae profecto omnium hae uoluptates sunt, ut minime sincerae, neque enim umquam subeunt, nisi contrariis coniunctae doloribus, nempe cum edendi uoluptate copulatur esuries, idque non satis aequa lege. Nam ut uehementior, ita longior quoque dolor est. Quippe et ante uoluptatem nascitur, et nisi uoluptate una commoriente, non extinguitur.

Huiusmodi ergo uoluptates, nisi quatenus expetit necessitas, haud magni habendas putant. Gaudent tamen etiam his, gratique agnoscunt naturae parentis indulgentiam, quae foetus suos ad id quod necessitatis causa tam assidue faciundum erat, etiam blandissima suauitate pelliceat. Quanto enim in tedio uiuendum erat, si ut ceterae aegritudines quae nos infestant rarius, ita ii quoque cotidiani famis ac sitis morbi, uenenis ac pharmacis amaris essent abigendi!

At formam, uires, agilitatem, haec ut propria, iucundaque naturae dona libenter fouent. Quin eas quoque uoluptates, quae

inteiramente inverídica a opinião de que não se pode sentir a saúde, e dizem que alguém acordado não sente que está bem, se não estiver. Haverá alguém tão tomado de estupor ou letargia que não perceba e se deleite com sua jubilosa saúde? E que outro nome terá esse deleite senão prazer?

Eles abraçam, antes de tudo, os prazeres da alma, que consideram os primeiros e mais importantes de todos, dos quais a maior parte eles julgam que venha do exercício da virtude e da consciência de uma boa vida. Dos prazeres conferidos pelo corpo, eles dão a palma da vitória à saúde, já que consideram os prazeres de comer, de beber e outros semelhantes desejáveis exatamente porque se relacionam à saúde, uma vez que tais coisas não são agradáveis por si próprias, mas porque resistem às insidiosas invasões das doenças. Por isso, como o homem sábio prefere evitar as doenças a se medicar, e rechaçar a dor a procurar um consolo, assim também eles pensam ser melhor não se absterem desses gêneros de prazer do que deles se privarem. Contudo, se alguém se considera feliz com tais prazeres, então, é preciso confessar que o cúmulo de sua felicidade seria passar o resto da vida em constante fome, sede e pruridos, para receber os prazeres de comer, beber e se coçar – e quem não considera essa vida não apenas asquerosa, mas também miserável? Esses são, sem dúvida, os mais baixos de todos os prazeres, e os menos verdadeiros, pois nunca são alcançados senão juntamente com as dores que lhes são contrárias, pois o prazer de comer conjuga-se com a fome, e, de forma desproporcional, pois a dor é mais forte e mais longa do que o prazer. Afinal, a dor nasce antes do prazer, e não se extingue senão ao morrer unida ao prazer.

Desse modo, os utopienses pensam que não se deve dar importância a tais prazeres, a não ser na medida de sua necessidade. No entanto, alegram-se e agradecem pela indulgência da mãe natureza, que seduz com doce suavidade seus filhos para que façam o que sempre necessitam fazer. Com que tamanho tédio teríamos de viver se, como nas doenças que menos amiúde nos infestam, tivéssemos de tratar as moléstias da fome e da sede com poções e remédios amargos!

Mas alegram-nos a beleza, as forças e a agilidade, como dons agradáveis da natureza. Pois os utopienses admitem também os prazeres que chegam pelos ouvidos, olhos e narizes, que a natureza quis que

per aures, oculos, ac nares admittuntur, quas natura proprias ac peculiares esse homini uoluit—neque enim aliud animantium genus, aut mundi formam pulchritudinemque suspicit, aut odorum; nisi ad cibi discrimen, ulla commouetur gratia; neque consonas inter se discordesque sonorum distantias internoscit—et has inquam ut iucunda quaedam uitae condimenta persequuntur. In omnibus autem hunc habent modum ne maiorem minor impediat, neu dolorem aliquando uoluptas pariat, quod necessario sequi censent, si inhonesta sit. At certe formae decus contemnere; uires deterere, agilitatem in pigritiam uertere, corpus exhaurire ieiuniis, sanitati iniuriam facere; et cetera naturae blandimenta respuere; nisi quis haec sua commoda negligat, dum aliorum publicamue ardentius procurat, cuius laboris uice maiorem a deo uoluptatem expectet; alioquin ob inanem uirtutis umbram nullius bono, semet affligere; uel quo aduersa ferre minus moleste possit; numquam fortasse uentura. Hoc uero putant esse dementissimum, animique et in se crudelis; et erga naturam ingratissimi; cui tamquam debere quicquam dedignetur; omnibus eius beneficiis renunciat.

Haec est eorum de uirtute ac uoluptate sententia; qua nisi sanctius aliquid inspiret homini; caelitus immissa religio; nullam inuestigari credunt humana ratione ueriorem; qua in re rectene an secus sentiant, excutere nos, neque tempus patitur, neque necesse est. Quippe qui narranda eorum instituta, non etiam tuenda suscepimus. Ceterum hoc mihi certe persuadeo, utut sese habeant haec decreta; nusquam neque praestantiorem populum, neque feliciorem esse rempublicam.

Corpore sunt agili uegetoque; uirium amplius quam statura promittat nec ea tamen improcera; et cum neque solo sint usquequaque fertili; nec admodum salubri caelo; aduersus aerem ita sese temperantia uictus muniunt; terrae sic medentur industria; ut nusquam gentium sit frugis, pecorisque prouentus uberior; aut hominum uiuaciora corpora; paucioribusque morbis obnoxia. Itaque non ea modo quae uulgo faciunt agricolae; diligenter ibi administrata conspicias; ut terram natura maligniorem, arte atque opera iuuent; sed populi manibus alibi radicitus euulsam siluam, alibi consitam uideas;

fossem peculiares e próprios do homem – pois nenhuma outra espécie de animais admira a forma e a beleza do mundo, ou seus sabores e perfumes, a não ser para reconhecer a comida; nem distingue as distâncias, consoantes e dissonantes, dos sons, nem os procuram como agradáveis temperos da vida. Em todos os casos, porém, eles têm por princípio que um prazer menor nunca impeça a fruição de um maior, nem que algum prazer provoque dor, por pensarem que essa seria uma consequência necessária do prazer desonesto. Contudo, desprezar a beleza das formas, arruinar as forças, converter a agilidade em preguiça, exaurir o corpo em jejuns e repudiar os encantos da natureza, a não ser que se negligenciem essas comodidades enquanto se procura ardentemente o bem-estar dos outros, por cujo esforço, em contrapartida, se espere um maior prazer por parte de deus; bem como se afligir por uma inane sombra de virtude sem qualquer proveito, para se poder suportar mais corajosamente as adversidades que talvez nunca aconteçam – tudo isso eles consideram a maior das demências, prova de um espírito cruel contra si mesmo, e ingrato para a natureza, como o de quem desdenha e renuncia a todos os seus benefícios.

Essa é a opinião que os utopienses têm sobre a virtude e o prazer, pois creem que, a não ser que uma doutrina enviada pelos céus inspire nos homens algo de santo, nada de mais verdadeiro a razão humana pode alcançar. O tempo não nos permite avaliar se o que pensam é certo ou não, nem se é necessário. Porque me propus a contar sobre os seus institutos, e não a os defender. De qualquer modo, estou convencido de que, quaisquer que sejam as leis que tenham, nunca houve povo mais eminente, nem uma república mais afortunada.

De corpo, os utopienses são ágeis e cheios de vivacidade, mais fortes do que por sua estatura se poderia esperar, embora, de modo algum, sejam baixos. E, ainda que o solo da ilha não seja muito fértil, nem o céu particularmente salubre, contra seu ar eles se previnem por meio da temperança na alimentação, e corrigem as terras com o trabalho, de modo que nunca houve povo mais produtivo em frutos, rebanhos e colheitas, nem homens com corpos mais longevos e menos sujeitos a doenças. Eles fazem somente as atividades que de costume praticam os agricultores, que aqui se veem cuidadosamente administradas, tais como a tarefa de melhorar a terra infértil por natureza, com ciência e trabalho; mas eles ainda transportam para outro lugar florestas inteiras

qua in re habita est non ubertatis; sed uecturae ratio; ut essent ligna, aut mari, aut fluuiis, aut urbibus ipsis uiciniora, minore enim cum labore terrestri itinere, fruges quam ligna longius afferuntur.

Gens facilis ac faceta, sollers, otio gaudens, corporis laborum—cum est usus—satis patiens, ceterum alias haudquaquam sane appetens; animi studiis infatigata.

Qui cum a nobis accepissent de litteris et disciplina Graecorum—nam in Latinis praeter historias ac poetas nihil erat quod uidebantur magnopere probaturi—mirum quanto studio contenderunt, ut eas liceret ipsis, nostra interpretatione perdiscere. Coepimus ergo legere, magis adeo primum ne recusare laborem uideremur, quam quod fructum eius aliquem speraremus. At ubi paulum processimus, ipsorum diligentia fecit, ut nostram haud frustra impendendam animo statim praeciperemus. Siquidem litterarum formas, tam facile imitari, uerba tam expedite pronunciare, tam celeriter mandare memoriae, et tanta cum fide reddere coeperunt, ut nobis miraculi esset loco, nisi quod pleraque pars eorum, qui non sua solum sponte accensi, uerum senatus quoque decreto iussi, ista sibi discenda sumpserunt; e numero scholasticorum, selectissimis ingeniis, et matura aetate fuerunt. Itaque minus quam triennio nihil erat in lingua, quod requirerent bonos authores, nisi obstet libri menda, inoffense perlegerent.

Eas litteras ut equidem coniicio ob id quoque facilius arripuerunt, quod nonnihil illis essent cognatae. Suspicor enim eam gentem a graecis originem duxisse; propterea quod sermo illorum cetera fere Persicus, non nulla graeci sermonis uestigia seruet in urbium ac magistratuum uocabulis. Habent ex me,— nam librorum sarcinam mediocrem loco mercium quarto nauigaturus in nauem conieci quod mecum plane decreueram numquam potius redire quam cito—Platonis opera pleraque, Aristotelis plura, Theophrastum item de plantis, sed pluribus, quod doleo, in locis mutilum. In librum enim dum nauigabamus negligentius habitum, cercopithecus inciderat; qui lasciuiens ac ludibundus, paginas aliquot hinc atque inde euulsas lacerauit. Ex iis qui scripsere grammaticam, Lascarem habent tantum,

arrancadas pela raiz pelas mãos do povo – não para aumentar a produção, mas em razão do transporte, para ficarem mais próximas do mar, dos rios ou das cidades, uma vez que é menor o esforço de transportar em longas distâncias, por terra, os grãos do que as madeiras.

É um povo amável, divertido e inteligente, que se alegra com o lazer e que, quando necessário, sabe bem suportar as fadigas do corpo; embora os utopienses não anseiem por outras atividades, são infatigáveis nos estudos do espírito.

Quando me ouviram falar da literatura e da ciência dos gregos, pois pensei que dos latinos os utopienses não apreciariam senão os historiadores e os poetas, foi espantoso ver com quanto empenho eles insistiram para que as pudessem aprender a partir de minha exposição. Comecei, então, a ler para eles, mais para não parecer que me recusava ao trabalho do que por esperar dele algum fruto. Quando, todavia, nos adiantamos um pouco, a diligência deles fez de imediato perceber que meu esforço não fora vão. Pois começaram a copiar com tanta facilidade a forma das letras, a pronunciar com tanta clareza as palavras, a aprender de memória tão rapidamente, e a repetir com tanta fidelidade, que me pareceu um prodígio; pois, ainda que a maior parte dos que se dispuseram a aprender não o tenha feito apenas de boa vontade, mas também por ordem do Senado, eles provinham da classe dos estudiosos, escolhidos pela inteligência e em idade madura. Assim, em menos de três anos, já que procurávamos bons autores, nada havia na língua grega que eles não lessem perfeitamente, desde que as lacunas dos livros não impedissem.

Presumo que, de fato, os utopienses tenham aprendido a língua tão facilmente por ser um idioma aparentado com o deles. Suspeito que seu povo tem origem grega, pois, muito embora sua fala se pareça com o persa, ela ainda mantém vestígios do grego nos nomes das cidades e dos magistrados. Receberam de mim – pois levei no navio, quando me preparava para a quarta viagem, ao invés de mercadorias, uma boa quantidade de livros, já que me decidira a não mais voltar, ou pelo menos não rapidamente – a obra completa de Platão, grande parte da de Aristóteles, e o livro de Teofrasto sobre as plantas, muito embora, eu lamento, corrompido em muitos lugares, pois, enquanto navegávamos, um macaco lançou-se sobre o livro deixado negligentemente, e, brincando com ele, rasgou algumas páginas, aqui e ali arrancadas. Entre os gramáticos, eles têm somente Láscaris, uma vez que não le-

Theodorum enim non aduexi mecum, nec dictionarium aliquem praeter Hesychium, ac Dioscoridem; Plutarchi libellos habent carissimos, et Luciani quoque facetiis ac lepore capiuntur. Ex poetis habent Aristophanem, Homerum, atque Euripidem; tum Sophoclem minusculis Aldi formulis. Ex historicis Thucydidem atque Herodotum; necnon quin Herodianum. In re medica quoque sodalis meus Tricius Apinatus aduexerat secum parua quaedam Hippocratis opuscula, ac Microtechnen Galeni, quos libros magno in pretio habent; siquidem et si omnium fere gentium, re medica minime egent, nusquam tamen in maiore honore est, uel eo ipso quod eius cognitionem numerant inter pulcherrimas atque utilissimas partes philosophiae; cuius ope philosophiae dum naturae secreta scrutantur, uidentur sibi non solum admirabilem inde uoluptatem percipere; sed apud authorem quoque eius, atque opificem summam inire gratiam; quem ceterorum more artificum arbitrantur; mundi huius uisendam machinam homini—quem solum tantae rei capacem fecit—exposuisse spectandam; eoque cariorem habere; curiosum ac sollicitum inspectorem, operisque sui admiratorem; quam eum qui uelut animal expers mentis; tantum ac tam mirabile spectaculum, stupidus immotusque neglexerit.

Vtopiensium itaque exercitata litteris ingenia mire ualent ad inuentiones artium, quae faciant aliquid ad commodae uitae compendia. Sed duas tamen debent nobis Chalcographorum et faciendae chartae, nec solis tamen nobis sed sibi quoque bonam eius partem. Nam cum ostenderemus eis libris chartaceis impressas ab Aldo litteras, et de chartae faciendae materia, ac litteras imprimendi facultate loqueremur; aliquid magis quam explicaremus—neque enim quisquam erat nostrum qui alterutram calleret—ipsi statim acutissime coniecerunt rem; et cum ante pellibus, corticibus, ac papyro tantum scriberent, iam chartam ilico facere, et litteras imprimere tentarunt; quae cum primo non satis procederent, eadem saepius experiendo, breui sunt utrumque consecuti, tantumque effecerunt, ut si essent Graecorum exemplaria librorum; codices deesse non possent. At nunc nihil habent amplius, quam a me commemoratum est, id uero quod habent impressis iam libris in multa exemplariorum milia propagauere.

vei comigo Teodoro, e não têm outro dicionário que os de Hesíquio e Dioscórides. Têm como preciosos os livros de Plutarco, e encantam-se com a graça e o humor de Luciano. Dos poetas, possuem Aristófanes, Homero e Eurípides, e um Sófocles, na pequena edição de Aldo; entre os historiadores, contam com Tucídides, Heródoto e também com Herodiano. Sobre medicina, meu companheiro de viagem Trício Apinato levou consigo alguns livros, como os opúsculos de Hipócrates e o Microtechne, de Galeno – livros pelos quais os utopienses têm o maior apreço. Embora não haja país em que a medicina seja menos necessária do que em Utopia, essa ciência nunca esteve em maior honra, pois eles incluem seu conhecimento entre as mais belas e úteis áreas da filosofia, uma vez que, quando perscrutam os segredos da natureza com a ajuda da filosofia, parece que não só percebem um admirável prazer, mas também recebem a graça suprema junto ao criador e autor da natureza. Eles pensam que o criador, à maneira dos outros artífices, expôs a máquina do mundo para ser admirada e vista pelo homem, a quem ele fez o único ser capaz de compreender a dimensão de sua obra. Por isso, tem como mais caro aquele ser que é curioso, costumeiro investigador e admirador de sua obra, do que aquele outro que, como um animal irracional, estúpido e insensível, negligencia tamanho e tão incrível espetáculo.

A inteligência dos utopienses, exercitada nas leituras, é admiravelmente eficaz para a invenção de artifícios úteis às comodidades da vida. Porém, devem duas invenções a nós: a imprensa e a fabricação de papel; e não apenas a nós, mas também, em grande parte, a si mesmos. Pois, quando lhes mostramos as letras impressas por Aldo em livros de papel, e lhes falamos sobre a matéria com que são feitos os papéis e sobre a possibilidade de se imprimirem as letras, sem mais lhes explicarmos – uma vez que nenhum de nós conhecia perfeitamente o processo –, eles, imediata e sagazmente, tudo compreenderam, e, embora antes escrevessem apenas em pergaminhos, cascas de árvores e papiros, logo fabricaram o papel, e começaram a imprimir as letras. E, ainda que no início não tenham avançado a contento, conseguiram, em breve tempo, se aperfeiçoar nas duas técnicas, de modo que, se possuíssem todos os originais gregos, para estes não faltariam livros. Hoje, porém, só têm aqueles livros mencionados por mim, ainda que já tenham propagado os originais impressos em muitos milheiros de exemplares.

Quisquis eo spectandi gratia uenerit, quem insignis aliqua dos ingenii aut longa peregrinatione usum; multarum cognitio terrarum commendet—quo nomine gratus fuit noster appulsus—pronis animis excipitur. Quippe libenter audiunt, quid ubique terrarum geratur. Ceterum mercandi gratia non admodum frequenter appellitur. Quid enim ferrent; nisi aut ferrum, aut quod quisque referre mallet, aurum argentumue! Tum quae ex ipsis exportanda sint, ea consultius putant ab se efferri quam ab aliis illinc peti, quo et exteras undique gentes exploratiores habeant, neque maritimarum rerum usum ac peritiam oblitum eant.

[De legibus Vtopiensium.]

Pro seruis neque bello captos habent nisi ab ipsis gesto, neque seruorum filios; neque denique quemquam quem apud alias gentes seruientem possent comparare, sed aut si cuius apud se flagitium in seruitium uertitur, aut quos apud exteras urbes—quod genus multo frequentius est—admissum facinus destinauit supplicio. Eorum enim multos, interdum aestimatos uili, saepius etiam gratis impetratos, auferunt.

Haec seruorum genera non in opere solum perpetuo; uerum etiam in uinculis habent; sed suos durius quos eo deploratiores, ac deteriora meritos exempla censent, quod tam praeclara educatione ad uirtutem egregie instructi; contineri tamen ab scelere non potuerint.

Aliud seruorum genus est; cum alterius populi mediastinus quispiam laboriosus ac pauper elegerit apud eos sua sponte seruire. Hos honeste tractant ac nisi quod laboris; utpote consuetis, imponitur plusculum non multo minus clementer ac ciues habent; uolentem discedere—quod non saepe fit—neque retinent inuitum, neque inanem dimittunt.

Aegrotantes, ut dixi, magno cum adfectu curant, nihilque prorsus omittunt quo sanitati eos, uel medicinae uel uictus obseruatione, restituant. Quin insanabili morbo laborantes assidendo, colloquendo, adhibendo demum quae possunt leuamenta solantur. Ceterum si non immedicabilis modo

Quem quer que os vá visitar, recomendado por algum insigne dom de inteligência, ou pelo conhecimento de muitas terras, adquirido em longa peregrinação – fato que nos fez ser tão bem recebidos – será acolhido e agasalhado nos braços abertos. Porque os utopienses ouvem com gosto sobre tudo que se passa na terra, já que os comerciantes são poucas vezes para ali levados. Pois, o que transportariam senão ferro, ou talvez ouro e prata, que qualquer um preferiria levar de volta? Quanto aos bens que exportam, eles julgam mais prudente os transportarem eles mesmos do que deixarem os estrangeiros lá os irem buscar, para que assim possam conhecer, em toda parte, os outros povos, e para não se esquecerem da teoria e da prática das navegações.

Sobre as leis dos utopienses

Os utopienses não escravizam os cativos de guerra – a não ser que eles a tenham começado –, nem os filhos de escravos, nem tampouco quem seja escravo em outras nações, ainda que os possam comprar. Escravizam apenas aquele que tenha recebido a pena de escravidão, ou aqueles que em outros países – e esse é o tipo mais frequente – foram condenados à morte por seus crimes. Esses são muitos, e os utopienses os compram por preço vil, ou muitas vezes os obtêm de graça.

Tais escravos encontram-se não só em trabalho perpétuo, mas são ainda agrilhoados. Porém, os utopienses são mais duros com seus próprios compatriotas, e consideram que merecem maior castigo, porque, tendo sido instruídos tão egregiamente para a virtude, sob tão preclara educação, ainda assim não puderam se afastar do crime.

Têm, no entanto, outro tipo de escravos. Quando algum trabalhador, miserável em outro país, resolve se escravizar espontaneamente junto a eles, os utopienses o tratam benignamente, quase tão bem quanto aos próprios cidadãos, exceto por ele ter de realizar um pouco mais de trabalho, ao que, porém, já está acostumado. E, se algum desses escravos desejar partir, o que raramente acontece, os utopienses não o retêm contra vontade, e não o deixam partir de mãos vazias.

Quanto aos doentes, como eu já me referi, tratam-nos com grande carinho, e nada do que possa ser feito para os curar é omitido, sejam remédios ou alimentos. Os utopienses consolam os que sofrem de doenças insanáveis, visitando-os, conversando com eles e lhes oferecendo todo auxílio possível. Contudo, se a doença não apenas for intratável, mas ainda

morbus sit uerum etiam perpetuo uexet atque discrutiet; tum sacerdotes ac migistratus hortantur hominem, quandoquidem omnibus uitae muniis impar aliis molestus ac sibi grauis morti iam suae superuiuat, ne secum statuat pestem diutius ac luem alere, neue cum tormentum ei uita sit mori dubitet, quin bona spe fretus acerba illa uita uelut carcere atque aculeo uel ipse semet eximat; uel ab aliis eripi se sua uoluntate patiatur; hoc illum cum non commoda, sed supplicium abrupturus morte sit prudenter facturum, quoniam uero sacerdotum in ea re consiliis, id est interpretum dei sit obsecuturus, etiam pie sancteque facturum. Haec quibus persuaserint; aut inedia sponte uitam finiunt, aut sopiti sine mortis sensu soluuntur. Inuitum uero neminem tollunt nec officii erga eum quicquam imminuunt persuasos hoc pacto defungi honorificum. Alioqui qui mortem sibi consciuerit causa non probata sacerdotibus et senatui; hunc neque terra neque igne dignantur; sed in paludem aliquam turpiter insepultus abiicitur.

Femina non ante annum duodeuicesimum nubit. Mas non nisi expletis quattuor etiam amplius. Ante coniugium, mas aut femina si conuincatur furtiuae libidinis, grauiter in eum eamue animaduertitur; coniugioque illis in totum interdicitur, nisi uenia principis noxam remiserit, sed et pater et mater familias cuius in domo admissum flagitium est; tamquam suas partes parum diligenter tutati magnae obiacent infamiae; id facinus ideo tam seuere uindicant, quod futurum prospiciunt, ut rari in coniugalem amorem coalescerent; in quo aetatem omnem cum uno uideant exigendam; et perferendas insuper quas ea res affert molestias, nisi a uago concubitu diligenter arceantur.

Porro in deligendis coniugibus ineptissimum ritum—uti nobis uisum est—adprimeque ridiculum, illi serio ac seuere obseruant. Mulierem enim seu uirgo seu uidua sit, grauis et honesta matrona proco nudam exhibet, ac probus aliquis uir uicissim nudum puellae procum sistit.

Hunc morem cum uelut ineptum ridentes improbaremus, illi contra ceterarum omnium gentium insignem demirari stultitiam, qui cum in equuleo comparando, ubi de paucis agitur

continuamente mortificar e atormentar o doente, os sacerdotes e magistrados o exortam, uma vez que se encontra incapacitado para os deveres da vida, molesto aos outros e um peso para si, sobrevivendo apenas à própria morte, a decidir não mais alimentar a sempre maligna enfermidade. E já que a vida é um tormento, que o enfermo não hesite em se deixar ser morto, e que, na esperança de livrar-se daquela vida, que é como um cárcere e uma tortura, ou que se mate, ou que permita de boa vontade que o redimam dos sofrimentos; e, ao fazê-lo, ele será prudente, sem perder com a morte as comodidades da vida, mas sim o suplício, uma vez que seguirá o conselho dos sacerdotes, que são os intérpretes da vontade de deus, e agirá, pois, santa e piamente. Os que assim se persuadem põem fim à vida com jejum voluntário, e adormecidos, sem noção da morte, eles falecem. Porém, os utopienses não obrigam ninguém a fazê-lo a contragosto e, para com aqueles que não foram persuadidos, eles não diminuem em nada seus cuidados, considerando honrada a decisão de morrer. No entanto, se alguém conscientemente se matar sem a aprovação dos sacerdotes e do Senado, não recebe a dignidade da terra ou da pira, mas é lançado, de modo torpe, insepulto, em algum charco.

As mulheres não se casam antes dos dezoito anos, e os homens, não antes de completarem mais quatro. Antes do casamento, o homem ou a mulher, se for comprovada alguma prática libidinosa, é castigado severamente, e interditado para sempre do matrimônio, a não ser que um perdão do príncipe releve o crime, embora o pai e a mãe, responsáveis pela família, em cuja casa foi admitida a devassidão, se tornem objeto de grande infâmia, por tão pouco diligentemente haverem cuidado de suas obrigações. Punem tão severamente esse crime porque pensam que poucos manteriam o amor conjugal, que exige que se passe a vida inteira com uma única pessoa e que obriga a suportar as moléstias do matrimônio, a não ser que diligentemente sejam impedidos de esporádicos intercursos.

Na escolha dos cônjuges, os utopienses observam de modo sério e severo um rito que, no início, me pareceu inepto e ridículo. A mulher, quer seja virgem ou viúva, é mostrada nua ao pretendente, levada por uma grave e honesta senhora; e, por sua vez, algum senhor probo e honrado apresenta à jovem o pretendente, também nu.

Desaprovamos como ridículo tal costume, e mesmo como inepto, embora eles se espantem com a imensa estultice de todos os outros povos, pois dizem que, quando alguém compra um potro, empregando

nummis, tam cauti sint, ut quamuis fere nudum nisi detracta sella tamen, omnibusque reuulsis ephippiis recusent emere, ne sub illis operculis hulcus aliquod delitesceret, in deligenda coniuge, qua ex re aut uoluptas, aut nausea sit totam per uitam comitatura, tam negligenter agant, ut reliquo corpore uestibus obuoluto, totam mulierem uix ab unius palmae spatio—nihil enim praeter uultum uisitur—aestiment adiungantque sibi non absque magno—si quid offendat postea—male cohaerendi periculo. Nam neque omnes tam sapientes sunt ut solos mores respiciant, et in ipsorum quoque saepientum coniugiis, ad animi uirtutes nonnihil additamenti corporis etiam dotes adiiciunt, certe tam foeda deformitas, latere sub illis potest inuolucris ut alienare prorsus animum ab uxore queat, cum corpore iam seiungi non liceat; qualis deformitas si quo casu contingat post contractas nuptias, suam quisque sortem necesse est ferat, ante uero ne quis capiatur insidiis, legibus caueri debet.

Idque tanto maiore studio fuit curandum quod et soli illarum orbis plagarum singulis sunt contenti coniugibus; et matrimonium ibi haud saepe aliter, quam morte soluitur; nisi adulterium; in causa fuerit, aut morum non ferenda molestia. Nempe alterutri sic offenso facta ab senatu coniugis mutandi uenia; alter infamem simul ac caelibem perpetuo uitam ducit. Alioquin inuitam coniugem, cuius nulla sit noxa repudiare, quod corporis obtigerit calamitas, id uero nullo pacto ferunt; nam et crudele iudicant, tum quemquam deseri, cum maxime eget solatio, et senectuti, cum et morbos afferat et morbus ipsa sit; incertam atque infirmam fidem fore.

Ceterum accidit interdum ut cum non satis inter se coniugum conueniant mores repertis utrique aliis quibuscum sperent se suauius esse uicturos amborum sponte separati; noua matrimonia contrahant, haud absque senatus authoritate tamen, qui nisi causa per se atque uxores suas diligenter cognita; diuortia non admittit. Immo ne sic quidem, facile. Quod rem minime utilem sciunt firmandae coniugum caritati, facilem nouarum nuptiarum spem esse propositam.

Temeratores coniugii grauissima seruitute plectuntur, et si neuter erat caelebs, iniuriam passi—uelint modo—repudiatis

para tanto um pouco de dinheiro, é tão cauteloso que se recusa a finalizar a compra a não ser que se desnude o animal, retirando-lhe a sela e as mantas, para que nenhuma ferida fique escondida sob os xairéis, enquanto, na escolha do cônjuge, que será motivo de prazer ou náuseas para toda a vida, eles agem tão negligentemente que avaliam a mulher, que tem o corpo todo coberto por roupas, deixando apenas um espaço de um palmo que não permite se ver senão seu rosto, e se unem, correndo o risco de se odiarem para sempre, se algo depois lhes desagradar. Na verdade, nem todos são tão sábios que apreciem apenas os modos, e nos casamentos mesmo dos sábios são somadas às virtudes da alma os dotes do corpo. E é certo que há deformidades, que podem ser escondidas sob as vestes, que são tão horríveis que conseguem afastar inteiramente o esposo da mulher, quando já mais não pode se separar dela; e se tal deformidade ficar por acaso escondida até depois de celebradas as núpcias, cada um terá de suportar a sua sorte. Por isso, para que ninguém seja enganado, deve ser protegido pelas leis.

Isso foi cuidado com tanto zelo porque eles são os únicos naquelas plagas do mundo que se contentam com um único casamento. Ali, o matrimônio raramente é dissolvido, senão pela morte, exceto em caso de adultério ou inconveniência dos costumes. Quando um dos esposos, tendo sido ofendido, recebe do Senado vênia para mudar de cônjuge, enquanto o outro, considerado infame, permanece o resto da vida solteiro. Por sua vez, não permitem, de forma alguma, que se repudie uma esposa indesejada, que não tenha cometido nenhuma falta, apenas porque lhe atingiu alguma moléstia do corpo. Porque consideram crueldade abandonar-se alguém quando necessita de máximo auxílio, e na velhice, que traz a doença, e em si mesma será doença, se incerta e dúbia for a fidelidade.

Além disso, ocorre às vezes de os costumes dos cônjuges não combinarem entre si; de cada um encontrar outra pessoa com quem espere viver tranquilamente, e, separados por comum acordo, contraírem novos matrimônios – mas não sem a autorização dos senadores, que, a não ser que, com suas esposas, diligentemente tomem conhecimento dos seus motivos, não admitem o divórcio. Não o fazem, contudo, de forma fácil. Pois sabem que de nada vale para a firmeza do amor conjugal a esperança de que seja fácil a celebração de novas bodas.

Os que violam o casamento são castigados com a mais dura escravidão. Se nenhum dos dois for solteiro, os cônjuges que sofreram a injúria,

adulteris coniugio inter se ipsi iunguntur alioquin quibus uidebitur. At si laesorum alteruter erga tam male merentem coniugem; in amore persistat; tamen uti coniugii lege non prohibetur si uelit in opera damnatum sequi; acciditque interdum ut alterius poenitentia alterius officiosa sedulitas miserationem commouens principi, libertatem rursus impetret. Ceterum ad scelus iam relapso nex infligitur.

Ceteris facinoribus nullam certam poenam lex ulla praestituit; sed ut quodque atrox, aut contra uisum est; ita supplicium senatus decernit. Vxores mariti castigant, et parentes liberos; nisi quid tam ingens admiserint; ut id publice puniri, morum intersit. Sed fere grauissima quaeque scelera seruitutis incommodo puniuntur, id siquidem et sceleratis non minus triste; et reipublicae magis commodum arbitrantur, quam si mactare noxios et protinus amoliri festinent. Nam et labore quam nece magis prosunt, et exemplo diutius alios ab simili flagitio deterrent. Quod si sic habiti rebellent atque recalcitrent, tum demum uelut indomitae beluae. Quos cohercere carcer et catena non potest, trucidantur. At patientibus non adimitur omnis omnino spes; quippe longis domiti malis si eam poenitentiam prae se ferant, quae peccatum testetur magis eis displicere quam poenam, principis interdum praerogatiua; interdum suffragiis populi, aut mitigatur seruitus aut remittitur.

Sollicitasse ad stuprum nihilo minus quam stuprasse periculi est. In omni siquidem flagitio certum destinatumque conatum aequant facto. Neque enim id quod defuit ei putant prodesse debere; per quem non stetit; quominus nihil defuerit.

Moriones in delitiis habentur, quos ut affecisse contumelia magno in probro est, ita uoluptatem ab stultitia capere non uetant. Siquidem id morionibus ipsis maximo esse bono censent, cuius qui tam seuerus ac tristis est ut nullum neque factum neque dictum rideat ei tutandum non credunt, ueriti ne non satis indulgenter curetur ab eo, cui non modo nulli usui, sed ne oblectamento quidem—qua sola dote ualet—futurus esset.

se o quiserem, podem, depois de repudiar os adúlteros, casarem-se entre si, ou com quem quiserem. Mas, se algum dos ofendidos persistir no amor pelo cônjuge tão pouco merecedor, não é obrigado por lei a desfazer o casamento, desde que acompanhe o condenado no trabalho. Acontece, às vezes, de, pelo arrependimento de um e a dedicação prestativa do outro, comovendo a comiseração do príncipe, eles alcançarem de novo a liberdade. Mas aquele que recai no crime é condenado à morte.

Por outros crimes, nenhuma lei comina pena fixa. Mas, para aquilo que for considerado atroz e criminoso, o Senado determina um castigo. Os maridos castigam as mulheres, e os pais, os filhos, a não ser que se considere o crime tão grande que convenha aos costumes puni-lo publicamente. Os delitos mais graves são punidos com a escravidão, pois os utopienses consideram que isso não é menos triste para os criminosos, e que é mais conveniente para a república do que rapidamente executar e eliminar os condenados, já que são mais úteis no trabalho do que servindo de exemplo que atemorize as pessoas com semelhante flagelo. Mas, se os escravos se rebelam e recalcitram, então, como indômitas bestas que nem jaula nem correntes conseguem prender, são executados. No entanto, para com os que suportam a pena, os utopienses não deixam que percam as esperanças, porque, domados pelos longos males, se mostrarem arrependimento que comprove terem aprendido que o crime é mais penoso do que o castigo, às vezes, por prerrogativa do príncipe, às vezes por sufrágio do povo, alguém é libertado da escravidão, ou perdoado do crime.

O perigo em que incorre quem incita ao adultério não é menor do que há em se cometer o adultério, pois, em todo crime, os utopienses equiparam o ato consumado à tentativa, porque pensam que aquilo que impediu o crime não deve favorecer o criminoso, que teria cometido o delito se não tivesse sido impedido.

Quanto aos bobos, os utopienses se deliciam com eles; e ainda consideram muito indigno os maltratar, não proibindo que se colha algum prazer de suas tolices. De fato, os utopienses consideram isso muito bom para os bobos. Mas não confiam um bobo aos cuidados de quem seja tão severo e triste que não ria de nenhum feito ou dito seu, pois estão certos de que não cuidará dele de forma diligente, e de que não fará dele nenhum uso, pois não tirará qualquer prazer do único dote que ele possui.

Irridere deformem aut mutilum, turpe ac deforme non ei, qui ridetur, habetur, sed irrisori qui cuiquam quod in eius potestate non erat ut fugeret, id uitii loco stulte exprobret.

Vt enim formam naturalem non tueri segnis atque inertis ducunt, sic adiumentum ab fucis quaerere infamis apud illos insolentia est. Vsu enim ipso sentiunt, quam non ullum formae decus uxores aeque ac morum probitas et reuerentia commendet maritis. Nam ut forma nonnulli sola capiuntur, ita nemo nisi uirtute atque obsequio retinetur.

Non poenis tantum, deterrent a flagitiis, sed propositis quoque honoribus ad uirtutes inuitant, ideoque statuas uiris insignibus et de republica praeclare meritis in foro collocant, in rerum bene gestarum memoriam, simul ut ipsorum posteris maiorum suorum gloria calcar et incitamentum ad uirtutem sit. Qui magistratum ullum ambierit exspes omnium redditur.

Conuiuunt amabiliter, quippe nec magistratus ullus insolens, aut terribilis est; patres appellantur; et exhibent. Iisdem defertur; ut debet; ab uolentibus honor; non ab inuitis exigitur. Ne principem quidem ipsum, uestis aut diadema, sed gestatus frumenti manipulus discernit, ut pontificis insigne est praelatus cereus.

Leges habent perquam paucas. Sufficiunt enim sic institutis paucissimae. Quin hoc in primis apud alios improbant populos, quod legum interpretumque uolumina, non infinita sufficiunt. Ipsi uero censent iniquissimum; ullos homines his obligari legibus; quae aut numerosiores sint, quam ut perlegi queant; aut obscuriores quam ut a quouis possint intelligi.

Porro causidicos; qui causas tractent callide; ac leges uafre disputent; prorsus omnes excludunt. Censent enim ex usu esse; ut suam quisque causam agat; eademque referat iudici; quae narraturus patrono fuerat. Sic et minus ambagum fore et facilius elici ueritatem. Dum eo dicente; quem nullus patronus fucum docuit; iudex solerter expendit singula; et contra uersutorum calumnias simplicioribus ingeniis opitulatur. Haec apud alias gentes; in tanto perplexissimarum aceruo legum difficile est obseruari.

Zombar de quem é feio ou mutilado, porém, é torpe e feio, não para quem recebeu a zombaria, mas para aquele que a fez, porque criticou tolamente como vício aquilo que não estava no poder do criticado evitar.

Consideram preguiça e indolência não cuidar da beleza natural; porém, junto aos utopienses é considerado insolência procurar ajudá-la com atavios infames. Percebem, pela prática, que nenhuma beleza recomenda tanto a esposa aos maridos quanto a correção dos costumes e a devoção. Pois são poucos os homens atraídos apenas pela beleza, do mesmo modo como ninguém é conquistado senão pela virtude e pela afabilidade.

Previnem os crimes não só com castigos, mas também convidam à virtude por meio de honrarias; assim, erguem nas praças estátuas para os homens insignes, que serviram nobremente à república, em memória de sua benemerência; e para que, ao mesmo tempo, a glória dos ancestrais estimule seus descendentes e os incite à virtude – embora àqueles que anseiam por alguma magistratura não seja dada esperança de a conseguirem.

Os utopienses convivem de modo amável, porque nenhum magistrado é arrogante ou atemorizador. Estes são chamados de pais, e assim se comportam. São-lhes, de bom grado, prestadas as devidas honras, não sendo exigidas de descontentes. Não diferenciam o príncipe nem as vestes nem diadema, mas o pequeno feixe de trigo que carrega – enquanto o pontífice é reconhecido pelo círio que leva.

Têm apenas umas poucas leis, pois apenas pouquíssimas leis já bastam para as suas instituições. Reprovam, nos outros povos, sobretudo o incontável número de tomos de leis e comentários, que ainda assim não lhes são suficientes. Eles consideram muito injusto que os homens sejam obrigados a obedecer a leis que não conseguem seguir, ou por serem numerosas demais, ou por serem tão obscuras que ninguém as pode compreender.

Por isso, os utopienses excluem inteiramente os causídicos e advogados, que tratam ardorosamente os processos e discutem com astúcia as leis. Os utopienses pensam ser preferível que cada um defenda sua própria causa, expondo de per si ao juiz o que seria narrado pelo advogado. Desse modo, haverá menos ambiguidades e mais fácil será exposta a verdade. Depois que cada um assim falar, sem que nenhum advogado tenha lhe ensinado artimanhas, o juiz examinará com solerte atenção cada ponto, defendendo as inteligências mais simples contra as calúnias dos astuciosos – o que é difícil de ser observado em um grande acervo de obscurecidas leis.

Ceterum apud eos unusquisque est legis peritus. Nam et sunt—ut dixi—paucissimae; et interpretationum praeterea ut quaeque est maxime crassa; ita maxime aequam censent. Nempe cum omnes leges—inquiunt—ea tantum causa promulgentur; ut ab iis quisque sui commonefiat officii; subtilior interpretatio paucissimos admonet—pauci enim sunt qui assequantur—cum interim simplicior ac magis obuius legum sensus; omnibus in aperto sit; alioquin quod ad uulgus attinet; cuius et maximus est numerus et maxime eget admonitu; quid referat utrum legem omnino non condas; an conditam in talem interpreteris sententiam; quam nisi magno ingenio et longa disputatione nemo possit eruere; ad quam inuestigandam neque crassum uulgi iudicium queat attingere; neque uita in comparando uictu occupata sufficere.

Iis eorum uirtutibus incitati finitimi; qui quidem liberi sunt et suae spontis—multos enim ipsi iam olim tyrannide liberauerunt—magistratus sibi; ab illis alii quotannis; alii in lustrum impetrant; quos defunctos imperio, cum honore ac laude reducunt; nouosque secum rursus in patriam reuehunt. Atque hi quidem populi optime profecto ac saluberrime reipublicae suae consulunt; cuius et salus et pernicies, cum ab moribus magistratuum pendeat; quos nam potuissent elegisse prudentius, quam qui neque ullo pretio queant ab honesto deduci—utpote quod breui sit remigraturis inutile—ignoti ciuibus, aut prauo cuiusquam studio aut simultate flecti! Quae duo mala, affectus atque auaritiae, sicubi incubuere iudiciis, illico iustitiam omnem, fortissimum reipublicae neruum dissoluunt. Hos Vtopiani populos, quibus qui imperent ab ipsis petuntur, appellant socios, ceteros quos beneficiis auxerunt amicos uocant.

Foedera quae reliquae inter se gentes toties ineunt; frangunt ac renouant, ipsi nulla cum gente feriunt. Quorsum enim foedus inquiunt; quasi non hominem homini satis natura conciliet quam qui contempserit, hunc uerba scilicet putes curaturum! In hanc sententiam eo uel maxime trahuntur, quod in illis terrarum plagis, foedera pactaque principum solent parum bona fide seruari.

Além disso, em Utopia, todos são peritos em leis, pois, como eu disse, elas são pouquíssimas, e, ademais, quanto mais simples for sua interpretação, mais justas eles as consideram. Pois todas as leis, dizem os utopienses, são promulgadas com a única tenção de que, por meio delas, cada um seja avisado de seus deveres. A interpretação mais sutil é acessível a muito poucos, e menos ainda são os que a alcançam; enquanto, por sua vez, o sentido mais simples das leis é mais evidente e acessível a todos. O que importa ao vulgo, que é numeroso e carente de esclarecimentos, é que não se oculte nada do que diz a lei; e que não se precise interpretar um dispositivo que esteja tão oculto que, a não ser com grande inteligência e por meio de longa discussão, ninguém pode alcançar, se a tal compreensão o entendimento simples do povo não consegue atingir, com a vida somente ocupada em adquirir seu sustento.

Incitados pelas virtudes dos utopienses, seus vizinhos, que são senhores de sua vontade – vários que os próprios utopienses outrora libertaram da tirania –, pedem que lhes enviem alguns de seus magistrados, uns por um ano, outros por um lustro – os quais, tendo cumprido a função, eles conduzem de volta à ilha de Utopia, com honra e louvor, e, em contrapartida, levam consigo para pátria outros novos. E esses povos, sem dúvida, encontraram um ótimo e salubérrimo expediente para sua república, cuja salvação ou desgraça depende do costume dos magistrados, pois eles sabem que não os poderiam escolher mais sabiamente do que entre os utopienses, que não se deixarão afastar por nenhum preço da honestidade – uma vez que o dinheiro ser-lhes-ia inútil, pois em breve retornam para casa –, que não conhecem os cidadãos, não sendo, portanto, movidos por torpe aversão ou por afinidades. Esses dois defeitos – a afeição e a cobiça –, quando atingem os julgamentos, dissolvem de imediato toda a justiça, que é o mais forte elo de união da república. Os utopienses chamam de aliados àqueles povos que lhes pedem que os governem. Aos outros povos, que receberam algum auxílio, eles chamam de amigos.

Os tratados, que entre os outros países todo dia se celebram, rompem-se e são renovados; eles nunca firmam com ninguém. Para que serve um tratado, eles se perguntam, se a natureza não conciliou o bastante um homem com outro homem? Crê-se que aquele que desprezou a natureza irá zelar por tratados? Os utopienses foram levados a essa conclusão principalmente porque naquelas plagas da terra os tratados e os pactos dos príncipes não costumam ser observados com boa fé.

Etenim in Europa idque his potissimum partibus quas Christi fides et religio possidet, sancta est et inuiolabilis ubique maiestas foederum, partim ipsa iustitia et bonitate principum, partim summorum reuerentia metuque pontificum, qui ut nihil in se recipiunt ipsi; quod non religiosissime praestant. Ita ceteros omnes principes iubent, ut pollicitis omnibus modis immorentur, tergiuersantes uero pastorali censura et seueritate compellunt. Merito sane censent turpissimam rem uideri si illorum foederibus absit fides; qui peculiari nomine fideles appellantur.

At in illo nouo orbe terrarum, quem circulus aequator uix tam longe ab hoc nostro orbe semouet; quam uita moresque dissident; foederum nulla fiducia est; quorum ut quodque plurimis ac sanctissimis ceremoniis innodatum fuerit; ita citissime soluitur inuenta facile in uerbis calumnia, quae sic interim de industria dictant callide; ut numquam tam firmis adstringi uinculis queant; quin elabantur aliqua, foedusque et fidem pariter eludant. Quam uafriciem, immo quam fraudem dolumque; si priuatorum deprehenderent interuenisse contractui; magno supercilio rem sacrilegam; et furca dignam clamitarent, hi nimirum ipsi; qui eius consilii principibus dati; semet gloriantur quo authores. Fit ut iustitia tota uideatur, aut non nisi plebea uirtus et humilis, quaeque longo interuallo subsidat infra regale fastigium; aut uti saltem duae sint quarum altera uulgus deceat, pedestris et humirepa; neue usquam septa transilire queat, multis undique restricta uinculis, altera principum uirtus, quae sicuti sit quam illa popularis augustior; sic est etiam longo interuallo liberior, ut cui nihil non liceat nisi quod non libeat.

Hos mores ut dixi principum; illic foedera tam male seruantium puto in causa esse; ne ulla feriant Vtopienses; mutaturi fortasse sententiam si hic uiuerent.

Quamquam illis uidetur ut optime seruentur; male tamen inoleuisse foederis omnino sanciendi consuetudinem qua fit, ut—perinde ac si populum populo; quos exiguo spacio, collis tantum aut riuus discriminat; nulla naturae societas copularet—hostes atque inimicos inuicem sese natos putent, meritoque in mutuam grassari perniciem, nisi foedera

Com efeito, na Europa, e principalmente nas regiões em que a fé de Cristo e a religião prevalecem, por todos os lugares é sagrada e inviolável a majestade dos tratados, em parte, pela própria justiça e virtude dos príncipes, e, em parte, por reverência e temor pelos sumos pontífices, que não se comprometem com nada que não seja cumprido religiosamente. Do mesmo modo, os sumos pontífices obrigam todos os outros príncipes a não se esquecerem de suas promessas, compelindo os tergiversadores com severidade da censura pastoral, uma vez que pensam corretamente ser algo torpe se faltar a fidelidade nos tratados daqueles que são chamados pelo peculiar nome de fiéis.

Naquela desconhecida região da Terra, contudo, quase tão apartada de nosso mundo pela vida e pelos costumes quanto pelo círculo do equador, não há segurança nos tratados. Quanto mais solenes e santas forem as cerimônias de sua celebração, mais rapidamente são rompidos, achando-se facilmente nos seus termos alguns erros, inseridos ali com ardilosa intenção, para que nunca se possam estabelecer laços tão firmes que não possam ser desfeitos por algum motivo, com a ruptura, ao mesmo tempo, do pacto e do juramento. Se nos contratos particulares fossem encontradas tais fraudes, artimanhas e dolos, aqueles mesmos que se vangloriam por serem os autores dos mesmos conselhos aos príncipes, franzindo o cenho, clamariam ser um sacrilégio digno da forca. Como consequência, parece que toda a justiça não é senão uma virtude plebeia e humilde, que reside muito abaixo da dignidade real – a menos que haja dois tipos de justiça, das quais, uma convém ao povo, de pés descalços e rasteira, que nunca pode ultrapassar seus limites e é presa por muitas correntes; e outra, dos príncipes, muito mais excelsa do que aquela do povo, infinitamente mais livre, para a qual tudo é permitido, a não ser que não queira.

Esses costumes dos príncipes, como eu já disse, que tão mal observam os tratados, creio serem a causa de que os utopienses não os queiram celebrar. Talvez mudassem de opinião se aqui viessem.

Parece-lhes, porém, que ainda que os tratados devam ser fielmente cumpridos, o costume de os sancionar é inteiramente errado. Como se os povos, separados pelo exíguo espaço de apenas uma colina ou um rio, não fossem unidos pelos laços da natureza; isso faz com que os homens pensem que nasceram mutuamente hostis e inimigos, e que seja justo serem assolados por recíprocas desgraças, a não ser que os tratados as

prohibeant, quin his ipsis quoque initis, non amicitiam coalescere, sed manere praedandi licentiam, quatenus per imprudentiam dictandi foederis, nihil quod prohibeat satis caute comprehensum in pactis est. At illi contra censent, neminem pro inimico habendum, a quo nihil iniuriae profectum est. Naturae consortium, foederis uice esse, et satius, ualentiusque homines inuicem beneuolentia, quam pactis, animo quam uerbis connecti.

[De re militari.]

Bellum utpote rem plane beluinam, nec ulli tamen beluarum formae in tam assiduo, atque homini est usu, summopere abominantur, contraque morem gentium ferme omnium nihil aeque ducunt inglorium, atque petitam e bello gloriam. Eoque licet assidue militari sese disciplina exerceant, neque id uiri modo, sed feminae quoque, statis diebus, ne ad bellum sint, cum exigat usus, inhabiles; non temere capessunt tamen, nisi quo aut suos fines tueantur, aut amicorum terris, infusos hostes propulsent, aut populum quempiam tyrannide pressum, miserati,—quod humanitatis gratia faciunt—suis uiribus tyranni iugo, et seruitute liberent. Quamquam auxilium gratificantur amicis non semper quidem, quo se defendant, sed interdum quoque illatas retalient, atque ulciscantur iniurias. Verum id ita demum faciunt, si re adhuc integra consulantur ipsi, et probata causa, repetitis ac non redditis rebus belli authores inferendi sint, quod non tunc solum decernunt, quoties hostili incursu abacta est praeda, uerum tum quoque multo infestius, cum eorum negotiatores usquam gentium, uel iniquarum praetextu legum, uel sinistra deriuatione bonarum, iniustam subeunt, iustitiae colore, calumniam.

Nec alia fuit eius origo belli, quod pro Nephelogetis aduersus Alaopolitas, paulo ante nostram memoriam, Vtopienses gessere, quam apud Alaopolitas Nephelogetarum mercatoribus illata praetextu iuris—ut uisum est ipsis—iniuria certe, siue illud ius, siue ea iniuria fuit, bello tam atroci est uindicata, cum ad proprias utriusque partis uires, odiaque circumiectarum etiam gentium studia atque opes adiungerentur, ut florentissimis populorum aliis concussis, aliis uehementer afflictis, orientia ex malis

proíbam. Além disso, eles pensam que essas iniciativas não favorecem a amizade, mas mantêm a autorização para pilhagens, pois, pela imprevidência daqueles que redigiram os acordos, não há nos pactos cláusula suficientemente segura que as impeça. Os utopienses, contudo, pensam de modo contrário, não tendo ninguém como inimigo sem que lhes tenha feito alguma injúria, que os laços da natureza são como tratados, e que os homens estão unidos mais fortemente pela benevolência e pelo ânimo do que por pactos e palavras.

Dos assuntos militares

Os utopienses abominam a guerra, como algo de todo bestial, embora nenhuma besta recorra à guerra tão assiduamente quanto os homens. Contra o costume de quase todas as nações, eles consideram injusta e inglória a glória buscada na guerra. Apesar disso, em dias determinados, exercitam-se com frequência na ciência militar, não apenas os homens, mas também as mulheres, para serem hábeis na guerra, se for necessário. Não guerreiam sem motivo, fazendo-o tão só para defenderem suas fronteiras, para expulsarem os invasores das terras dos amigos, ou para libertarem da escravidão e do jugo algum povo submetido às forças de um tirano – e o fazem comiserados, por razões humanitárias. Ainda que prestem auxílio aos amigos, nem sempre o fazem para os defender, mas também muitas vezes para retaliar as afrontas e vingar injúrias. Só o fazem, porém, se antes, com a situação ainda pendente, forem consultados, e, comprovada ser justa a causa, sem terem sido feitas as reparações exigidas, consideram os adversários como os causadores da guerra. E não somente assim decidem toda vez que ocorrem incursões e pilhagens, mas também, e com muito mais fúria, quando seus mercadores, em algum lugar estrangeiro, ou em razão de injustas leis, ou por sinistra derivação das boas normas, sofrem injusta acusação, sob a aparência de justiça.

Não foi outra a origem da guerra que, a favor dos nefelogetas e contra os alaopólitas, um pouco antes de nossa chegada, os utopienses empreenderam, pois, sob um pretexto legal, os mercadores nefelogetas receberam, na visão dos utopienses, uma injúria dos alaopólitas. Quer tenha sido justo, quer tenha sido uma injustiça, foi feita a vingança em uma guerra atroz. Às forças das duas partes se juntaram o ódio, o esforço e os recursos dos países vizinhos, de modo que alguns povos florescentes foram abalados, e outros, duramente atingidos. Os males nasciam dos males, até que os

mala, Alaopolitarum seruitus demum, ac deditio finierit, qua in Nephelogetarum—neque enim sibi certabant Vtopienses—potestatem concessere, gentis, florentibus Alaopolitarum rebus, haud quaquam cum illis conferendae.

Tam acriter Vtopienses amicorum, etiam in pecuniis, iniuriam persequuntur, suas ipsorum, non item, qui sicubi circumscripti bonis excidant, modo corporibus absit uis hactenus irascuntur, uti quoad satisfactio fiat, eius commercio gentis abstineant. Non quod minoris sibi curae ciues, quam socii sint, sed horum tamen pecuniam intercipi, aegrius quam suam ferunt, propterea quod amicorum negotiatores, quoniam de suo perdunt priuato, graue uulnus ex iactura sentiunt. At ipsorum ciuibus nihil nisi de publica perit. Praeterea quod abundabat domi, ac ueluti supererat, alioqui non emittendum foras. Quo fit uti intertrimentum citra cuiusquam sensum accidat. Quo circa nimis crudele censent id damnum multorum ulcisci mortibus, cuius damni incommodum nemo ipsorum, aut uita, aut uictu persentiscat. Ceterum si quis suorum usquam per iniuriam debilitetur, aut occidat, siue id publico factum consilio, siue priuato sit, per legatos re comperta, nisi deditis noxiis placari non possunt, quin ilico bellum denuncient. Noxae deditos, aut morte, aut seruitio puniunt.

Cruentae uictoriae non piget modo eos, sed pudet quoque, reputantes inscitiam esse quamlibet pretiosas merces nimio emisse, arte doloque uictos, oppressos hostes impendio gloriantur, triumphumque ob eam rem publicitus agunt, et uelut re strenue gesta, tropheum erigunt. Tunc enim demum uiriliter sese iactant, et cum uirtute gessisse, quoties ita uicerint, quomodo nullum animal praeter hominem potuit, id est ingenii uiribus. Nam corporis inquiunt ursi, leones, apri, lupi, canes, ceteraeque beluae dimicant, quarum ut pleraeque nos robore ac ferocia uincunt, ita cunctae ingenio, et ratione superantur.

Hoc unum illi in bello spectant, uti id obtineant, quod si fuissent ante consecuti, bellum non fuerant illaturi. Aut si id res uetet, tam seueram ab his uindictam expetunt, quibus factum

alaopólitas foram vencidos e escravizados. Assim, foram submetidos ao poder dos nefelogetas – uma vez que os utopienses não lutavam para si –, um povo que, enquanto floresciam os alaopólitas, não podia com eles se comparar.

Tão duramente é que os utopienses vingam as injustiças recebidas pelos amigos, mesmo as financeiras; mas não as que recebem eles próprios. Se, por dolo, forem despojados de seus bens, desde que não tenha havido violência física, enfurecem-se apenas a ponto de se absterem de comerciar com tal povo, até que seja concluída a reparação. Não porque se importem menos com seus cidadãos do que com seus amigos, mas por considerarem mais danosa a perda do dinheiro deles do que do seu, uma vez que os mercadores dos amigos, já que perdem seu patrimônio privado, sentem a grave ferida da perda, enquanto seus cidadãos nada perdem, a não ser parte dos bens públicos – que, ademais, existia em abundância e excesso no país, caso contrário não seria enviado para o estrangeiro. Acontece assim que ninguém sente a perda. Por esse motivo, os utopienses julgam ser excessivamente cruel vingar com a morte de muitos um tal prejuízo, cujo dano não afetou a vida ou o bem-estar de seus cidadãos. Por outro lado, se algum dos utopienses for maltratado ou morto, seja em razão de decisão pública, seja por motivo particular, tendo sido a situação apurada pelos embaixadores, a menos que os culpados sejam entregues para a reparação, eles declaram de pronto a guerra. E quando os culpados lhes são entregues, são punidos com a morte ou com a escravidão.

As vitórias sangrentas não apenas os fazem se lamentar, mas também lhes causa vergonha, pois consideram uma sandice, por mais preciosas que sejam as mercadorias, adquiri-las por tal preço. Ufanam-se muito quando vencem e subjugam os inimigos com inteligência e astúcia; por esse motivo, celebram publicamente o triunfo e, como se se tratasse de um ato heroico, erigem monumentos. Nesse caso, jactam-se por terem se portado com virtude, como homens, por terem vencidos por meio das forças da inteligência, o que nenhum animal, exceto o homem, poderia fazer. Pois dizem que os ursos, leões, javalis, lobos, cães e demais bestas lutam com o corpo, e que muitos desses animais nos superam em força e ferocidade, mas que todos são superados pelo engenho e pela razão.

A única coisa que eles esperam na guerra é obter aquilo que se houvessem conseguido antes não teriam declarado a guerra. Se isso não for possível, espera-se deles uma vingança tão severa contra aqueles aos quais imputam

imputant, ut idem ausuros in posterum terror absterreat. Hos propositi sui scopos destinant, quos mature petunt, at ita tamen, uti prior uitandi periculi cura, quam laudis aut famae consequendae sit. Itaque protinus indicto bello, schedulas ipsorum publico signo roboratas, locis maxime conspicuis hosticae terrae, clam uno tempore multas appendi procurant, quibus ingentia pollicentur praemia, si quis principem aduersarium sustulerit, deinde minora quamquam illa quoque egregia decernunt, pro singulis eorum capitibus, quorum nomina in iisdem litteris proscribunt, ii sunt quos secundum principem ipsum, authores initi aduersus se consilii ducunt. Quicquid percussori praefiniunt, hoc geminant ei, qui uiuum e proscriptis aliquem ad se perduxerit, cum ipsos quoque proscriptos, praemiis iisdem, addita etiam impunitate, contra socios inuitant. Itaque fit celeriter, ut et ceteros mortales suspectos habeant, et sibi inuicem ipsi, neque fidentes satis, neque fidi sint, maximoque in metu et non minore periculo uersentur. Nam saepenumero constat euenisse, uti bona pars eorum et princeps in primis ipse ab his proderentur, in quibus maximam spem reposuerunt.

Tam facile quoduis in facinus impellunt munera, quibus illi nullum exhibent modum. Sed memores in quantum discrimen hortantur, operam dant, uti periculi magnitudo beneficiorum mole compensetur. Eoque non immensam modo auri uim, sed praedia quoque magni reditus in locis apud amicos tutissimis, propria ac perpetua pollicitantur, et summa cum fide praestant.

Hunc licitandi mercandique hostis morem, apud alios improbatum, uelut animi degeneris crudele facinus illi magnae sibi laudi ducunt, tamquam prudentes, qui maximis hoc pacto bellis, sine ullo prorsus proelio defungantur, humanique ac misericordes etiam, qui paucorum nece noxiorum, numerosas innocentium uitas redimant, qui pugnando fuerint occubituri. Partim e suis, partim ex hostibus, quorum turbam, uulgusque non minus ferme quam suos miserantur, gnari non sua sponte eos bellum capessere, sed principum ad id furiis agi.

Si res hoc pacto non procedat, dissidiorum semina iaciunt, aluntque fratre principis, aut aliquo e nobilibus in spem potiundi regni perducto. Si factiones internae languerint, finitimas hostibus

o fato, que os atemoriza a repetirem no futuro a ousadia. Esses são os objetivos a que se propõem, e o fazem prontamente. Porém, fazem-no antes com a preocupação de evitar o perigo do que para conseguirem fama ou glória. Assim, declarada a guerra, mandam afixar secretamente, e ao mesmo tempo, nos locais mais visíveis da terra inimiga, muitas proclamações firmadas com o selo público, nas quais se prometem grandes recompensas a quem eliminar o príncipe adversário, e outras recompensas menores, ainda que também excelentes, para as cabeças daqueles cujos nomes foram publicados nas listas – são aqueles que, depois do príncipe, foram responsáveis pelas decisões contra os utopienses. A recompensa prometida ao perseguidor é dobrada para quem entregar vivo algum dos proscritos, e esses próprios proscritos são convidados a traírem os companheiros pelos mesmos prêmios, e ainda com o perdão por seu crime. Assim, ocorre que bem rápido os homens consideram todos os outros suspeitos, e, por sua vez, ninguém confia em mais ninguém, e ninguém inspira confiança, vivendo todos em máximo medo e sob não menor perigo. Pois consta muitas vezes ter ocorrido que boa parte deles, e em especial o príncipe, foram traídos por aqueles nos quais depositaram a máxima confiança.

Tão facilmente as recompensas impelem à traição que os utopienses nelas não põem qualquer limite. Mas, cientes dos riscos a que incitam, fazem com que seja compensada a magnitude do perigo com imensos benefícios. Por isso, prometem imensa quantidade de ouro, e também propriedades perpétuas de grande rendimento em locais seguros junto aos amigos, e o cumprem fielmente.

Esse costume de apreçar e negociar inimigos, reprovado em outros povos como ato cruel de um espírito degenerado, eles consideram dignos dos maiores elogios, uma vez que assim, de forma sábia, livram-se das maiores guerras sem qualquer combate, e, misericordiosos e humanos, com a morte de uns poucos culpados, eles conseguem salvar numerosas vidas de inocentes, que morreriam lutando. Apiedam-se da turba de inimigos quase tanto quanto de seus próprios homens, sabendo que o vulgo não guerreia por vontade própria, mas é levado a isso pela loucura dos príncipes.

Se não adiantar, eles espalham sementes de discórdia, alimentando no irmão do príncipe, ou em algum nobre, a esperança de apoderar-se do reino. Se as facções internas se enfraquecerem, eles então excitam

gentes excitant, committuntque, eruto uetusto quopiam titulo, quales numquam regibus desunt, suas ad bellum opes polliciti, pecuniam affluenter suggerunt. Ciues parcissime, quos tam unice habent caros, tantique sese mutuo faciunt, ut neminem sint e suis cum aduerso principe libenter commutaturi. At aurum, argentumque quoniam unum hunc in usum omne seruant, haud grauatim erogant, utpote non minus commode uicturi, etiam si uniuersum impenderent.

Quin praeter domesticas diuitias est illis foris quoque infinitus thesaurus, quo plurimae gentes, uti ante dixi, in ipsorum aere sunt. Ita milites undique conductos ad bellum mittunt, praesertim ex Zapoletis.

Hic populus quingentis passuum milibus ab Vtopia distat, orientem solem uersus, horridus, agrestis, ferox, siluas montesque asperos, quibus sunt innutriti, praeferunt. Dura gens, aestus, frigoris, et laboris patiens, delitiarum expers omnium, neque agriculturae studens, et cum aedificiorum tum uestitus indiligens, pecorum dumtaxat curam habent. Magna ex parte uenatu et raptu uiuunt. Ad solum bellum nati, cuius gerendi facultatem studiose quaerunt, repertam cupide amplectuntur, et magno numero egressi, cuiuis requirenti milites uili semet offerunt. Hanc unam uitae artem nouerunt, qua mors quaeritur, sub quibus merent, acriter pro iis et incorrupta fide dimicant.

Verum in nullum certum diem sese obstringunt, sed ea lege in partes ueniunt, ut postero die, uel ab hostibus, oblato maiore stipendio sint staturi, iisdem perendie rursus inuitati plusculo remigrant. Rarum oritur bellum, in quo non bona pars illorum in utroque sint exercitu. Itaque accidit quotidie, ut sanguinis necessitudine coniuncti, qui et iisdem in partibus conducti familiarissime semet inuicem utebantur, paulo post in contrarias distracti copias, hostiliter concurrant. Et infestis animis, obliti generis, immemores amicitiae, mutuo sese confodiant, nulla alia causa in mutuam incitati perniciem, quam quod a diuersis principibus exigua pecuniola conducti, cuius tam exactam habent rationem, ut ad diurnum stipendium unius accessione assis facile ad commutandas partes

as nações vizinhas às hostilidades, e as põem em luta, desencavando algum antigo título nobiliárquico, daqueles que nunca faltam aos reis. Porém, não enviam seus cidadãos, que lhes são tão caros e tidos em tanta consideração que eles não consentiriam em trocar de boa vontade qualquer um deles pelo próprio príncipe inimigo. Despendem, contudo, sem nenhum pejo, o ouro e a prata que guardam para esse único fim, sabendo que não viveriam menos comodamente, ainda que os gastassem inteiramente.

Ademais, além das riquezas domésticas, os utopienses têm também no exterior um infinito tesouro, porque, como já eu disse, muita gente lhes deve. Assim, contratam para a guerra soldados de toda parte, principalmente os zapoletas.

Esse povo, que se situa a quinhentas milhas da ilha da Utopia, na direção do levante do sol, é selvagem, agreste e feroz. Prefere viver nas matas e nos montes bravios em que se criou. É uma gente dura, que aguenta o calor, o frio e a fadiga, que não conhece as delícias da vida, nem se interessa pela agricultura, que é negligente com os edifícios e com as vestimentas e que cuida apenas dos rebanhos. Vivem em grande parte da caça e da pilhagem. Nascidos apenas para a guerra, procuram zelosamente oportunidade de a praticar; encontrada a oportunidade, abraçam-na com prazer. Saem em grande número, e se oferecem a preço baixo para todos que necessitam de soldados. Esse é o único ofício da vida que conhecem – procurar a morte. A serviço dos que os contratam, lutam com denodo e incorruptível lealdade.

Não se alistam por prazo certo, mas avençam sob a condição de, no dia seguinte, poderem servir mesmo ao inimigo, se lhes for oferecido um soldo maior, do mesmo modo como em outro dia poderem voltar, convidados por um pouco mais de dinheiro. É raro começar uma guerra sem que haja uma boa quantidade deles em ambos os exércitos. Assim, acontece todos os dias que homens unidos pelo sangue e pertencentes à mesma tropa, que tenham sido amigos íntimos, separados há pouco tempo em exércitos contrários, lutem com agressividade. Com ânimo infesto, olvidando-se da família e esquecidos da amizade, ferem-se reciprocamente, incitados por nenhum outro motivo à mútua carnagem do que pelo fato de terem sido contratados por príncipes adversários, por um pouco mais ou menos de dinheiro. Tão exata é a conta que fazem que o aumento de um único centavo os impele facilmente a

impellantur. Ita celeriter imbiberunt auaritiam, quae tamen nulli est eis usui. Nam quae sanguine quaerunt, protinus per luxum, et eum tamen miserum consumunt.

Hic populus Vtopiensibus aduersus quosuis mortales militat, quod tanti ab iis eorum conducatur opera quanti nusquam alibi. Vtopienses siquidem ut bonos quaerunt quibus utantur ita hos quoque homines pessimos quibus abutantur. Quos cum usus postulat, magnis impulsos pollicitationibus, maximis obiiciunt periculis, unde plerumque magna pars numquam ad exigenda promissa reuertitur, superstitibus, quae sunt polliciti bona fide, persoluunt, quo ad similes ausus incendantur. Neque enim pensi quicquam habent, quam multos ex eis perdant. Rati de genere humano maximam merituros gratiam se, si tota illa colluuie populi tam tetri, ac nepharii orbem terrarum purgare possent.

Secundum hos eorum copiis utuntur, pro quibus arma capiunt, deinde auxiliaribus ceterorum amicorum turmis. Postremo suos ciues adiungunt, e quibus aliquem uirtutis probatae uirum, totius exercitus summae praeficiunt. Huic duos ita substituunt, uti eo incolumi, ambo priuati sint, capto aut interempto, alter e duobus uelut haereditate succedat, eique ex euentu tertius. Ne – ut sunt bellorum sortes uariae – periclitante duce totus perturbetur exercitus. E quaque ciuitate delectus exercetur ex his, qui sponte nomen profitentur. Neque enim inuitus quisquam foras in militiam truditur, quod persuasum habeant, si quis sit natura timidior, non ipsum modo nihil facturum strenue, sed metum etiam comitibus incussurum. Ceterum si quod bellum ingruat in patriam, ignauos huiusmodi, modo ualeant corpore, in naues mixtos melioribus collocant; aut in moenibus sparsim disponunt. Vnde non sit refugiendi locus. Ita suorum pudor, hostis in manibus, atque adempta fugae spes, timorem obruunt, et saepe extrema necessitas in uirtutem uertitur.

At sicuti ad externum bellum ex ipsis nemo protrahitur nolens, ita feminas uolentes in militiam comitari maritos, adeo non prohibent, ut exhortentur etiam, et laudibus incitent, profectas cum suo quamque uiro, pariter in acie constituunt.

mudarem de lado. Com isso, muito rápido, enchem-se de avareza, que, todavia, não lhes traz nenhum proveito. Pois, aquilo que eles ganham com o sangue, gastam logo com a mais mísera luxúria.

Esse povo milita pelos utopienses contra qualquer outro povo, pois recebem deles pelo trabalho mais do que das outras nações. Por sua vez, os utopienses que procuram os melhores para contratar abusam também daqueles que são ruins. Quando a situação exige, impulsionados por grandes promessas, lançam-nos aos maiores perigos, de modo que a maioria deles nunca retorna para exigir o cumprimento das promessas. Aos que sobrevivem, pagam fielmente aquilo que foi combinado, para os inflamar a se arriscarem em novos e similares perigos. Não se importam por perderem muitos dos contratados. Pensam que merecerão o máximo da gratidão do gênero humano se puderem purgar o orbe terrestre de toda aquela escória de um povo tão hediondo e infame.

Além dos zapoletas, utilizam os exércitos daqueles pelos quais tomam armas; e, depois, as tropas auxiliares dos demais aliados. Por fim, ajuntam seus próprios cidadãos, entre os quais eles escolhem algum varão de comprovada virtude para chefiar todo o regimento. Esse homem tem dois substitutos, de modo que, enquanto permanecer incólume, os outros dois se mantêm como civis; mas, se ele for capturado ou morto, um dos dois o sucede, como se por herança, que, se houver alguma desgraça, será substituído pelo terceiro, para impedir, já que é incerta a sorte das guerras, que, periclitando o comandante, seja abalado todo o exército. De cada cidade, são recrutados os que voluntariamente oferecem seu nome. Ninguém é mandado a contragosto para o estrangeiro, porque os utopienses têm a convicção de que, se alguém for naturalmente mais tímido, não conseguirá fazer nada de corajoso, senão incutir medo nos companheiros. Não obstante, se, por acaso, a guerra irromper na pátria, eles colocam os covardes, desde que tenham corpo forte, nos navios, misturados aos melhores, ou os dispõem esparsamente nas muralhas; assim, esses não terão ocasião para fugir. Desse modo, a vergonha diante dos companheiros, a proximidade dos inimigos e a perda da esperança de fuga sufocam o medo; e, muitas vezes, a extrema necessidade é convertida em virtude.

Mas, assim como ninguém é levado a contragosto para fora do país, às guerras no estrangeiro, também as mulheres que quiserem acompanhar no exército os maridos, os utopienses não só não as proíbem de o fazer, mas ainda as exortam e as incitam com elogios. Durante os combates,

Tum sui quemque liberi affines cognati circumsistunt, ut hi de proximo sint mutuo sibi subsidio, quos maxime ad ferendas inuicem suppetias natura stimulat. In maximo probro est coniunx absque coniuge redux, aut amisso parente reuersus filius. Quo fit, uti si ad ipsorum manus uentum sit modo perstent hostes, longo et lugubri proelio ad internitionem usque decernatur. Nempe ut omnibus curant modis ne ipsis dimicare necesse sit, modo bello possint uicaria conductitiorum manu defungi, ita cum uitari non potest quin ipsi ineant pugnam, tam intrepide capessunt, quam quoad licuit prudenter detrectabant, nec tam primo ferociunt impetu quam mora sensim et duratione inualescunt, tam offirmatis animis ut interimi citius quam auerti queant. Quippe uictus illa securitas quae cuique domi est, ademptaque de posteris anxia cogitandi cura—nam haec solicitudo generosos ubique spiritus frangit—sublimem illis animum et uinci dedignantem facit. Ad haec militaris disciplinae peritia fiduciam praebet, postremo rectae opiniones—quibus et doctrina et bonis reipublicae institutis imbuti a pueris sunt—uirtutem addunt. Qua neque tam uilem habent uitam, ut temere prodigant, neque tam improbe caram, ut cum honestas ponendam suadeat, auare turpiterque retineant.

Dum ubique pugna maxima feruet, lectissimi iuuenes coniurati, deuotique, ducem sibi deposcunt aduersum, hunc aperte inuadunt, hunc ex insidiis adoriuntur, idem eminus idem cominus petitur, longoque ac perpetuo cuneo, summissis assidue in fatigatorum locum recentibus, oppugnatur. Raroque accidit—ni sibi fuga prospiciat—ut non intereat aut uiuus in hostium potestatem ueniat.

Si ab ipsis uictoria sit, haudquaquam caede grassantur, fugatos enim comprehendunt, quam occidunt libentius. Neque umquam ita persequuntur fugientes, ut non unam interim sub signis instructam aciem retineant, adeo nisi ceteris superati partibus, postrema acie sua uictoriam adepti sint, elabi potius hostes uniuersos sinant, quam insequi fugientes perturbatis suorum ordinibus insuescant. Memores sibimet

elas permanecem junto aos maridos. Então, os filhos, parentes e afins os rodeiam, para que se auxiliem mutuamente aqueles que a natureza em especial estimula à recíproca ajuda. É com máxima vergonha que um cônjuge retorna sem o outro, ou que o filho regressa tendo perdido o pai. Por isso, se ocorrer um combate corpo a corpo, os inimigos resistem e são combatidos em longa e lúgubre batalha, até o extermínio. Cuidam, é verdade, por todos os modos, para que não precisem se expor, podendo vencer a guerra com tropas de mercenários. Porém, quando os utopienses não podem mais evitar de irem eles próprios à luta, tomam armas com tamanha intrepidez quanto até então prudentemente podiam evitar. Não são tão ferozes no primeiro ataque, mas, com o tempo, aos poucos, vão fortalecendo a resistência, tanto que, com o espírito obstinado, antes podem morrer do que serem detidos. Porque, se forem vencidos, aquela segurança que cada um goza em relação à sua casa, que alivia a aflitiva preocupação com os descendentes – pois essa inquietação alquebra em qualquer parte os mais nobres espíritos –, faz neles os ânimos sublimes e lhes dá a vergonha de serem vencidos. Por isso, conferem-lhes confiança e lhes aumenta o valor e a perícia da ciência militar, e, sobretudo, as opiniões corretas de que foram imbuídos na infância, seja pelos estudos, seja pelos virtuosos institutos da república. Assim, nem consideram a vida tão vil que a desperdicem de forma leviana, nem é tão vergonhosamente cara, que ainda que dignidade exija que seja entregue, que a queiram conservar com torpe avareza.

Quando máxima ferve a batalha, excelentes jovens utopienses, conjurados e patriotas, correm ao encalço do comandante inimigo; e ora o atacam de frente, ora o surpreendem com armadilhas, e o perseguem, de perto ou de longe. Com a formação de uma longa e ininterrupta cunha, que substitui a todo instante os fatigados por reforços novos, eles enfrentam os adversários, e só raramente acontece, a não ser que algum consiga fugir, que os inimigos não morram, ou que não se entreguem.

Mas, se a vitória for dos utopienses, a morte não grassa; de fato, eles preferem prender os fugitivos a matá-los, e nunca os perseguem tanto que não mantenham, no ínterim, uma tropa preparada na parte de trás dos exércitos, sob suas bandeiras. Desse modo, se as demais alas forem derrotadas, e a vitória depender da tropa de retaguarda, eles preferem deixar que todos inimigos fujam a os perseguir, rompendo a formação das próprias fileiras. Recordam-se que algumas vezes isso lhes aconteceu:

haud semel usu uenisse, ut mole totius exercitus uicta profligataque, cum hostes uictoria gestientes, hac atque illac abeuntes persequerentur, pauci ipsorum in subsidiis collocati ad occasiones intenti, dispersos ac palantes illos et praesumpta securitate negligentes derepente adorti, totius euentum proelii mutauerunt. Extortaque e manibus tam certa et indubitata uictoria, uicti uictores inuicem uicerunt.

Haud facile dictu est, astutiores instruendis insidiis, an cautiores ad uitandas sient. Fugam parare credas, cum nihil minus in animo habent, contra cum id consilii capiunt, nihil minus cogitare putes. Nam si nimium sese sentiunt, aut numero, aut loco premi, tunc aut noctu, agmine silente, castra mouent, aut aliquo stratagemate eludunt, aut interdiu ita sensim sese referunt, tali seruato ordine, ut non minus periculi sit cedentes quam instantes adoriri.

Castra diligentissime communiunt fossa praealta lataque, terra quae egeritur introrsum reiecta, nec in eam rem opera mediastinorum utuntur, ipsorum manibus militum res agitur, totusque exercitus in opere est, exceptis qui pro uallo in armis ad subitos casus excubant. Itaque tam multis adnitentibus, magna multumque amplexa loci munimenta, omni fide citius perficiunt.

Armis utuntur ad excipiendos ictus, firmis, nec ad motum gestumue quemlibet ineptis, adeo ut ne natando quidem molesta sentiant. Nam armati natare inter militaris disciplinae rudimenta consuescunt. Tela sunt eminus sagittae, quas acerrime simul et certissime iaculantur non pedites modo, sed ex equis etiam, cominus uero non gladii, sed secures uel acie letales uel pondere seu caesim seu punctim feriant. Machinas excogitant solertissime, factas accuratissime caelant ne ante proditae quam res postulet, ludibrio magis quam usui sint, in quibus fabricandis hoc in primis respiciunt, uti uectu faciles et habiles circumactu sint.

Initas cum hostibus inducias tam sancte obseruant, ut ne lacessiti quidem uiolent. Hostilem terram non depopulantur, neque segetes exurunt, immo ne hominum equorumue pedibus, conterantur, quantum fieri potest prouident, rati

tendo sido o grosso de seus batalhões vencido e derrotado, e tendo os inimigos, exultantes pela vitória, perseguido por toda parte os fugitivos, uns poucos dos seus, postos em segurança à espera das oportunidades, ao surpreenderem de repente aqueles que se dispersavam e se espalhavam, negligentes com a presumida segurança, mudaram o curso da guerra. Arrancando das mãos do inimigo tão certa e indubitável vitória, os vencidos venceram os vencedores.

Não é fácil dizer se os utopienses são mais astutos em preparar emboscadas ou mais precavidos em as evitar. Crê-se que preparam a fuga quando nada disso têm no ânimo. Pelo contrário, quando tomam tal deliberação, ninguém a pode cogitar. Pois, se eles se percebem inferiores em número, ou acham que estão em uma posição inferior, então, ou de noite, mantendo-se silente a multidão, movem os acampamentos, ou, durante o dia, por algum estratagema, deslocam-se às claras, guardando de tal modo a formação que não é menos perigoso alcançá-los na fuga do que na luta.

Fortificam, com cuidado, os acampamentos com fossos profundos e largos, e a terra retirada é lançada no interior dos quartéis. Nessa tarefa, eles não utilizam a mão de obra dos escravos, já que é realizada pelas mãos dos soldados. Todo exército trabalha, com exceção daqueles homens que, armados junto aos fossos, vigiam contra os ataques repentinos. Assim, com o esforço de tantos, completam rápido e com segurança as grandes fortificações, que cobrem largas extensões.

As armas utilizadas para receber os golpes são fortes, e aptas para qualquer movimento ou gesto corporal, de modo que não são inconvenientes sequer durante os nados, pois os utopienses costumam nadar armados, como exercício da ciência militar. Para longe, as armas são as flechas, atiradas com força e precisão, não só pelos infantes, mas também pela cavalaria; entretanto, de perto, eles não ferem com gládios, porém, com machados, letais pelo peso das lâminas, quer nos cortes, quer nos golpes. Planejam máquinas de guerra com grande inteligência, e, uma vez feitas, escondem-nas com zelo, não as mostrando antes que a situação exija, para não serem inúteis e motivo de riso. O que mais consideram em sua fabricação é a facilidade de transporte e sua praticidade de movimentação.

Os utopienses observam as tréguas acordadas com os inimigos tão religiosamente que não as rompem ainda que provocados. Não despovoam a terra inimiga nem queimam as searas; pelo contrário, cuidam o quanto podem para que as messes não sejam pisoteadas por homens e cavalos, por pensarem

in ipsorum usus crescere. Inermem neminem laedunt, nisi idem speculator sit. Deditas urbes tuentur, at nec expugnatas, diripiunt, sed per quos deditio est impedita eos enecant, ceteris defensoribus in seruitutem addictis. Imbellem turbam omnem relinquunt intactam. Si quos deditionem suasisse compererint, his e damnatorum bonis aliquam partem impartiunt, reliqua sectione auxiliares donant. Nam ipsorum nemo quicquam de praeda capit.

Ceterum confecto bello, non amicis impensas in quos insumpsere, sed uictis imputant, exiguntque eo nomine, partim pecuniam quam in similes bellorum usus reseruant, partim praedia quae sint ipsis apud eos perpetua non exigui census. Huiusmodi reditus nunc apud multas gentes habent, qui uariis ex causis paulatim nati, supra septingenta ducatorum milia in singulos annos excreuere, in quos e suis ciuibus aliquos emittunt quaestorum nomine, qui magnifice uiuant, personamque magnatum illic prae se ferant, at multum tamen superest quod inferatur aerario, nisi malint eidem genti credere, quod saepe tantisper faciunt, quoad uti necesse sit uixque accidit umquam, ut totam reposcant. Ex his praediis partem assignant illis, qui ipsorum hortatu tale discrimen adeunt quale ante monstraui.

Si quis princeps armis aduersus eos sumptis, eorum ditionem paret inuadere, magnis illico uiribus extra suos fines occurrunt; nam neque temere in suis terris bellum gerunt, neque ulla necessitas tanta est, ut eos cogat aliena auxilia in insulam suam admittere.

[De religionibus Vtopiensium.]

Religiones sunt non per insulam modo; uerum singulas etiam urbes uariae, aliis Solem, Lunam aliis, aliis aliud errantium siderum dei uice uenerantibus, sunt quibus homo quispiam, cuius olim aut uirtus aut gloria enituit, non pro deo tantum, sed pro summo etiam deo suspicitur.

At multo maxima pars, eademque longe prudentior, nihil horum, sed unum quoddam numen putant, incognitum, aeternum, immensum, inexplicabile, quod supra mentis

que elas crescem em proveito deles mesmos. Não ferem ninguém que esteja desarmado, a menos que se trate de um espião. Defendem as cidades que se rendem, e não saqueiam as que conquistam – embora, nesse caso, matem aqueles que impediam sua rendição, e escravizam seus demais defensores. Deixam intacto todo o contingente que não lutou, e, se ficam sabendo que alguém aconselhou a rendição, esse recebe uma parte dos bens expropriados dos condenados, ao passo que a outra parte desses bens é entregue às tropas que os auxiliam – pois para si próprios eles nada tomam do butim.

Ademais, finda a guerra, os utopienses não imputam aos aliados as despesas em que incorreram, e sim aos vencidos. Exigem parte do pagamento em dinheiro, que reservam para ser usado em semelhantes casos de guerra, e cobram a outra parte em propriedades territoriais perpétuas e de grande arrecadação. Por isso, auferem em vários povos grandes rendimentos, que, surgidos em diversas situações, cresceram, pouco a pouco, a mais de setecentos mil ducados anuais. Os utopienses enviam para tais países, com a função de cobrança, alguns de seus cidadãos, que vivem magnificamente e se apresentam como magnatas. No entanto, apesar disso, resta muito para ser levado ao erário, a não ser que eles prefiram emprestar o numerário àquele povo – e o fazem muitas vezes, quando necessário. Raramente ocorre de cobrarem por inteiro o valor devido; e eles consignam uma parte das propriedades àqueles que, exortados, expõem-se aos perigos de que antes falei.

Se algum príncipe, tomando armas contra os utopienses, tentar invadir seus domínios, estes de pronto o enfrentam, com imensas forças, do lado de fora de suas fronteiras, pois nunca fazem, sem motivo, guerra em seus territórios, e nenhuma urgência é tão grande que os obrigue a admitir reforços estrangeiros em sua ilha.

Sobre a religião dos utopienses

Há várias religiões não só na ilha, mas também em cada cidade. Uns utopienses veneram como deus o sol, outros, a lua, e outros ainda, os planetas errantes. Há aqueles que também adoram algum homem, cuja glória e virtude outrora se destacaram, não apenas como um deus, mas mesmo como deus supremo.

Porém, a maior parte dos utopienses, que, é por certo, sua parcela mais sábia, não crê em nada disso, mas apenas em um único poder divino, desconhecido, eterno, infinito, inexplicável, muito acima da

humanae captum sit, per mundum hunc uniuersum, uirtute non mole diffusum. Hunc parentem uocant. Origines, auctus, progressus, uices, finesque rerum omnium, huic acceptos uni referunt, nec diuinos honores alii praeterea ulli, applicant.

Quin ceteris quoque omnibus, quamquam diuersa credentibus, hoc tamen cum istis conuenit, quod esse quidem unum censent summum, cui et uniuersitatis opificium, et prouidentia debeatur, eumque communiter omnes patria lingua Mythram appellant, sed eo dissentiunt, quod idem alius apud alios habetur. Autumante quoque quicquid id sit, quod ipse summum ducit, eandem illam prorsus esse naturam, cuius unius numini ac maiestati, rerum omnium summa, omnium consensu gentium tribuitur.

Ceterum paulatim omnes ab ea superstitionum uarietate desciscunt, atque in unam illam coalescunt religionem, quae reliquas ratione uidetur antecellere. Neque dubium est quin ceterae iam pridem euanuissent, nisi quicquid improsperum cuiquam inter mutandae religionis consilia fors obiecisset, non id accidisse casu, sed caelitus immissum interpretaretur timor, tamquam numine, cuius relinquebatur cultus, impium contra se propositum uindicante.

At posteaquam acceperunt a nobis Christi nomen, doctrinam, mores, miracula, nec minus mirandam tot martyrum constantiam, quorum sponte fusus sanguis, tam numerosas gentes in suam sectam longe lateque traduxit, non credas quam pronis in eam affectibus etiam ipsi concesserint, siue hoc secretius inspirante deo, siue quod eadem ei uisa est haeresi proxima, quae est apud ipsos potissima, quamquam hoc quoque fuisse non paulum momenti crediderim, quod Christo communem suorum uictum audierant placuisse, et apud germanissimos Christianorum conuentus adhuc in usu esse. Certe quoquo id momento accidit, haud pauci nostram in religionem coierunt Lymphaque sacra sunt abluti. Verum quoniam in nobis quattuor—totidem enim dumtaxat supereramus, nam duo fatis concesserant—nemo id quod doleo, sacerdos erat. Ceteris initiati, ea tamen adhuc sacramenta desiderant, quae apud nos non nisi sacerdotes conferunt,

compreensão humana, difuso por todo universo, como uma força e não como massa. Chamam-no pai. Atribuem unicamente a ele ser a origem, o crescimento, o progresso, as transformações e o fim de todas a coisas, e a ninguém mais além dele prestam divinas honras.

O resto dos utopienses, porém, ainda que tendo crenças diversas, nisso concordam com os mais sábios, porque, de fato, acreditam haver um único ser supremo, a quem se devem a criação do universo e a providência. Chamam-no correntemente, na língua pátria, de Mitra, embora discordem quanto ao significado dessa palavra, por ser diferente em outras gentes. Afirmam, porém, que, seja qual for o significado do nome, é dele o sumo poder, por terem exatamente aquela mesma natureza, ao mesmo tempo, de divindade e majestade, a que o consenso dos povos lhe atribui.

Aos poucos, todos os utopienses se afastaram dessa multiplicidade de superstições, e dedicam-se àquela única religião que parece ultrapassar em racionalidade as demais. Sem dúvida, as outras religiões já há muito teriam desparecido se não fossem as desgraças que aconteceram, por vezes, a quem decidiu mudar de crença, e que foram interpretadas, não como obra do acaso, mas como um terror enviado dos céus, como se o deus, cujo culto estava sendo abandonado, se vingasse do ímpio propósito.

Porém, depois de os utopienses nos ouvirem falar do nome de Cristo, sobre sua doutrina, costumes e milagres, e não menos sobre a maravilhosa constância dos mártires, cujo sangue derramado de boa vontade conquistou para sua doutrina, de largo e longe, tão numerosas nações, não se pode crer com quão boa vontade eles se entregaram à nova crença, seja por secreta inspiração de deus, seja porque lhes pareceu próxima da seita que é entre eles a mais importante. De todo modo, eu creio que também não foi de pouca importância eles terem ouvido que agradava a Cristo o modo de vida comunitário dos seus cidadãos, e que ainda é praticado nas mais verdadeiras comunidades dos cristãos. Porém, de todo modo, não poucos dos utopienses se uniram à nossa religião, e foram batizados em água benta. Entretanto, embora fôssemos quatro, eles ainda desejavam receber os sacramentos, que junto a nós somente os sacerdotes podem conferir. Os iniciados, contudo, compreendem-nos e desejam os sacramentos ainda com mais ardor do que a qualquer

intelligunt tamen, optantque ita ut nihil uehementius. Quin hoc quoque sedulo iam inter se disputant an sine Christiani pontificis missu quisquam e suo numero delectus sacerdotii consequatur characterem. Et electuri, sane uidebantur. Verum cum ego discederem, nondum elegerant.

Quin hi quoque religioni Christianae, qui non assentiunt, neminem tamen absterrent, nullum oppugnant imbutum. Nisi quod unus e nostro coetu me praesente cohercitus est. Is cum recens ablutus, nobis contra suadentibus, de Christi cultu publice maiore studio, quam prudentia dissereret, usque adeo coepit incalescere, ut iam non nostra modo sacra ceteris anteferret, sed reliqua protenus uniuersa damnaret. Prophana ipsa, cultores impios ac sacrilegos, aeterno plectendos igni uociferaretur. Talia diu concionantem comprehendunt, ac reum non spretae religionis, sed excitati in populo tumultus agunt, peraguntque, damnatum, exilio mulctant, siquidem hoc inter antiquissima instituta numerant, ne sua cuiquam religio fraudi sit.

Vtopus enim iam inde ab initio, cum accepisset incolas ante suum aduentum de religionibus inter se assidue dimicasse, atque animaduertisset eam rem, quod in commune dissidentes, singulae pro patria sectae pugnabant, occasionem praestitisse sibi uincendarum omnium, adeptus uictoriam in primis sanxit, uti quam cuique religionem libeat sequi liceat, ut uero alios quoque in suam traducat, hactenus niti possit, uti placide, ac modeste suam rationibus astruat, non ut acerbe ceteras destruat, si suadendo non persuadeat, neque uim ullam adhibeat, et conuiciis temperet, petulantius hac de re contendentem exilio, aut seruitute mulctant.

Haec Vtopus instituit non respectu pacis modo quam assiduo certamine, atque inexpiabili odio funditus uidit euerti, sed quod arbitratus est, uti sic decerneretur, ipsius etiam religionis interesse, de qua nihil est ausus temere definire, uelut incertum habens, an uarium ac multiplicem expetens cultum deus, aliud inspiret alii, certe ui ac minis exigere, ut quod tu uerum credis idem omnibus uideatur, hoc uero et insolens et ineptum censuit. Tum si maxime una uera sit,

outra coisa. Eles também já discutem diligentemente se alguém, sem receber a ordenação de um bispo cristão, escolhido entre eles, poderia adquirir as funções de sacerdote. E realmente eles pareciam prontos para escolhê-lo, mas, até quando eu de lá parti, ainda não o haviam feito.

Já aqueles que discordam da religião cristã não atemorizam quem quer que seja, nem atacam os convertidos – exceto um único de nosso grupo, que foi repreendido em minha presença. Isso se deu quando o recém-batizado começou, contra nossas advertências, a pregar publicamente a religião de Cristo, com mais fervor do que prudência. De tal modo ele se inflamou que chegou não só a antepor nossa religião às demais, mas até mesmo condenou as demais crenças. Vociferava dizendo que eram profanas, que seus devotos eram ímpios, sacrílegos e merecedores do fogo eterno. Depois de pregar tais coisas por muito tempo, os utopienses o fizeram réu, mas não por desrespeito à religião, e sim pelo tumulto excitado na população. Além disso, eles o processaram e condenaram ao exílio, uma vez que enumeram entre suas mais antigas instituições que ninguém seja prejudicado em razão da religião que professa.

Utopo, já desde os primórdios, quando percebeu que os habitantes, antes de sua chegada, sempre brigavam entre si por causa das religiões, concluiu que tal situação lhe oferecia ocasião de os vencer, porque os dissidentes encontravam-se todos em luta, cada qual por sua seita. Tão logo ele conquistou a vitória, decretou que cada cidadão poderia seguir a religião que mais lhe aprouvesse, e que também poderia fazer todo esforço possível para converter os outros à sua crença, desde que, com calma e sobriedade, exponha racionalmente a sua crença, que não destrua as outras com agressividade, ou, se suas razões não convencem, que não empregue nenhuma violência, e que seja temperante nas invectivas. Punem, todavia, os que exageram nas contendas sobre esse assunto com o degredo ou a escravidão.

Utopo instituiu tais leis não só por almejar a paz, que ele vira ser inteiramente destruída nas permanentes disputas e no inaplacável ódio entre os cidadãos, mas porque pensou que assim lhe ordenassem os próprios interesses da religião. Ele nunca se atreveu a definir questões sobre tais assuntos, pois – não tendo certeza se deus, quiçá por esperar múltiplos e variados cultos, os inspirou nos homens, Utopo considerou inépcia e insolência exigir, por força ou ameaça, que aquilo que alguém creia ser verdadeiro assim também pareça a todos. Nesse sentido, se uma única religião for

ceterae omnes uanae, facile tamen praeuidit—modo cum ratione ac modestia res agatur—futurum denique; ut ipsa per se ueri uis emergat aliquando atque emineat. Sin armis et tumultu certetur, ut sint pessimi quique maxime peruicaces, optimam ac sanctissimam religionem ob uanissimas inter se superstitiones, ut segetes inter spinas ac frutices obrutum iri. Itaque hanc totam rem in medio posuit, et quid credendum putaret liberum cuique reliquit. Nisi quod sancte ac seuere uetuit, ne quis usque adeo ab humanae naturae dignitate degeneret, ut animas quoque interire cum corpore, aut mundum temere ferri, sublata prouidentia putet.

Atque ideo post hanc uitam supplicia uitiis decreta, uirtuti praemia constituta credunt. Contra sentientem, ne in hominum quidem ducunt numero, ut qui sublimem animae suae naturam, ad pecuini corpusculi uilitatem deiecerit, tantum abest ut inter ciues ponant, quorum instituta, moresque – si per metum liceat – omnes, floccifacturus sit. Cui enim dubium esse potest, quin is publicas patriae leges, aut arte clam eludere, aut ui nitatur infringere, dum suae priuatim cupiditati seruiat, cui nullus ultra leges metus, nihil ultra corpus spei superest amplius. Quamobrem sic animato nullus communicatur honos, nullus magistratus committitur, nulli publico muneri praeficitur. Ita passim uelut inertis, ac iacentis naturae despicitur. Ceterum nullo afficiunt supplicio, quod persuasum habeant, nulli hoc in manu esse, ut quicquid libet, sentiat; sed nec minis adigunt ullis, animum ut dissimulet suum, nec fucos admittunt, et mendacia, quae uelut proxima fraudi, mirum quam habent inuisa. Verum ne pro sua disputet sententia prohibent, atque id dumtaxat apud uulgus. Nam alioquin apud sacerdotes, grauesque uiros seorsum, non sinunt modo, sed hortantur quoque, confisi fore, ut ea tandem uesania rationi cedat.

Sunt et alii, nec ii sane pauci, nempe improhibiti, ueluti neque ratione penitus pro se carentes, neque mali, qui uitio longe diuerso, brutorum quoque aeternas esse animas opinantur. At nostris tamen neque dignitate comparandas,

verdadeira, e todas as outras falsas, ele previa que, facilmente, desde que se se procedesse com prudência e moderação, aconteceria que a própria força da verdade por si só iria emergir e aparecer finalmente. Mas se com armas e tumulto os cidadãos contenderem, quando os mais atrevidos são os piores, a melhor e mais santa religião ficaria soterrada entre as mais vãs superstições, como as leivas entres espinhos e matos. Por isso, Utopo pôs de lado a questão, deixando-a em aberto, e permitiu que cada um fosse livre para escolher em que crer. Mas, santa e severamente, ele proibiu que qualquer pessoa denigra de tal modo a dignidade de sua natureza humana, que pense que os espíritos também morrem com o corpo, e que o universo seja levado pelo acaso, sem o auxílio da providência.

Porém, os utopienses creem que depois da vida serão decretados suplícios pelos vícios que tenham tido, e que serão constituídos prêmios pelas suas virtudes. Aos que pensam contrariamente, os utopienses nem sequer os consideram no cômputo dos homens; e aquele que degrada a natureza de sua alma na vileza do corpo de um bicho tampouco os utopienses contam entre os cidadãos, cujos institutos e costumes, se o medo lhe permitisse, ele iria destruir. Pois sobre quem assim acredita não podem restar dúvidas de que tentará ou burlar as leis públicas da pátria, por oculto ardil, ou as infringir, desde que privadamente atenda à própria cupidez. Alguém assim não tem nenhum medo, além das leis, já que não tem qualquer esperança para além do corpo. Por isso, àquele que assim pensa, nenhuma honraria é conferida pelos utopienses, não é investido em qualquer magistratura, nem recebe cargos públicos. É, destarte, desprezado por todos, como um ser inútil e de natureza vil. Mas não lhe cominam suplícios, porque estão convencidos de que não está nas mãos de ninguém acreditar naquilo que quiser; assim, não usam de ameaças para que se dissimulem as crenças, nem admitem enganações, porque é admirável o quanto os utopienses acham odiosa a mentira, por ser vizinha da fraude. De fato, eles não proíbem que se discutam opiniões, desde que isso não ocorra em público. Porquanto, com os sacerdotes e com os homens graves, em particular, eles não apenas permitem as discussões, mas também as incentivam, porque estão certos de que assim, finalmente, a loucura cederá à razão.

Há outras pessoas também, que não são poucas, que não são importunadas, por não serem consideradas inteiramente carentes de razão, pois não são más aquelas que, por um erro inteiramente diferente, pensam que também os animais têm almas eternas, ainda que não se

neque ad aequam natas felicitatem. Hominum enim cuncti fere tam immensam fore beatitudinem pro certo atque explorato habent, ut morbum lamententur omnium, mortem uero nullius, nisi quem uident anxie e uita, inuitumque diuelli. Nempe hoc pro pessimo habent augurio, tamquam anima exspes ac male conscia, occulto quopiam imminentis poenae praesagio, reformidet exitum. Ad hoc haudquaquam gratum deo, eius putant aduentum fore, qui cum sit accersitus, non accurrit libens, sed inuitus ac detrectans pertrahitur. Hoc igitur mortis genus, qui intuentur horrent, itaque defunctos, moesti ac silentes efferunt, precatique propitium manibus deum, uti eorum clementer infirmitatibus ignoscat, terra cadauer obruunt.

Contra, quicumque alacriter ac pleni bona spe decesserint, hos nemo luget, sed cantu prosecuti funus, animas deo, magno commendantes affectu, corpora tandem reuerenter magis quam dolenter concremant, columnamque loco insculptis defuncti titulis erigunt. Domum reuersi, mores, actaque eius recensent, nec ulla uitae pars, aut saepius, aut libentius, quam laetus tractatur interitus. Hanc probitatis memoriam, et uiuis efficacissima rentur incitamenta uirtutum, et gratissimum defunctis cultum putant, quos interesse quoque de se sermonibus opinantur, quamquam— ut est hebes mortalium acies—inuisibiles. Nam neque felicium sorti conueniat, libertate carere migrandi quo uelint, et ingratorum fuerit prorsus abiecisse desiderium amicos inuisendi suos, quibus eos dum uiuerent, mutuus amor, caritasque deuinxerat, quam bonis uiris, ut cetera bona, auctam post fata potius, quam imminutam coniectant. Mortuos ergo uersari inter uiuentes credunt, dictorum factorumque spectatores, eoque res agendas fidentius aggrediuntur, talibus uelut freti praesidibus, et ab inhonesto secreto deterret eos, credita maiorum praesentia.

Auguria, ceterasque superstitionis uanae diuinationes, quarum apud alias gentes magna est obseruatio, negligunt prorsus, atque irrident. Miracula uero, quae nullo naturae proueniunt adminiculo, uelut praesentis opera, testesque

comparem às nossas em dignidade, e não tenham nascido para igual bem-aventurança. Todos os utopienses têm por certo e garantido que será tão imensa a beatitude dos homens, que lamentam todas as doenças, mas nenhuma morte – a não ser de quem eles veem ser arrancado da vida com angústia e contrariedade. Pois consideram isso um péssimo augúrio, uma vez que quem teme a morte é uma alma desesperada e de má consciência, que pressagia em oculto a pena iminente. Além disso, os utopienses acreditam que deus não gostará daquele homem que, ao chegar, por ele chamado, não acorra de boa vontade, mas que vá, a contragosto e a reclamar, arrastado até diante dele. Os que assistem a esse tipo de morte horrorizam-se e carregam pesarosos e silentes o defunto, rogando com as mãos a deus que seja misericordioso e que, clemente, perdoe-lhe a fraqueza; e cobrem de terra o cadáver.

Por outro lado, por aquele que morre alegre e cheio de boa esperança ninguém chora, mas segue o féretro com cânticos, encomendando com grande fervor o espírito a deus. Então, mais reverentes do que tristes, os utopienses cremam o corpo e erguem no local uma coluna insculpida com os títulos do defunto. Voltando para casa, lembram-se de seus feitos e de seus costumes, e nenhuma parte de sua vida é mais repetida e jucundamente contada do que a alegria de sua morte. Eles pensam que a lembrança da probidade é o mais eficaz incentivo à virtude para os vivos e creem que seja um gratíssimo culto aos defuntos, porque supõem que os mortos estejam presentes durante os discursos sobre eles, ainda que invisíveis para os débeis olhos mortais. Pois os utopienses creem que não convém à sorte dos bem-aventurados não terem a liberdade de ir aonde quiserem, e seria característica dos desgraçados não ter o desejo de visitar os amigos, aos quais, enquanto vivos, um mútuo amor e a amizade uniam. Para os homens bons, os utopienses pensam que o que fizerem de bom, depois da morte mais aumenta do que diminui. Eles creem que os mortos se encontram entre os vivos, que são espectadores de suas falas e de seus feitos. Por isso, os utopienses enfrentam com mais confiança suas tarefas, confiados em tais defensores; e a crença na presença dos antepassados os impede de cometerem em segredo desonestidades.

Os augúrios e outras adivinhações da vã superstição, que são observados em outras nações, os utopienses os menosprezam inteiramente e os ridicularizam. Porém, veneram os milagres que não provêm da ajuda da natureza e que são adorados como obra e testemunho da presença divina.

numinis uenerantur. Qualia et ibi frequenter extare ferunt, et magnis interdum ac dubiis in rebus publica supplicatione, certa cum fiducia procurant, impetrantque.

Gratum deo cultum putant naturae contemplationem, laudemque ab ea. Sunt tamen, iique haud sane pauci, qui religione ducti, litteras negligunt, nulli rerum cognitioni student, neque otio prorsus ulli uacant, negotiis tantum, bonisque in ceteris officiis statuunt, futuram post fata felicitatem promereri. Itaque alii aegrotis inseruiunt, alii uias reficiunt, purgant fossas, pontes reparant, cespites, arenam, lapides effodiunt, arbores demoliuntur ac dissecant, bigisque ligna, fruges, item alia in urbes important, nec in publicum modo, sed priuatim quoque ministros, ac plus quam seruos agunt. Nam quicquid usquam operis est asperum, difficile, sordidum, a quo plerosque labor, fastidium, desperatio deterreat, hoc illi sibi totum libentes, hilaresque desumunt, ceteris otium procurant, ipsi perpetuo in opere ac labore uersantur, nec imputant tamen, nec aliorum sugillant uitam, nec suam efferunt. Ii quo magis sese seruos exhibent, eo maiore apud omnes in honore sunt.

Eorum tamen haereses duae sunt, altera caelibum, qui non Venere modo in totum abstinent, sed carnium esu quoque. Quidam animalium etiam omnium, reiectisque penitus tamquam noxiis uitae praesentis uoluptatibus, futurae dumtaxat, per uigilias ac sudores inhiant, eius propediem obtinendae spe. Alacres interim, uegetique. Altera laboris haud minus appetens, coniugium praefert, ut cuius nec aspernantur solatium, et opus, naturae debere se, et patriae liberos putant. Nullam uoluptatem refugiunt, quae nihil eos ab labore demoretur. Carnes quadrupedum uel eo nomine diligunt, quod tali cibo se ualidiores ad opus quodque censeant. Hos Vtopiani prudentiores, at illos sanctiores reputant. Quos quod caelibatum anteferunt matrimonio, asperamque uitam placidae anteponunt, si rationibus niterentur irriderent, nunc uero cum se fateantur religione duci suspiciunt ac reuerentur. Nihil enim sollicitius obseruant, quam ne temere quicquam ulla de religione pronuncient. Huiusmodi ergo sunt, quos illi

Dizem que os milagres lá ocorrem com frequência, e que, durante as grandes tribulações, eles os pedem em súplicas públicas, com imensa fé, e que os alcançam.

Pensam também que a contemplação da natureza e os louvores a ela são um culto querido a deus. Há ainda aqueles utopienses, que não são poucos, que, levados pela religião, negligenciam as letras, não se esforçam para compreender as coisas, mas que não se entregam ao ócio, e aplicam-se tão-só aos negócios e a serviço do bem de seus semelhantes, com o fito de merecerem a futura felicidade após a morte. Daí, uns desses cuidam dos doentes, outros refazem as estradas, limpam as fossas, reparam pontes, desenterram torrões, escavam areia, revolvem pedras, derrubam e serram árvores, transportam lenha em carroças e também cereais e demais produtos, para as cidades, não só em tarefas públicas, mas também como cidadãos privados, mais como empregados do que como escravos. A todo trabalho desagradável, difícil e sórdido, cujo esforço e fastio desesperam e assustam a muitos, os utopienses se entregam inteiramente de boa vontade e, sorridentes, o realizam; proporcionam o ócio dos outros enquanto eles próprios lidam com o contínuo trabalho e fadiga. Mas não criticam nem reprovam a vida das outras pessoas, nem embrutecem a sua. Quanto mais eles se parecem com escravos, tanto mais são honrados por todos seus concidadãos.

Há desses utopienses duas seitas: uma, de solteiros, que não apenas se abstêm de todo sexo, mas não comem carne – e alguns chegam mesmo a rejeitar qualquer produto animal e todos os prazeres da vida como nocivos, e que, na esperança da vida futura, adiam tais prazeres com vigílias e suores, mantendo-se, no ínterim, alegres e vivazes. Os outros, da segunda seita, não menos desejosos do trabalho, preferem o casamento, e não desprezam seus confortos; eles pensam que os filhos são obra natural e um dever para com a pátria. Não recusam qualquer prazer, desde que não os atrase no trabalho. Apreciam a carne dos animais porque pensam que com tal alimento tornam-se mais fortes para o trabalho. Os utopienses consideram estes mais sábios, embora achem aqueles mais santos. Riem dos que preferem o celibato ao matrimônio, e antepõem a vida dura à mansa, justificando-se pela racionalidade; mas como eles se confessam guiados pela religião, os utopienses os honram e veneram. Pois não há nada que os utopienses observam mais preocupadamente do que nunca falar de forma leviana sobre a religião. Eles os

peculiari nomine sua lingua Buthrescas uocant, quod uerbum latine religiosos licet interpretari.

Sacerdotes habent eximia sanctitate, eoque admodum paucos. Neque enim plus quam tredecim in singulis habent urbibus pari templorum numero, nisi cum itur ad bellum. Tunc enim septem ex illis cum exercitu profectis totidem sufficiuntur interim, sed illi reuersi, suum quisque locum recuperat, qui supersunt, ii quoad decedentibus illis ordine succedant, comites interea sunt nam Pontificis. Vnus reliquis praeficitur.

Eliguntur a populo, idque ceterorum ritu magistratuum, occultis, ad studia uitanda, suffragiis. Electi a suo collegio consecrantur. Ii rebus diuinis praesunt, religiones curant, ac morum ueluti censores sunt, magnoque pudori ducitur ab iis quemquam tamquam uitae parum probatae accersi, compellariue. Ceterum ut hortari atque admonere illorum est, ita coercere atque in facinorosos animaduertere principis, atque aliorum est magistratuum, nisi quod sacris interdicunt, quos improbe malos comperiunt. Nec ullum fere supplicium est quod horreant magis. Nam et summa percelluntur infamia, et occulto religionis metu lacerantur, ne corporibus quidem diu futuris in tuto. Quippe ni properam poenitentiam sacerdotibus approbent, comprehensi impietatis poenam Senatui persoluunt.

Pueritia iuuentusque ab illis eruditur, nec prior litterarum cura, quam morum ac uirtutis habetur, namque summam adhibent industriam, ut bonas protenus opiniones, et conseruandae ipsorum reipublicae utiles, teneris adhuc, et sequacibus puerorum animis instillent, quae ubi pueris penitus insederint, uiros per totam uitam comitantur, magnamque ad tuendum publicae rei statum—qui non nisi uitiis dilabitur, quae ex peruersis nascuntur opinionibus— afferunt utilitatem.

Sacerdotibus—ni feminae sint. Nam neque ille sexus excluditur, sed rarius, et non nisi uidua, natuque grandis eligitur—uxores sunt popularium selectissimae. Neque enim ulli apud Vtopienses magistratui maior habetur honos

chamam em sua língua pelo nome peculiar de *butrecos*, que, traduzido em língua latina, pode ser interpretado como religiosos.

Há lá sacerdotes de exímia santidade, e que, por isso mesmo, são poucos. Assim, não há mais que treze em cada cidade, de acordo com o número de templos – a não ser quando os utopienses vão à guerra. Nesse caso, sete entre os sacerdotes acompanham o exército, e sete outros os substituem. Porém, aqueles que regressam reocupam seus postos, e os substitutos, que sucederão em ordem aqueles que morrerem, permanecem até lá como assistentes do bispo – que é um só, e que preside os demais, sendo eleito pelo povo, segundo o rito de todas as outras magistraturas, por sufrágio secreto, a fim de se evitarem as parcialidades. Os eleitos são consagrados pelo seu colegiado e presidem os atos religiosos, cuidam das religiões e são censores dos costumes. É considerado um grande opróbrio para qualquer utopiense ser chamado pelos sacerdotes e ser repreendido por uma vida pouco digna. Porém, embora a exortação e a advertência aos delinquentes sejam funções desses sacerdotes, castigá-los e os fazer se arrependerem são incumbências do príncipe e das outras magistraturas – exceto quando os sacerdotes proíbem de participar dos cultos aqueles que consideram ímprobos e maus. Não há suplício que desperta maior temor nos utopienses, porque os que o sofrem são abatidos por suma infâmia e são lacerados pelo medo íntimo da religião; nem mesmo seus corpos estão seguros por muito tempo, porque, se não aceitarem de pronto a punição dos sacerdotes, os acusados de impiedade recebem a pena do Senado.

A infância e a juventude são educadas por tais sacerdotes, que se preocupam mais com as letras do que com os costumes e virtudes, pois usam de todo engenho para instilar desde cedo nos espíritos ainda tenros e dóceis das crianças as opiniões boas e úteis à conservação da república – princípios que, quando se assentam fundo nas crianças, acompanham os homens por toda a vida e que são de grande utilidade para a segurança da república, que só é derrubada pelos vícios que nascem das opiniões perversas.

Até há sacerdotisas, pois o sexo feminino não é excluído, sendo apenas mais raro, uma vez que elas só costumam ser eleitas dentre as viúvas e anciãs. Com exceção das sacerdotisas, as mulheres dos sacerdotes são as mais importantes da população. Não há, deveras, entre os utopienses, nenhuma

usque adeo, ut si quid etiam flagitii admiserint, nulli publico iudicio subsint, deo tantum, ac sibi relinquuntur. Neque enim fas putant illum, quantumuis scelestum, mortali manu contingere, qui deo tam singulari modo uelut anathema dedicatus est. Qui mos illis facilior est obseruatu, quod sacerdotes et tam pauci, et tanta cum cura deliguntur. Nam neque temere accidit, ut qui ex bonis optimus ad tantam dignitatem, solius respectu uirtutis euehitur, in corruptelam et uitium degeneret, et si iam maxime contingeret, ut est mortalium natura mutabilis, tamen qua sunt paucitate, nec ulla praeter honorem potestate praediti, ad publicam certe perniciem nihil magni ab his momenti pertimescendum sit. Quos ideo tam raros atque infrequentes habent, ne dignitas ordinis, quem nunc tanta ueneratione prosequuntur, communicato cum multis honore uilesceret, praesertim cum difficile putent frequentes inuenire tam bonos, ut ei sint dignitati pares, ad quam gerendam non sufficit mediocribus esse uirtutibus.

Nec eorum aestimatio apud suos magis, quam apud exteras etiam gentes habetur, quod inde facile patet, unde etiam natum puto. Nempe decernentibus proelio copiis, seorsum illi non admodum procul considunt in genibus, sacras induti uestes, tensis ad caelum palmis, primum omnium pacem, proxime, suis uictoriam, sed neutri cruentam parti comprecantur, uincentibus suis decurrunt in aciem, saeuientesque in profligatos inhibent, uidisse tantum atque appellasse praesentes ad uitam satis, diffluentium contactus uestium, reliquas quoque fortunas ab omni bellorum iniuria defendit. Qua ex re apud omnes undique gentes, tanta illis ueneratio, tantum uerae maiestatis accessit, ut saepe ab hostibus non minus salutis ad ciues reportarint, quam ab ipsis ad hostes attulissent. Siquidem aliquando constat, inclinata suorum acie, desperatis rebus, cum ipsi in fugam uerterentur, hostes in caedem ac praedam ruerent, interuentu sacerdotum interpellatam stragem, ac diremptis inuicem copiis, pacem aequis conditionibus esse compositam atque constitutam. Neque enim umquam fuit

magistratura que receba maior consideração do que a dos sacerdotes, pois mesmo se eles cometerem algum crime não se submeterão à justiça pública, e serão entregues apenas ao julgamento de deus e às próprias consciências. Os utopienses pensam que não é direito, por qualquer que seja o crime, tocar-se com mão humana quem foi consagrado a deus como uma espécie de anátema, como uma oferenda sagrada. E tal costume é bem fácil de ser observado, porque os sacerdotes são muito poucos, e, mais ainda, porque são escolhidos com muito zelo. Por isso, não costuma acontecer de alguém, que seja o melhor entre os bons, e que, após ter sido guindado a tão alta dignidade pelo respeito à virtude, depois se degenere em corrupção e vício. Se, contudo, isso ocorrer, já que a natureza dos mortais é sempre mutável, como os sacerdotes são tão poucos, e como não têm nenhum poder senão sua dignidade, decerto não há que temer que causassem algum considerável mal público. Os utopienses têm-nos tão raros e poucos para que a dignidade da ordem, que eles seguem com tanta veneração, não se degenere ao ser comunicada a muitos; e, mormente, porque eles acham difícil encontrar homens bons bastantes, que sejam iguais àqueles em dignidade, para executarem uma função que exige mais do que as ordinárias virtudes.

Os sacerdotes não recebem maior estima de seus conterrâneos do que dos povos estrangeiros, o que facilmente se comprova – e creio bem saber de onde isso vem. Afinal, quando os sacerdotes veem os exércitos em luta, apartados e de joelhos, não distantes dos seus, recobertos com as vestes sagradas, a estender as mãos ao céu, eles pedem, antes de tudo, a paz e, só depois, a vitória dos seus, porém, que não seja sangrenta para nenhuma das partes; além disso, quando seus exércitos são os vencedores, eles correm para o campo de batalha e impedem os furiosos de se atirarem sobre os caídos, pois apenas ver um sacerdote ou o chamar é o bastante para garantir a vida de um derrotado, ao passo que o mero contato com as vestes pendentes dos sacerdotes defende as riquezas daquele que as toca contra as injúrias da guerra. Por esse motivo, em todos os povos e por toda parte, os sacerdotes recebem tanta veneração e tão verdadeira majestade que, muitas vezes, obtiveram do inimigo não menos salvação para seus cidadãos do que levaram eles aos inimigos. Consta que, algumas vezes, no desespero das coisas, quando os exércitos utopienses se encontravam já desbaratados e em fuga, quando os inimigos já sobrevinham em matança e razia, foi pela intervenção dos sacerdotes que se interrompeu a carnagem, e, por seu turno, que foram eles que, separando as tropas, compuseram e constituíram a paz, em condições

ulla gens tam fera, crudelis ac barbara, apud quos ipsorum corpus non sacrosanctum, atque inuiolabile sit habitum.

Festos celebrant initialem atque ultimum cuiusque mensis diem, et anni item, quem in menses partiuntur, circuitu lunae finitos, ut solis ambitus annum circinat. Primos quosque dies Cynemernos, postremos ipsorum lingua Trapemernos appellant, quae uocabula perinde sonant, ac si primifesti et finifesti uocentur.

Delubra uisuntur egregia, utpote non operosa modo, sed quod erat in tanta ipsorum paucitate necessarium, immensi etiam populi capacia. Sunt tamen omnia subobscura, nec id aedificandi inscitia factum, sed consilio sacerdotum ferunt, quod immodicam lucem cogitationes dispergere, partiore ac uelut dubia colligi animos, et intendi religionem putant.

Quae quoniam non est ibi apud omnes eadem, et uniuersae tamen eius formae quamquam uariae ac multiplices, in diuinae naturae cultum uelut in unum finem diuersa uia commigrant. Idcirco nihil in templis uisitur, auditurue, quod non quadrare ad cunctas in commune uideatur. Si quod proprium sit cuiusquam sectae sacrum, id intra domesticos quisque parietes curat, publica tali peragunt ordine, qui nulli prorsus ex priuatis deroget.

Itaque nulla deorum effigies in templo conspicitur, quo liberum cuique sit, qua forma deum uelit e summa religione concipere. Nullum peculiare dei nomen inuocant, sed Mythrae dumtaxat, quo uocabulo cuncti in unam diuinae maiestatis naturam, quaecumque sit illa, conspirant, nullae concipiuntur preces, quas non pronunciare quiuis inoffensa sua secta possit.

Ad templum ergo in finifestis diebus uespere conueniunt, adhuc ieiuni, acturi deo de anno, menseue cuius id festum postremus dies est, prospere acto gratias, postero die, nam is primifestus est, mane ad templa confluitur, ut insequentis anni, mensisue, quem ab illo auspicaturi festo sint, faustum felicemque successum comprecentur. At in finifestis antea quam templum petunt uxores, domi ad uirorum pedes, liberi ad parentum prouoluti, peccasse fatentur sese aut admisso aliquo, aut officio indiligenter obito, ueniamque

de equidade. Assim, nunca existiu gente tão fera, cruel e bárbara que não considerasse os corpos deles sacrossantos e invioláveis.

Os utopienses celebram como festivos o primeiro e o último dia de cada mês, e também do ano, que, por sua vez, é dividido em meses, determinados pelo ciclo da lua, ao passo que a volta do sol circunda o espaço de um ano. Eles chamam, em sua língua, cada primeiro dia de cinemerno, e cada último dia de trapemerno – palavras que lhes soam do mesmo modo como se entre nós eu dissesse primifesta, ou festa de abertura, e finifesta, ou festa de encerramento.

Os templos são admiráveis, e não só muito trabalhados, mas, como há pouco deles, são também amplos o suficiente para agasalharem a imensa população. Todos eles, porém, são sombrios, e assim foram construídos não por imperícia, mas por determinação dos sacerdotes, que julgam que a luz excessiva dispersa as meditações, enquanto a luminosidade esbatida e dúbia concentra os ânimos e favorece à devoção.

Essas devoções, embora ali não sejam as mesmas para todos, e ainda que suas formas sejam tantas e de tão variadas maneiras, todas elas caminham juntas para o culto da divina natureza, como diversas vias para um único fim. Por isso, nada se vê ou se ouve nos templos que não se enquadre em comum a todas as crenças. Se alguma seita tem um ritual próprio, cuida para que se realize entre as paredes domésticas; pois celebram os ofícios públicos de tal modo que nada derrogue dos particulares.

Não se veem imagens de deus nos templos, para que cada um seja livre para conceber como quiser sua forma, conforme a devoção. Não invocam deus por nenhum nome peculiar, exceto Mitra, vocábulo que concordam referir-se à única natureza da majestade divina, qualquer que seja ela; e não fazem preces, a não ser aquelas que qualquer um pode pronunciar sem ofender sua seita.

Os utopienses vão aos templos às finifestas, à tarde, ainda em jejum, e dão graças a deus pela prosperidade do ano, ou do mês, cujo último dia é o daquela celebração; e também no dia seguinte, nas primifestas, na parte da manhã, eles confluem todos aos templos, para auspiciarem, naquele dia fausto e feliz, sucesso para o ano, ou o mês que se inicia. Porém, nas finifestas, antes de irem ao templo, as esposas e os filhos prostram-se aos pés dos maridos e pais, confessam haverem pecado, ou admitem não haverem feito seu dever com diligência, e, por fim, pedem perdão pelos erros. Desse modo, se alguma nuvem de contrariedade

errati precantur. Ita si qua se nubecula domesticae simultatis offuderat, tali satisfactione discutitur, uti animo puro ac sereno sacrificiis intersint. Nam interesse turbido, religio est. Eoque odii, iraeue in quemquam sibi conscii, nisi reconciliati ac defecatis affectibus ad sacrificia non ingerunt sese, uindictae celeris, magnaeque metu.

Eo cum ueniunt, uiri in dextram delubri partem, feminae seorsum in sinistram commeant. Tum ita se collocant, ut cuiusque domus masculi ante patremfamilias consideant, feminarum materfamilias agmen claudat. Ita prospicitur, uti omnes omnium gestus foris ab his obseruentur, quorum authoritate domi ac disciplina reguntur, quin hoc quoque sedulo cauent, uti iunior ibi passim cum seniore copuletur, ne pueri pueris crediti, id temporis puerilibus transigant ineptiis, in quo deberent maxime religiosum erga superos metum, maximum, ac prope unicum uirtutibus incitamentum concipere.

Nullum animal in sacrificiis mactant, nec sanguine rentur, ac caedibus diuinam gaudere clementiam, qui uitam animantibus ideo est elargitus, ut uiuerent. Thus incendunt et alia item odoramenta, ad haec cereos numerosos praeferunt, non quod haec nesciant nihil ad diuinam conferre naturam, quippe ut nec ipsas hominum preces, sed et innoxium colendi genus placet, et iis odoribus luminibusque, ac ceteris etiam cerimoniis nescio quomodo sese sentiunt homines erigi, atque in dei cultum animo alacriore consurgere. Candidis in templo uestibus amicitur populus, sacerdos uersicolores induitur, et opere et forma mirabiles materia non perinde pretiosa. Neque enim auro intextae. Aut raris coagmentatae lapidibus, sed diuersis auium plumis, tam scite, tantoque artificio laboratae sunt, ut operis pretium nullius aestimatio materiae fuerit aequatura. Ad hoc in illis uolucrum pennis, plumisque, et certis earum ordinibus, quibus in sacerdotis ueste discriminantur, arcana quaedam dicunt contineri mysteria, quorum interpretatione cognita—quae per sacrificos diligenter traditur—diuinorum in se beneficiorum, suaeque uicissim pietatis in deum, ac mutui quoque inter se officii admoneantur.

doméstica há, ela se dissipa com tal satisfação para que todos possam ir aos rituais sagrados com ânimo puro e sereno, pois os utopienses têm vergonha de comparecer em algum lugar com o espírito conturbado. Por isso, estando cônscios de terem ódio ou ira por alguém, a não ser que se reconciliem ou tenham purificado seus sentimentos, eles não se dirigem aos rituais, por medo da grande e ligeira vingança.

Quando os utopienses vão aos templos, os homens se dirigem à direita, e as mulheres, à esquerda. Então, de tal modo se dispõem que os homens de cada casa acompanham o chefe da família, e a mãe fecha o grupo de mulheres. Os utopienses procedem assim para que os gestos de todos sejam observados, fora de casa, por aqueles que a governam com autoridade e disciplina; além disso, eles também se preocupam com que, em toda parte, alguém mais novo esteja acompanhado por alguém mais velho, para que as crianças deixadas com outras crianças não desperdicem seu tempo em infantilidades ineptas – um tempo no qual deveriam acima de tudo se imbuírem do temor religioso, que é o maior, senão o único, incitamento às virtudes.

Nos rituais, os utopienses não imolam nenhum animal, pois não creem que por sangue ou mortes alegrem a divina clemência, já que foi ela que prodigalizou com a vida os animais, para viverem. Mas queimam incensos e perfumes, e acendem inúmeros círios; e ainda que saibam que nada disso comove a natureza divina, como sequer o fazem as preces humanas, mas que lhe agrada outro tipo pacífico de culto, por esses odores, luzes e outras cerimônias que desconheço, os utopienses creem que os homens se sentem elevar-se e se encorajarem, com mais álacre ânimo, no culto a deus. No templo, o povo se veste com roupas brancas, e o sacerdote, com trajes coloridos, de lavor e forma admiráveis, embora de matéria não preciosa; pois não são tecidos em ouro, nem bordados com raras pedrinhas, mas são trabalhados com diversas plumas vegetais, tão hábil e destramente que o preço do material não se equipararia ao do trabalho. Além disso, as penas e plumas de pássaros, em disposição determinada, que podem ser vistas nas roupas dos sacerdotes, os utopienses dizem nelas haver ocultos mistérios, cuja interpretação eles conhecem, e que lhes foi diligentemente transmitida pelos oficiantes, para se lembrarem dos benefícios de deus, da reverência a ele, e dos deveres mútuos que têm os homens.

Cum primum sacerdos ita ornatus ex adito sese offert, cuncti protinus in terram uenerabundi procumbunt, tam alto ab omni parte silentio, ut ipsa dei facies, terrorem quemdam uelut praesentis cuiuspiam numinis incutiat. Tellure paulum morati, dato ab sacerdote signo, erigunt sese. Tum laudes deo canunt, quas musicis instrumentis interstingunt, aliis magna ex parte formis, quam quae nostro uisuntur orbe. Ex illis pleraque sicuti quae nobis in usu sunt, multum suauitate uincunt. Ita quaedam nostris ne conferenda quidem sint. Verum una in re haud dubie longo nos interuallo praecellunt, quod omnis eorum musica, siue quae personatur organis, siue quam uoce modulantur humana, ita naturales affectus imitatur et exprimit, ita sonus accommodatur ad rem, seu deprecantis oratio sit, seu laeta, placabilis, turbida, lugubris, irata, ita rei sensum quendam melodiae forma repraesentat, ut animos auditorum mirum in modum afficiat, penetret, incendat.

Solemnes ad ultimum conceptis uerbis preces, sacerdos pariter populusque percensent, ita compositas, ut quae simul cuncti recitant, priuatim quisque ad semet referat. In his deum et creationis, et gubernationis, et ceterorum praeterea bonorum omnium, quilibet recognoscit authorem, tot ob recepta beneficia gratias agit. Nominatim uero quod deo propitio in eam rempublicam inciderit quae sit felicissima, eam religionem sortitus sit, quam speret esse uerissimam. Qua in re, si quid erret, aut si quid sit alterutra melius, et quod deus magis approbet, orare se eius bonitas efficiat, hoc ut ipse cognoscat. Paratum enim sequi se quaqua uersus ab eo ducatur, sin et haec reipublicae forma sit optima, et sua religio rectissima, tum uti et ipsi constantiam tribuat, et ceteros mortales omneis ad eadem instituta uiuendi, in eandem de deo opinionem perducat, nisi inscrutabilem eius uoluntatem etiam sit, quod in hac religionum uarietate delectet. Denique precatur, ut facile defunctum exitu ad se recipiat, quam cito, seroue praefinire quidem non audere se. Quamquam quod inoffensa eius maiestate fiat, multo magis ipsi futurum cordi sit, difficillima morte obita, ad deum peruadere, quam ab eo diutius, prosperrimo uitae cursu distineri. Hac prece dicta rursus in terram proni, pauloque post erecti, discedunt pransum, et quod superest diei, ludis et exercitio militaris disciplinae percurrunt.

Assim que o sacerdote, de tal maneira adornado, adentra o templo, os utopienses, cheios de veneração, prosternam-se, e faz-se tão grande silêncio por toda parte que a própria aparência da cerimônia lhes incute temor, como se fora a presença de deus. Depois de demorarem um pouco em terra, ao ser dado o sinal pelo sacerdote, todos se levantam e cantam a deus louvores, acompanhados por instrumentos musicais, que, em grande medida, são diferentes na forma dos vistos em nossa parte do orbe. A maioria daqueles instrumentos, embora seu uso seja parecido entre nós, vence-nos em muito pela suavidade dos sons, enquanto alguns nem podem ser comparados aos nossos. É verdade que em uma coisa eles muito excelem, pois toda a sua música, seja a que é tocada nos instrumentos, seja a que é modulada pela voz humana, imita e expressa de tal modo os afetos naturais, e sua melodia se acomoda de tal maneira às palavras, que se assemelha à oração dos suplicantes, ou antes, é alegre, indulgente, túmida, lúgubre ou iracunda, de modo que cada melodia representa uma sensação, que de modo maravilhoso atinge, penetra e incendeia os ânimos dos que as ouvem.

Por fim, o sacerdote e o povo recitam juntos preces solenes, com determinadas palavras, assim compostas para que aquelas coisas que todos recitam juntos se refira a cada um em particular. Nessas preces, cada um reconhece deus como o autor da criação e do governo do universo, e de todos os outros bens, e dá-lhe graças por todas as benesses recebidas, e sobretudo pelo favor de deus em tê-los posto naquela república, que é a mais feliz, e porque escolheram a religião que esperam que seja a mais verdadeira. Quanto a isso, se estiver errada a religião, ou se houver alguma melhor, e que deus mais aprove, eles pedem que Sua bondade se efetive, para que se revele, pois estão prontos a seguir o que Ele mandar – porém, se sua for a melhor religião para a república, e a mais correta, pedem, então, a deus que lhes conceda constância, e conduza todos os mortais à mesma concepção de deus – a menos que a variedade das religiões lhe deleite, sendo inescrutável sua vontade. Em suma, os utopienses rezam para ser recebidos depois de uma morte suave, a qual eles não ousam, porém, pedir para que seja antecipada ou atrasada, embora digam que, se não for contra a majestade divina, preferem chegar a deus ainda que após uma morte dificílima, do que passar tanto tempo longe dele, mesmo no curso mais próspero da vida. Dita a prece, prosternam-se novamente em terra, erguem-se pouco depois para irem almoçar, e o que resta do dia, passam em brincos e exercícios militares.

[Laus reipublicae Vtopiensis.]

Descripsi uobis quam potui uerissime eius formam reipublicae quam ego certe non optimam tantum, sed solam etiam censeo, quae sibi suo iure possit reipublicae uindicare uocabulum. Siquidem alibi, de publico loquentes ubique commodo, priuatum curant. Hic ubi nihil priuati est, serio publicum negotium agunt, certe utrobique merito. Nam alibi, quotus quisque est qui nesciat, nisi quid seorsum prospiciat sibi, quantumuis florente republica semet tamen fame periturum, eoque necessitas urget, ut sui potius, quam populi id est aliorum habendam sibi rationem censeat. Contra hic, ubi omnia omnium sunt nemo dubitat—curetur modo, ut plena sint horrea publica—nihil quicquam priuati cuiquam defuturum. Neque enim maligna rerum distributio est, neque inops, neque mendicus ibi quisquam. Et cum nemo quicquam habeat, omnes tamen diuites sunt. Nam quid ditius esse potest, quam adempta prorsus omni solicitudine, laeto ac tranquillo animo uiuere! Non de suo uictu trepidum, non uxoris querula flagitatione uexatum, non paupertatem filio metuentem, non de filiae dote anxium, sed de suo, suorumque omnium, uxoris, filiorum, nepotum, pronepotum, abnepotum, et quam longam posterorum seriem suorum, generosi praesumunt, uictu esse, ac felicitate securum. Quid quod nihilo minus his prospicitur, qui nunc impotes olim laborauerunt, quam his qui nunc laborant.

Hic aliquis uelim cum hac aequitate audeat aliarum iustitiam gentium comparare, apud quas disperear, si ullum prorsus comperio, iustitiae, aequitatisque uestigium. Nam quae haec iustitia est, ut nobilis quispiam, aut aurifex, aut foenerator, aut denique alius quisquam eorum, qui aut omnino nihil agunt, aut id quod agunt, eius generis est, ut non sit reipublicae magnopere necessarium, lautam ac splendidam uitam, uel ex otio, uel superuacuo negotio consequatur, cum interim mediastinus, auriga, faber, agricola, tanto, tamque assiduo labore, quam uix iumenta sustineant, tam necessario, ut sine eo ne unum quidem annum possit ulla durare respublica uictum tamen adeo malignum parant, uitam adeo miseram ducunt, ut longe potior uideri possit conditio iumentorum, quibus nec tam perpetuus

Elogios à república dos utopienses

Descrevi para vós, do melhor modo que eu pude, a forma da república que não só eu penso que decerto seja a melhor, mas também a única que pode reivindicar para si, de pleno direito, o nome de república, porque em todos os lugares onde se fala sobre o interesse público, apenas se cuida do privado; enquanto, em Utopia, onde nada é privado, eles se ocupam com seriedade dos negócios públicos, com proveito para todos. Pois, noutras partes, todos sabem que se alguém não se prover por si próprio, posto que florescente a república, morrerá de fome, e que, por isso, a necessidade o impele a antes se preocupar consigo do que com o povo, isto é, com os outros. Em contrapartida, em Utopia, onde ninguém duvida que tudo é de todos, uma vez que se cuide que os silos públicos estejam cheios, nunca faltará coisa alguma a ninguém. Por isso, não é mesquinha a distribuição de bens, de modo que não há ali ninguém que seja pobre ou mendigo. Embora nada possuam, todos são ricos. Pois maior riqueza ninguém pode ter do que, inteiramente livre de qualquer preocupação, viver com o ânimo alegre e tranquilo, sem temor pelo sustento, sem o incômodo das queixas da esposa, sem a apreensão pela pobreza do filho, nem a aflição pelo dote da filha, estando seguro quanto à sua felicidade e sustento, e com a de todos os seus – esposa, filhos, netos, bisnetos e toda a série de descendentes que os nobres computam. E aqueles inválidos, que outrora trabalharam, não recebem nada menos do que aqueles que hoje trabalham.

Quisera eu que alguém ousasse comparar com essa equidade a justiça praticada em outros povos, junto aos quais que eu morra se encontrar algum vestígio de justiça ou equidade. Pois que justiça é essa na qual qualquer nobre, ourives ou usurário, ou qualquer outro desses que não fazem nada, ou que só produzem o que é inteiramente desnecessário à república, tenha uma vida soberba e esplêndida, passada no ócio ou em tarefas inúteis, enquanto, ao mesmo tempo, um escravo, um cocheiro, um trabalhador ou um agricultor se esforça com trabalho tão duro que a custo um asno aguentaria, e tão necessário que sem ele nenhuma república poderia durar sequer um único ano, e que ainda assim recebem tão pouco alimento e levam uma vida tão mísera que a condição dos asnos poderia ser considerada muito melhor, pois nem as bestas vivem em tão constante trabalho, nem sua alimentação é

labor, nec uictus multo deterior est, et ipsis etiam suauior, nec ullus interim de futuro timor. At hos et labor sterilis, atque infructuosus, in praesenti stimulat, et inopis recordatio senectutis occidit, quippe quibus parcior est diurna merces, quam ut eidem possit diei sufficere, tantum abest ut excrescat, et supersit aliquid quod quotidie queat in senectutis usum reponi.

An non haec iniqua est et ingrata respublica, quae generosis ut uocant et aurificibus, et id genus reliquis, aut otiosis, aut tantum adulatoribus, et inanium uoluptatum artificibus, tanta munera prodigit. Agricolis contra, carbonariis, mediastinis, aurigis et fabris, sine quibus nulla omnino respublica esset, nihil benigne prospicit. Sed eorum florentis aetatis abusa laboribus, annis tandem ac morbo graues, omnium rerum indigos, tot uigiliarum immemor, tot ac tantorum oblita beneficiorum miserrima morte repensat ingratissima. Quid quod ex diurno pauperum demenso diuites cotidie aliquid, non modo priuata fraude, sed publicis etiam legibus abradunt, ita quod ante uidebatur iniustum, optime de republica meritis pessimam referre gratiam, hoc isti deprauatum etiam fecerunt, tum prouulgata lege iustitiam.

Itaque omnes has quae hodie usquam florent respublicas animo intuenti ac uersanti mihi, nihil sic me amet deus, occurrit aliud quam quaedam conspiratio diuitum, de suis commodis reipublicae nomine, tituloque tractantium. Comminiscunturque et excogitant omnes modos atque artes quibus, quae malis artibus ipsi congesserunt, ea primum ut absque perdendi metu retineant, post hoc ut pauperum omnium opera, ac laboribus quam minimo sibi redimant, eisque abutantur. Haec machinamenta, ubi semel diuites publico nomine hoc est etiam pauperum, decreuerunt obseruari, iam leges fiunt. At homines deterrimi cum inexplebili cupiditate, quae fuerant omnibus suffectura, ea omnia inter se partiuerint, quam longe tamen ab Utopiensium reipublicae felicitate absunt! E qua cum ipso usu sublata penitus omni auiditate pecuniae, quanta moles molestiarum recisa, quanta scelerum seges radicitus euulsa est! Quis enim nescit fraudes, furta, rapinas, rixas, tumultus, iurgia, seditiones, caedes, proditiones, ueneficia, cotidianis uindicata potius quam refrenata suppliciis,

pior, porque, na verdade, é até melhor, e elas não têm qualquer temor quanto ao futuro, ao passo que para os trabalhadores o trabalho estéril e infrutífero atormenta, e a recordação da mísera pobreza os angustia, porque a paga diária é tão magra que nem sequer pode ser bastante para o cotidiano, quanto mais para sobrar algo que se possa ser guardado para usar na velhice?

Mas não é iníqua e ingrata uma república que prodigaliza tantos presentes com os nobres, os ourives e outros tipos de ociosos ou aduladores, e artífices de maus prazeres, e que, pelo contrário, aos lavradores, carvoeiros, operários, carroceiros e carpinteiros, sem os quais a república com certeza não existiria, nada provê de benigno? Mas, depois de gastar a flor da idade na labuta, quando já estão prejudicados pelos anos e necessitados de todas as coisas, essa república, esquecida de todas as vigílias e olvidada de tantos benefícios, ingratíssima, não o recompensa com uma mísera morte? E ainda por cima, todo o tempo, os ricos não raspam algo do salário dos pobres, não apenas por meio de fraudes privadas, mas também por meio das leis públicas, e assim, o que antes parecia injusto – receber da melhor república a ingratidão em paga pelos méritos –, eles tornaram justo por meio da promulgação das leis?

Por isso, quando observo e me ocupo de todas essas repúblicas que hoje florescem, e, que Deus me perdoe, não vejo nada além que uma conspiração de ricos, que, em nome da república, tratam de seus interesses. Inventam e excogitam todas as maneiras e artifícios, por meio dos quais, primeiro, sem medo de perder, conservem tudo aquilo que adquiriram dolosamente, e, depois disso, apoderam-se do trabalho de todos os pobres, pagando-lhes pelo trabalho o mínimo possível. Essas maquinações, que os ricos decretaram que fossem observadas em nome do público, isso é, também em nome dos pobres, tornam-se as leis. Contudo, esses homens péssimos, ainda que, com insaciável cupidez, tenham repartido entre si todas as coisas, que seriam suficientes para todos, estão muito longe da felicidade da república dos utopienses. Ali, como toda a cobiça pelo dinheiro foi pelo próprio uso banida, que grande quantidade de males foi extirpada, e quantas searas de crimes foram arrancadas pela raiz! Pois, quem não sabe que as fraudes, furtos, rapinas, rixas, tumultos, lutas, sedições, assassinatos, traições e envenenamentos, e toda a sorte de coisas que diariamente

interempta pecunia commori, ad haec metum sollicitudinem, curas, labores, uigilias, eodem momento quo pecunia perituras. Quin paupertas ipsa, quae sola pecuniis uisa est indigere, pecunia prorsus undique sublata, protinus etiam ipsa decresceret.

Id quo fiat illustrius, reuolue in animo tecum annum aliquem sterilem atque infoecundum, in quo multa hominum milia, fames abstulerit, contendo plane in fine illius penuriae excussis diuitum horreis, tantum frugum potuisse reperiri, quantum si fuisset inter eos distributum, quos macies ac tabes absumpsit illam caeli, solique parcitatem, nemo omnino sensisset. Tam facile uictus parari posset, nisi beata illa pecunia, quae praeclare scilicet inuenta est, ut aditus ad uictum per eam patesceret, sola nobis ad uictum uiam intercluderet.

Sentiunt ista, non dubito, etiam diuites, nec ignorant quanto potior esset illa conditio nulla re necessaria carere, quam multis abundare superfluis, tam numerosis eripi malis, quam magnis obsideri diuitiis. Neque mihi quidem dubitare subit, quin uel sui cuiusque commodi ratio, uel Christi seruatoris authoritas—qui neque pro tanta sapientia potuit ignorare quid optimum esset, neque qua erat bonitate id consulere, quod non optimum sciret—totum orbem facile in huius reipublicae leges iamdudum traxisset, nisi una tantum belua, omnium princeps parensque pestium superbia, reluctaretur. Haec non suis commodis prosperitatem, sed ex alienis metitur incommodis. Haec ne dea quidem fieri uellet, nullis relictis miseris quibus imperare atque insultare possit. Quorum miseriis praefulgeat ipsius comparata felicitas, quorum suis explicatis opibus, angat atque incendat inopiam. Haec auerni serpens mortalium pererrans pectora, ne meliorem uitae capessant uiam, uelut remora retrahit ac remoratur.

Quae quoniam pressius hominibus infixa est, quam ut facile possit euelli, hanc reipublicae formam, quam omnibus libenter optarim, Vtopiensibus saltem contigisse gaudeo, qui ea uitae sunt instituta secuti, quibus reipublicae fundamenta iecerunt non modo felicissime, uerum etiam quantum humana praesagiri coniectura contigit, aeternum duratura. Extirpatis enim domi

são mais vingadas do que reprimidas pelos castigos, acabariam, com o fim do dinheiro; e que o medo, a ansiedade, as preocupações, fadigas e vigílias pereceriam no mesmo instante que o dinheiro. Pois, a própria pobreza, considerada apenas como falta de dinheiro, logo decresce, assim que o dinheiro é banido.

Que isso seja um exemplo: suponhamos conosco um ano estéril e infecundo, no qual a fome tenha levado muitos milhares de homens; garanto inteiramente que no fim dessa penúria, abertos os silos dos ricos, poder-se-ão encontrar tantos grãos quantos, se fossem distribuídos entre aqueles que a fome e a doença levaram, ninguém sentiria de forma alguma as privações do céu e da terra. Que fácil poderiam os alimentos ser providenciados se aquele maldito dinheiro, que foi inventado para com sua ajuda abrir-se a entrada dos alimentos, sozinho não nos cerrasse esse caminho para o sustento.

Não duvido que os ricos disso se apercebam, e que não ignorem ser melhor aquela condição de não carecerem de nada necessário do que se ter em abundância as coisas supérfluas, e serem libertados de inúmeros males, do que ficarem cercados por imensas riquezas. E não me ocorre duvidar que, ou em razão do interesse de cada um, ou pela autoridade de Cristo salvador – que, por causa de sua tamanha sapiência, não pode ignorar o que é melhor, nem, dada a sua bondade, saber aconselhar o que não é melhor –, todo o orbe facilmente já há muito tempo teria adotado as leis da república da Utopia, não fosse a soberba, que é, a um só tempo, uma besta, mãe e mestra de todos os males, não impedisse. Essa soberba não mede a prosperidade pelos confortos pessoais, mas pelos desconfortos alheios. Essa soberba não ficaria satisfeita sequer de ser uma deusa, se não houvesse os míseros que ela pudesse insultar. Comparada com a miséria deles, refulge dos utopienses a felicidade, cujas riquezas exibidas atormentam e ferem a pobreza. Essa serpente do Averno, que vaga nos peitos dos homens e não lhes permite tomar o melhor caminho na vida, é como uma rêmora, que puxa para trás e retarda o tubarão em que se agarra.

Uma vez que a soberba está profundamente encravada nos homens, não pode ser facilmente arrancada. Alegro-me que tenha existido essa forma de república, que eu gostaria que fosse de todos, ao menos entre os utopienses, que, seguindo na vida essas instituições com que lançaram os fundamentos da república não só de modo felicíssimo, mas que, tanto quanto pode a conjectura humana pressagiar, – durará eternamente. Pois,

cum ceteris uitiis ambitionis, et factionum radicibus, nihil impendet periculi, ne domestico dissidio laboretur, quae res una multarum urbium egregie munitas opes pessundedit. At salua domi concordia, et salubribus institutis, non omnium finitimorum inuidia principum—quae saepius id iam olim semper reuerberata tentauit—concutere illud imperium, aut commouere queat.

Haec ubi Raphael recensuit, quamquam haud pauca mihi succurrebant, quae in eius populi moribus, legibusque perquam absurde uidebantur instituta, non solum de belli gerendi ratione, et rebus diuinis, ac religione, aliisque insuper eorum institutis, sed in eo quoque ipso maxime, quod maximum totius institutionis fundamentum est uita scilicet, uictuque communi, sine ullo pecuniae commercio, qua una re funditus euertitur omnis nobilitas, magnificentia, splendor, maiestas, uera ut publica est opinio decora atque ornamenta reipublicae tamen quoniam defessum narrando sciebam, neque mihi satis exploratum erat, possetne ferre, ut contra suam sententiam sentiretur, praesertim quod recordabar, eo nomine quosdam ab illo reprehensos, quasi uererentur, ne non satis putarentur sapere, nisi aliquid inuenirent, in quo uellicare aliorum inuenta possent, idcirco et illorum institutione, et ipsius oratione laudata, manu apprehendens intro cenatum duco, praefatus tamen aliud nobis tempus, iisdem de rebus altius cogitandi, atque uberius cum eo conferendi fore, quod utinam aliquando contingeret.

Interea quemadmodum haud possum omnibus assentiri quae dicta sunt, alioqui ab homine citra controuersiam eruditissimo simul et rerum humanarum peritissimo, ita facile confiteor permulta esse in Vtopiensium republica, quae in nostris ciuitatibus optarim uerius, quam sperarim.

Secundi libri finis sermonis pomeridiani Raphaelis Hythlodaei, de legibus et institutis Utopiensis insulae paucis adhuc cognitae, per clarissimum et eruditissimum uirum D. Thomam Morum ciuem et uicecomitem Londinensem.

tendo sido extirpado de lá, juntamente com os outros vícios, as raízes da ambição e da sedição, não ameaça nenhum perigo, que labore pelos distúrbios internos, e que, muitas vezes, aniquilou as cidades mais ricas e bem guarnecidas. Mas, mantida a salvo a concórdia interna, e graças às saudáveis instituições, a inveja de todos os príncipes vizinhos, que já algumas vezes outrora tentou abalá-lo, nunca pode sacudir ou mover aquele império.

Quando Rafael terminou de falar, embora tenham me vindo à mente não poucas coisas sobre os costumes e as leis daquele país tenham me parecido absurdas, não só seu método de conduzir as guerras, os assuntos sagrados, a religião e muitos outros institutos, mas sobretudo o fundamento máximo de todas as suas instituições, isso é, a vida e o sustento comunitários, sem qualquer intervenção do dinheiro, que é a única coisa que destrói até o âmago a nobreza, a magnificência, o esplendor e a majestade, coisas que a opinião pública consideram como beleza e ornamentos da república, uma vez que percebi que ele se encontrava cansado de falar, e como eu não sabia se ele poderia tolerar que eu contrariasse sua opinião, lembrando-me em especial daqueles que, em seu relato, foram por ele repreendidos, porque temem não serem considerados o suficiente inteligentes, a não ser quando encontram algo que possam criticar nas ideias alheias, após elogiar as instituições dos utopienses e a fala dele, tomando-lhe a mão o conduzi à ceia, dizendo que deveríamos ter outra ocasião para discutir com mais profundidade tais questões, e discuti-las em mais detalhes – o que tomara aconteça.

Entretanto, embora eu não possa assentir com todas as coisas que foram ditas por um homem que, acima de qualquer controvérsia, é o mais erudito e o mais perito nas coisas humanas, confesso facilmente que muitas das coisas que existem na república dos utopienses eu mais desejaria que houvesse em nossas cidades, do que de fato imagino.

Fim do segundo livro do discurso vespertino de Rafael Hitlodeu, sobre as leis e os institutos da ilha de Utopia, conhecida ainda por poucos, pelo nobre e erudito varão, o senhor Thomas More, cidadão e visconde de Londres.

Notas do tradutor

[1] Morosofos: transliteração do adjetivo grego μωρόσοφος, que se compõe pela aglutinação dos sentidos de louco e sábio.

[2] Direito de asilo: instituto que remonta ao Concílio de Orleans, de 511 d.C. conduzido na presença de Clóvis I, por meio do qual se garantia proteção a quem quer que buscasse asilo nas dependências das igrejas e monastérios, mesmo assassinos, ladrões ou adúlteros.

[3] Lance de Vênus: mais alto lance alcançado no jogo de dados entre os romanos.

[4] Ef. 4,16. Mesmo em cólera, não pequeis; não se ponha o sol sobre o vosso ressentimento. Versão *Ave Maria*.

[5] Sl. 69, 9. Pois o zelo pela tua casa me consome, e os insultos daqueles que te insultam caem sobre mim. Versão *Ave Maria*.

[6] 2Rs, 2, 23-24: Dali subiu a Betel. Enquanto ia pelo caminho, saíram da cidade alguns rapazes, e puseram-se a zombar dele, dizendo: Sobe, careca; sobe, careca! Eliseu, voltando-se para eles, olhou-os e amaldiçoou-os em nome do Senhor. Imediatamente saíram da floresta dois ursos e despedaçaram quarenta e dois daqueles rapazes. Versão *Ave Maria*.

[7] Pv, 26, 5. Responde ao tolo segundo sua loucura para que ele não se julgue sábio aos seus olhos. Versão *Ave Maria*.

[8] É bastante interessante se notar que a descrição feita da família utopiense é muito mais próxima da família romana do que da família cristã, com a inclusão abrangente de todo o sistema parental e também dos servos e escravos, sob o comando de um *pater-familias* e de uma *mater-familias*, com direito inclusive de punição em relação a seus abrangidos.

Anexos

Guillielmvs Budaevs Thomae Lvpseto Anglo S.

Gratiam sane ingentem a nobis iniisti, Lupsete adolescentum doctissime, qui me porrecta mihi VTOPIA THOMAE MORI ad iucundissimae simul et usui futurae lectionis intentionem auertisti. Nam cum a me dudum precibus id contendisses, id quod meapte ipse sponte magnopere exoptaturus eram, ut THOMAE LINACRI medici utraque lingua praestantissimi libros sex de sanitate tuenda legerem, quos ille ex Galeni monumentis latinitate nuper ita donauit, uel quibus ipse potius latinitatem, ut si omnia eius auctoris opera (quae ego instar omnis medicinae esse puto) Latina tandem fiant, non magnopere tum medicorum schola Graecae linguae cognitionem desiderata uideatur, eum librum ex schedis LINACRI tumultuaria lectione ita percurri (quarum mihi usum tantisper a te indultum summi loco beneficii duco) ut ea lectione multum me profecisse existimem, sed ex libri editione quae nunc a te sedulo procuratur in officinis huius urbis, ego maiorem etiam profectum mihi spondeam. Hoc nomine cum me tibi obstrictum esse satis crederem, ecce tu mihi uelut prioris beneficii uel appendicem uel auctarium VTOPIAM illam MORI donasti, hominis in primis acris, ingenioque amoeno, et in rerum humanarum aestimatione ueteratoris.

Eum librum cum ruri in manibus cursitando, satagendo, operis imperitando haberem (partim enim nosti, partim audisti uillaticis me negotiis alterum iam hunc annum multum operae impendisse), usqueadeo eius lectione affectus sum cognitis et perpensis Vtopianorum moribus et institutis ut paene rei familiaris procurationem intermiserim atque etiam abiecerim, cum nugas esse uiderem artem omnem industriamque oeconomicam, omnemque omnino curam census ampliatricem. Qua tamen ipsa omne genus mortalium uelut oestro quodam intestino et congenito exagitari nemo est qui non uideat et intelligat, ut legitimarum prope dixerim et ciuilium artium ac disciplinarum eum esse scopum fateri necesse sit: ut tam liuida quam accurata sollertia alter ab altero, quicum ciuilitatis ius ei et interdum gentilitatis intercedit, quippiam semper abducat,

Guillaume Budé[1] ao inglês Thomas Lupset, saudações.

Recebe meus agradecimentos, Lupset, o mais douto dentre os moços, que, por me teres enviado a *Utopia*, de Thomas More, atraíste minha atenção para uma leitura ao mesmo tempo agradabilíssima e proveitosa. De fato, não há muito tempo tu me convenceste, com teus rogos, para o que eu já me encontrava propenso de boa vontade, a ler os seis tomos do *Sobre os Cuidados com a Saúde*, que Thomas Linacre, versadíssimo em ambas as línguas, traduziu recentemente dos originais de Galeno para a latinidade, e o fez tão bem que, se a obra completa daquele autor (que eu considero equivaler a toda a medicina) for traduzida para o latim, creio que não será mais necessário o conhecimento da língua grega nas escolas de medicina. Assim, percorri, em rápida leitura, aquela obra nas páginas de Linacre – as quais muito te agradeço pelo tempo que me emprestaste, e cuja leitura tanto me beneficiaram –, ainda que eu espere um benefício maior depois da publicação desse livro em que agora estás tão diligentemente empenhado a editar nas gráficas da cidade. Então, mesmo que por me dares a conhecer aquele primeiro nome eu já me achasse teu devedor, eis que tu me ofereceste, como um apêndice ou um adendo ao benefício anterior, a *Utopia*, de More, homem de entendimento agudo, de ameno temperamento e versadíssimo nas coisas humanas.

Tive tal livro nas mãos enquanto estava no campo, a passear, semear e dar ordens aos trabalhadores (pois em parte sabes, e em parte ouviste dizer, que tenho estado ocupado há mais de um ano com os assuntos de minha fazenda); e, ao estudar os costumes e as instituições dos utopienses, por pouco não me esqueci e abandonei a administração da propriedade familiar, ao perceber que toda a teoria e a prática econômica, e todo o zelo por aumentar os rendimentos mais não são que ninharias. Afinal, como todos veem e percebem, o gênero humano é naturalmente atiçado por dentro, de modo que é preciso confessar que quase toda a instrução e o trabalho legal têm o propósito de que, com malícia e acurada astúcia, cada um, do outro a quem está ligado por direito de cidadania ou familiar, deva sempre subtrair, tirar, pilhar, perjurar, forçar, enganar, culpar, extorquir, espoliar, atingir, submeter, supliciar, violentar, em parte com a conivência, em parte com a autorização das leis.

abstrahat, abradat, abiuret, exprimat, extundat, exsculpat, extorqueat, excutiat, excudat, subducat,suffuretur, suppilet, inuolet, legibusque partim coniuentibus, partim auctoribus, auferat et interuertat.

Id adeo magis in eis gentibus apud quas iura quae ciuilia et pontificia uocantur amplius in utroque foro ualent. Quorum moribus et institutis eam inualuisse opinionem nemo non uidet ut homines cautionum prudentes, uel captionum potius, et inconsultorum ciuium aucupes, et formularum, id est excipularum opifices, ac pactilis iuris callentissimi, et litium concinnatores iurisque controuersi, peruersi, inuersi, consulti, antistites esse iustitiae aequitatisque exsistimentur, solique digni qui de aequo bonoque responsitent, atque etiam (quad maius est multo) qui cum imperio ac potestate statuant quid unum quemque habere, quid non habere, quatenus quamdiuque liceat, alucinantis id utique sensus communis iudicio, quippe cum plerique hominum crassis ignorantiae lemis caecutientes, tam aequissimam fere causam unum quemque putemus habere quam maxime ius postulat, aut iure subnixus est. Cum si ad ueritatis normam et ad simplicitatis euangelicae praescriptum exigere iura uelimus, nemo sit tam stupidus quin intelligat, nemo tam uecors quin fateatur si urgeas, tam ius et fas hodie ac iamdiu in sanctionibus pontificiis, et ius atque aequum in legibus ciuilibus et principum placitis dissidere, quam CHRISTI rerum humanarum conditoris instituta eiusque discipulorum ritus, ab eorum decretis et placitis qui Croesi et Midae aceruos bonorum finem esse putant et felicitatis cumulum. Adeo si iustitiam finire nunc uelis quomodo priscis auctoribus placuit, quae ius suum unicuique tribuat, uel nullibi eam in publico inuenias, uel (si dicere id mihi permittam) culinariam quandam dispensatricem esse ut fateamur necesse sit, siue nunc imperitantium mores spectes, siue ciuium inter se et popularium affectus. Nisi uero a germana mundique aequali iustitia (quod ius naturale uocant) manasse ius id contenderint, ut quo quisque plus polleat, eu etiam plus habeat, quo autem plus habeat, eo plus eminere inter ciues

Isso acontece sobretudo nos países nos quais os Direitos, que são chamados de Civil e Canônico, têm grande autoridade nas duas esferas de jurisdição. É evidente que, por seus costumes e instituições, estabeleceu-se a opinião de que apenas os homens instruídos nas artes, ou melhor, nas artimanhas do Direito, que tramam armadilhas para os cidadãos não instruídos e expertos das fórmulas legais, isto é, dos enganos, conhecedores de uma justiça pervertida, urdidores de litígios, jurisconsultos de um Direito cruel e invertido, apenas esses podem ser considerados sumos sacerdotes da Justiça e da equidade, que apenas eles são dignos de dizer o que é bom e justo, e que ainda têm (o que é uma questão muito mais importante) a autoridade e o poder de decidir o que cabe a cada um, e o que não cabe, e em que quantidade e por quanto tempo. Tudo isso é aceito pela opinião comum dos povos, tomada por ilusões. E como a maioria dos homens, são inclinados a pensar que, para servir plenamente à Justiça, basta receber exatamente o que a lei permite, e estar a ela submetido. Mas, se quisermos medir as leis com a régua da verdade e as prescrições da simplicidade evangélica, não haverá ninguém tão estúpido que não pense, nem ninguém tão insano que não confesse, ainda que obrigado, que a Justiça e o Direito hoje se encontram distantes dos decretos papais, tanto dos de hoje quanto dos de antanho, e que o direito e o justo se apartam tanto das leis civis e do príncipe quanto a norma de Cristo, fundador da condição humana, e o rito de seus discípulos distam dos decretos e das decisões daqueles que pensam que o cúmulo da felicidade e o sumo bem se encontram nos tesouros de Creso ou de Midas. No entanto, se entendermos a Justiça como faziam os antigos, isto é, como a atribuição a cada um do seu direito, devemos concluir que isso não tem eficácia pública, ou, se me permites dizer, devemos confessar que a Justiça é como a criada que reparte as refeições – o que vês agora nos costumes dos governantes, bem como nas relações existentes entre nossos vizinhos ou entre nossos compatriotas. Talvez se possa argumentar que o Direito se tenha derivado daquela Justiça intrínseca aos seres, tão antiga quanto o universo, a que chamam de Direito Natural, segundo a qual, quanto mais poderoso é alguém, mais posses detém, e quanto mais posses detenha, tanto mais eminente deva ser entre os concidadãos. O resultado disso é que vemos um princípio aceito pela lei dos povos, de que aquelas pessoas,

debeat. Quo fit ut iam iure gentium receptum esse uideamus ut qui nec arte nec industria memorabili iuuare ciues suos et populares possunt, si modo pactiles illos nexus et contractiles nodos teneant, queis hominum patrimonia obstringuntur (quosque uulgus ignarum, hominesque literis humanioribus dediti ac procul foro animi causa aut ueritatis indagandae ergo agentes, partim Gordii uincula esse ducunt, partim circulatoria, nec magnopere miranda) ei millenorum ciuium censum et saepe singularum ciuitatum aut etiam ampliorem habeant, eidemque tum locupletes, tum frugi homines, tum magnifici conquisitores honorifice uocitentur, quippe eis saeculis, eis institutis, eis moribus, in eis gentibus quae id ius esse statuerunt ut tam summa fide atque auctoritate quisque sit quam maximis opibus Penates suos architectatus est ipse heredesque eius. Idque eo magis atque magis quo eorum adnepotes horumque rursus abnepotes patrimonia a maioribus parta luculentis certatim accessionibus cumulauerint, id est quo longius latiusque confines, adfines, cognatos, consanguineosque summouerint.

At uero CHRISTUS possessionum conditor et moderator Pythagoricam communionem et charitatem inter asseclas suos relictam, luculento sanxit exemplo damnato capitis Anania ob temeratam communionis legem. Quo certe institute CHRISTUS omne iuris istius ciuilis pontificiique adeo recentioris argumentosa uolumina inter suos quidem abrogasse mihi uidetur. Quod ipsum ius hodie arcem tenere prudentiae uidemus ac fata nostra regere.

VTOPIA uero insula, quam etiam VDEPOTIAM appellari audio, mirifica utique sorte (si credimus) Christianos uero ritus ac germanam ipsam sapientiam publice priuatimque hausisse perhibetur, intemeratamque ad hunc usque diem seruasse, utpote quae tria diuina instituta -- hoc est bonorum malorumque inter ciues aequalitatem (seu malis ciuilitatem numeris omnibus suis absolutam) et pacis ac tranquillitatis amorem constantem ac pertinacem, et auri argentique contemptum -- consertis (ut aiunt) manibus retinet, tria (ut ita loquar) euerricula omnium fraudum, imposturarum, circumscriptionum, uersutiarum et planicarum improbitatum. Superi suo numine facerent

incapazes de ajudar seus conterrâneos com alguma prática ou ofício importantes, se forem peritas nos laços contratuais e complicados nós testamentários, com os quais as propriedades dos homens são amarradas (questões que o vulgo ignorante, ou mesmo os estudiosos humanistas que vivem distantes do tribunal, para sua recreação e em busca da verdade, consideram como uma mistura nada interessante de nó górdio e circunlóquios), que tais homens tenham o rendimento equivalente ao de mil cidadãos comuns, quer dizer, aos de toda a cidade, ou ainda mais, e que gozem de elevada consideração, como homens prósperos, importantes, magníficos empreendedores, pois em todas as épocas, instituições, costumes e povos, estabeleceu-se que alguém deve gozar de suma credibilidade e de máxima autoridade na medida em que consiga ajuntar para si e para seus herdeiros as maiores riquezas. E isso ocorre mais e mais, uma vez que seus descendentes, e os descendentes de seus descendentes se esforçam por rivalizar na acumulação de acréscimos às propriedades dos antepassados, ou seja, isso significa que espoliam ainda mais longa e largamente os vizinhos, os afins, os cônjuges e os parentes.

Mas Cristo, fundador e regulador de todas as propriedades, deixou entre seus seguidores a regra pitagórica da comunhão de bens e da caridade, e a sancionou pelo claro exemplo de Ananias, condenado à pena capital por haver violado a lei da comunhão dos bens. Com essa instituição, parece-me que Cristo derrogou, ao menos entre os seus, todos os tomos cheios de argumentos de Direito Civil, e mais recentemente do Direito Canônico, o qual hoje em dia vemos ocupar o mais alto posto na sabedoria e controlar nosso destino.

Quanto à ilha de Utopia, que também já ouvi ser chamada de Udepotia,[2] por uma maravilhosa fortuna (se assim acreditarmos), assumiu os costumes cristãos e a verdadeira sabedoria, tanto pública quanto privadamente, e a mantêm inviolada até hoje, porque agarram com as mãos, por assim dizer, três princípios divinos: a equidade de bens e males entre os cidadãos, ou, se preferes, a cidadania plena para todos; o amor constante e pertinaz pela paz e pela tranquilidade; e o desprezo pela prata e pelo ouro. Por assim dizer, esses três princípios são como que amuletos contra a fraude, a impostura, o roubo, a improbidade, artimanhas e enganos. Quem dera os súperos, com seu poder divino, fizessem com que esses três pilares da

ut haec tria VTOPIANAE legis capita trabalibus clauis firmae ac statae persuasionis in sensibus omnium mortalium figerentur. Protinus superbiam, cupiditatem, contentionem uesanam atque alia paene omnia uulnifica Stygii aduersarii tela concidere languereque uideres, iurisque illam uoluminum uim immensam, tot eximia solidaque ingenia ad libitinam usque detinentia ut cassa et uacantia teredinibus permitti aut inuolucris officinarum dicari.

Proh diui immortales, quaenam Vtopianorum sanctitas eam diuinitus beatitudinem emereri potuit ut auaritia et cupiditas in eam unam insulam irrumpere aut irrepere tot saeculis non potuerint nec inde iustitiam cum pudore proteruitate sua impudentiaque explodere et exigere? Deus nunc optimus maximus tam benigne cum eis prouinciis egisset quae ab eius sacratissimo nomine cognomentum retinent et amplectuntur. Certe auaritia tot mentes alioquin egregias arduasque deprauans et pessumdans semel hinc facesseret et aureum saeculum Saturniumque rediret. Hic enimuero periculum esse quispiam autumarit ne forte Aratus et poetae prisci opinione falsi fuerint qui Iustitiam e terris decedentem in signifero circulo collocauerunt. Restitisse enim eam in Vtopia insula necesse est, si Hythlodaeo credimus necdum in caelum peruenisse.

Verum ego Vtopiam extra mundi cogniti fines sitam esse percontando comperi, insulam nimirum fortunatam Elysiis fortasse campis proximam (nam Hythlodaeus nondum situm eius finibus certis tradidit, ut Morus ipse testatur), multas quidem ipsam in urbes distractam, sed unam in ciuitatem coeuntes aut conspirantes, nomine Hagnopolin, suis utique ritibus bonisque acquiescentem, innocentia beatam, caelestem quodammodo uitam agentem, ut infra caelum sic supra mundi huius cogniti colluuionem, quae in tot mortalium studiis, ut acribus et incitatis sic inanibus et irritis, turbide et aestuose in praecipitium rapitur.

Eius igitur insulae cognitionem THOMAE MORO debemus, qui beatae uitae exemplar ac uiuendi praescriptum aetate nostra promulgauit, ab Hythlodaeo (ut ipse tradit) inuentum cui omnia fert accepta. Qui ut Vtopianis ciuitatem

lei utopiense se fixassem, pelos vínculos de uma convicção firme e forte, nas mentes dos mortais. Logo veríamos a soberba, a cobiça, a insana competição e todas as outras armas letais do inimigo infernal caírem e se enfraquecerem, e aquela imensa quantidade de tomos de Direito, que ocupam tão exímias e sólidas mentes durante toda a vida, se tornará vazia, oca e entregue aos cupins, ou se servirá como papel de embrulho.

Ó deuses imortais! Que santidade pôde conferir divinamente essa bem-aventurança, pela qual a avareza e a cobiça durante séculos nunca tenham podido entrar naquela única ilha, nem por força, nem à sorrelfa, e que fez com que a Justiça e o recato nunca fossem expulsos pelo descaramento e pela impudicícia? Quem dera Deus, todo-poderoso, fosse tão benigno com aquelas regiões que recebem seu sacratíssimo nome, e o acolhem. Decerto, a avareza, que deprava e afunda as mentes fortes e vigorosas, partiria dali, e o Século de Ouro de Saturno regressaria. Não haveria perigo em afirmar que Árato e os poetas antigos estavam equivocados quando diziam que a Justiça deixou a terra e se instalou no círculo zodiacal. Pois, se acreditarmos em Hitlodeu, em vez de haver partido para o céu, ela deve ter permanecido na ilha de Utopia.

De fato, descobri, depois de muito investigar, que a Utopia está localizada nos confins do mundo conhecido, e que talvez seja uma das ilhas Afortunadas, próxima dos Campos Elíseos (pois, como atesta More, Hitlodeu não informou com precisão onde fica), composta de muitas cidades reunidas e congregadas em um único Estado, denominado *Santópolis*, satisfeito com seus costumes e seus bens, santificado pela inocência, a levar uma vida quase celestial, abaixo dos céus, mas acima das brumas deste mundo conhecido, que, por causa das disputas entre os mortais, amargas e violentas, bem como vazias e irrisórias, é arrastado em um turbilhão tormentoso em direção ao precipício.

Devemos o conhecimento dessa ilha a Thomas More, que difundiu em nossos dias o exemplo de uma vida bem-aventurada e essa norma de bem-viver, descobertos, como ele mesmo nos informa, por Hitlodeu, de quem recebeu e aceitou todas as informações. Seja, porém, quem for que tenha arquitetado o Estado para os utopienses, que tenha criado seus ritos e suas instituições, isto é, que tenha trazido e compartilhado conosco a proposta de vida bem-aventurada, foi decerto

architectatus sit, ritusque illis et instituta condiderit, id est beatae uitae argumentum nobis inde mutuatus sit et importarit, MORUS certe insulam et sancta instituta stilo orationeque illustrauit ac ciuitatem ipsam Hagnopolitanorum ad normam regulamque expoliuit, omniaque ea addidit unde operi magnifico decor uenustasque accedit et auctoritas, etiamsi in ea opera nauanda sibi tantum partes structoris uindicauit. Videlicet religio fuit maiores sibi partes in eo opere sumere, ne Hythlodaeus iure queri posset gloriam sibi a MORO praecerptam praefloratamque relinqui si quando suos ipse labores literis mandare constituisset, εὐλαβουμένου δῆθεν αὐτοῦ, μή ὑθλόδαιος αὐτός ὁ τῷ οεδεποτῖαγε νήσῳ ἐμφιλοχωρῶν ἐπιφανεῖς ποτε δυσχεράνειε καί βαρύνοιτο ταύτην ἀγνωμοσύνην αὐτοῦ τοῦγε ἐγκαταλιπόντος αὐτῷ προαπηνθισμένον τό κλέος τον εὐρέματος τοῦτον, οὔτω γάρ πεπεῖσαι. πρός ἀνδρῶν ἐστίν ἀγαθῶν τεσοφῶν.

MORO autem homini per se graui et auctoritate magna subnixo, fidem plane ut habeam efficit Petri Aegidii Antuerpiensis testimonium, quem uirum numquam coram a me cognitum (mitto nunc doctrinae morumque commendationem) eo nomine amo quod ERASMI, clarissimi uiri ac de literis sacris, profanis, omneque genus meritissimi, amicus est iuratissimus, quicum etiam ipso iamdiu societatem amicorum contraxi literis ultro citroque obsignatis.

Vale, Lupsete mi dilectissime, et LINACRUM Britannici nominis columen (quod quidem ad literas bonas attinet) non magis iam uestrum (ut spero) quam nostrum uerbis meis saluta uel coram uel epistola internuntia, idque primo quoque tempore. Is enim unus est paucorum quibus me perlibens approbarim si possim, cum et ipse coram hic agens mihi se summe, Ioannique Ruellio amico meo, studiorumque conscio probauerit, et eius excellentem doctrinam, exactamque diligentiam in primis suspiciam aemularique contendam.

Velim etiam ut MORO salutem unam et alteram mandato meo uel mittas (ut dixi) uel dicas. Quem uirum in Mineruae sacratius album iamdiu opinione mea sermoneque meo relatum, de Vtopia noui orbis insula summe et amo et ueneror. Eius enim

More quem adornou a ilha e suas santas instituições com sua pena e com sua eloquência, que embelezou com régua e esquadro a própria cidade dos santopolitanos, e acrescentou todas aquelas coisas que conferem beleza, elegância e autoridade a uma obra magnífica – embora naquela obra ele reivindique tão-só a parte do artesão. É evidente que More teve escrúpulos de assumir uma parte maior no trabalho, para que Hitlodeu não pudesse reclamar, com direito, para si a glória recebida por More, e que ele teria desfrutado se houvesse ele mesmo feito imprimir em letras suas aventuras, *uma vez que agora, em uma atitude típica de homens honrados e sábios, More temia que o mesmo Hitlodeu, que por vontade própria habitava a ilha de Udetopia, chegasse algum dia, descontente e irritado, para reclamar de sua ingratidão, por haver lhe concedido a glória da descoberta, posto que já deflorada.*

Entretanto, ainda que More, por si só, seja um homem sério, embasado em grande autoridade, confio inteiramente no testemunho do antuerpiense Pieter Gillis, a quem só conheço de nome, mas que muito estimo não apenas pela recomendação de sua sabedoria e de seus costumes, mas também porque é amigo íntimo de Erasmo, famosíssimo homem, celebérrimo em todos os gêneros literários, sacros ou laicos, com quem eu próprio venho criando laços de amizade, desde que há muito tempo começamos a trocar correspondências.

Saudações, meu caríssimo Lupset, e, se for possível, peço que na primeira oportunidade, ou pessoalmente ou por carta, transmitas minhas saudações a Linacre, esse pilar do nome britânico no que concerne aos bons estudos, e que espero que já seja tanto vosso como nosso. Ele é um dos poucos homens de quem me agradaria saber a opinião, assim que possível. Quando aqui esteve, recebeu a mais elevada consideração de mim e de Jean Rudell, meu amigo e companheiro de estudos. E sempre admirarei e emularei seu excelente conhecimento e seu cuidadoso capricho.

Eu gostaria também que mandasses, por carta ou pessoalmente, como já disse uma e outra vez, meus cumprimentos a More. Em minha opinião e em meus discursos digo que Minerva já há muito tempo inscreveu seu nome no mais sagrado dos livros, e eu o reverencio e o quero sumamente bem, em razão do que aprendi da Utopia, essa ilha do Novo Mundo. Em sua história, o nosso tempo

historiam aetas nostra posteraeque aetates habebunt uelut elegantium utiliumque institutorum seminarium, unde translaticios mores in suam quisque ciuitatem important et adcommodent.

Vale.

Parisiis pridie Cal. August

e os tempos vindouros terão a sementeira útil e refinada para as instituições, que permitam a transferência dos costumes e a sua adaptação a cada Estado.

Saudações.

Paris, véspera das calendas de agosto.

Notas do tradutor

[1] Uma tradução possível para *udepotia* é "lugar do nunca".
[2] Guillaume Budé (Paris, 1467-1540), humanista francês, um dos fundadores do Collège de France e da Bibliothèque Nationale.

Erasmus Roterodamus Joanni Frobenio compatri suo charissimo. S. D.

Cum antehac omnia Mori mei mihi supra modum semper placuerint, tamen ipse meo iudicio nonnihil diffidebam, ob arctissimam inter nos amicitiam. Caeterum ubi uideo doctos uno ore omneis meo sub scribere suffragio, ac uehementius etiam diuinum hominis iugenium suspicere, non quod plus ament, sed quod plus cernant, serio plaudo meae sententiae, nec uerebor post hac quod sentio, palam eloqui. Quid tandem non praestitisset admirabilis ista naturae felicitas, si hoc ingenium instituisset Italia? Si totum Musarum sacris uacaret, si ad iustam frugem ac uelut autumnum suum maturuisset? Epigrammata lusit adolescens admodum, ac pleraque puer. Britanniam suam nunquam egressus est, nisi semel atque iterum, principis sui nomine legatione fungens apud Flandros. Praeter rem uxoriam, praeter curas domesticas, praeter publici muneris functionem, et causarum undas, tot tantisque regni negociis distrahitur, ut mireris esse ocium uel cogitandi de libris. Proinde misimus ad te progymnasmata illius et Vtopiam, ut si uidetur, tuis excusa typis, orbi posteritatique commendentur. Quando ea est tum officinae autoritas, ut liber uel hoc nomine placeat eruditis, si cognitum sit e Frobenianis aedibus prodisse.

Bene uale cum optimo socero, conjuge suauissima, ac melclitissimis liberis. Erasmum filiolum mihi tecum communem, inter literas natum, fac optimis literis instituendum cures.

Lovanii VIII. Cal. Septem. AN. M. D. XVII

Erasmo de Rotterdam a Johann Froben, seu caríssimo compadre, saudações.

Posto que até aqui todas as obras de meu querido More tenham me agradado sobremaneira, ainda assim eu desconfiava um pouco de meu juízo, em virtude da estreitíssima amizade que há entre nós. Porém, quando vejo os doutos subscreverem uníssonos a minha opinião, e com mais veemência ainda elogiarem a inteligência divina daquele homem, não porque o amem, mas porque o conhecem, fico satisfeito com minha decisão, e não hesitarei depois disso em dizer claramente o que sinto. Como teria sido admirável esse seu talento natural se sua inteligência tivesse sido educada na Itália! Se houvesse se dedicado inteiramente ao culto das musas, a que excelência seus frutos, quando maduros, não chegariam! Quando jovem, ele brincou de fazer epigramas, e muitos fez ainda menino. Nunca deixou sua Inglaterra, exceto duas vezes, encarregado pelo príncipe de delegações em seu nome em Flandres. Além dos zelos conjugais, além das preocupações domésticas, além das funções públicas e da torrente de casos jurídicos, ele se encontra empenhado em tantos negócios do reino que te espantarias por ele encontrar tempo livre para a elucubração de livros. Por essa razão, te envio seus *Exercícios Juvenis* e a *Utopia*, para que, se bem te parecer, os possas recomendar, estampados em teus tipos, à posteridade. Porque, pelo prestígio de tua editora e com o teu nome, os eruditos gostarão de saber que se trata de edição da casa de Froben.

Saudações a ti, a teu excelente sogro, à tua delicadíssima esposa e a teus amáveis filhos. E cuida que Erasmo, o filhinho que tenho contigo, nascido entre as letras, continue a elas se dedicando.

Lovaina, oitavo dia das calendas de setembro, do ano de 1518.

Posfácio

Utopia: passado, presente e futuro de um não-lugar
Variações sobre um tema de Thomas More

Andityas Soares de Moura Costa Matos[1]

Aos que ainda leem livros impressiona o fato de durarem mais do que o papel em que são impressos – sim, os livros ainda são impressos em papel, utopicamente! Mas esse só é o caso quando conseguem atingir aquela duvidosa honra que os transforma em "clássicos". As estratégias para se alcançar tal efeméride são várias: desde a proposta de um novo sistema social (*A República, O Manifesto do Partido Comunista*), passando pela a transubstanciação de uma língua (*Ulisses, O Aleph*), chegando até à criação de um mundo outro e diferente (*O Dicionário Kazar, O homem do castelo alto*) ou, talvez, fazer isso de uma só vez e, melhor ainda, inventar uma palavra para condensar tudo: foi o que o fez Thomas More ao cunhar um dos termos mais ricos, debatidos e controversos desses 500 anos que esta bela edição comemora.

---

[1] Graduado em Direito, mestre em Filosofia do Direito e doutor em Direito e Justiça pela Faculdade de Direito e Ciências do Estado da Universidade Federal de Minas Gerais (UFMG). Doutorando em Filosofia pela Universidade de Coimbra (Portugal). Professor adjunto de Filosofia do Direito e disciplinas afins na Faculdade de Direito e Ciências do Estado da UFMG. Membro do Corpo Permanente do Programa de Pós-graduação em Direito da Faculdade de Direito e Ciências do Estado da UFMG. Professor visitante na Facultat de Dret de la Universitat de Barcelona (Catalunha) entre 2015 e 2016. Autor de ensaios jusfilosóficos tais como *Filosofia do Direito e Justiça na obra de Hans Kelsen* (Belo Horizonte, Del Rey, 2006), *O estoicismo imperial como momento da ideia de justiça: universalismo, liberdade e igualdade no discurso da Stoá em Roma* (Rio de Janeiro, Lumen Juris, 2009), *Kelsen contra o Estado* (In: *Contra o absoluto: perspectivas críticas, políticas e filosóficas da obra de Hans Kelsen*, Curitiba, Juruá, 2012), *Contra Naturam: Hans Kelsen e a tradição crítica do positivismo jurídico* (Curitiba, Juruá, 2013), *Power, Law and Violence: Critical Essays on Hans Kelsen and Carl Schmitt* (Lambert, Saarbrücken [Alemanha], 2013), *O grande sistema do mundo: do pensamento grego originário à mecânica quântica* (Belo Horizonte, Fino Traço, 2014) e *Filosofia radical e utopias da inapropriabilidade: uma aposta an-árquica na multidão* (Belo Horizonte, Fino Traço, 2015). *E-mails*: vergiliopublius@hotmail.com e anditvas@ufmg.br.

A meio caminho entre a literatura e a filosofia, na zona de passagem entre um não lugar que nega nossas misérias e um bom lugar que as torna talvez mais insuportáveis, a utopia de More é um patrimônio cultural tão rico que não cabe mais apenas no espaço comprimido da tradição acadêmica que a quer domesticar. Assim, o propósito dessas páginas não é debater filosoficamente a construção de More,[2] mas passear de modo livre pelo passado, presente e futuro da utopia (e sua gêmea má, a distopia), demonstrando assim a potência que se gera quando nos deparamos com – ou criamos – o termo certo.

Bom lugar

Segundo Antônio Houaiss, a palavra "utopia" foi utilizada pela primeira vez na língua portuguesa em certa obra publicada no ano 1671 em Lisboa que levava o curioso título de *Escola das verdades aberta aos Princepes na lingua italiana, por o Pe. Luiz Juglares da Companhia de Jesus, e patente a todos na Portugueza por D. Antonio Alvares da Cunha*.[3] No *Dictionnaire de l'Académie* (1798) o termo assume nítido conteúdo político-jurídico, pois define um *"plan de gouvernement imaginaire"*. De fato, "utopia" é uma palavra corrente na filosofia do poder – seja política ou jurídica – que pretende evocar uma espécie de sociedade ideal. Formada por *ou-* (ou, prefixo grego de negação) e pelo radical *-tópos* (τόπος, literalmente: lugar), designa, portanto, o não-lugar, quer dizer, a sociedade excelente que, em razão dessa mesma excelência, não existe no mundo real. Há quem diga também que o prefixo de utopia deriva de *eu-* (eu), o qual evoca no grego sempre algo bom, de maneira que utopia seria o bom lugar. Mas parece ser mistificação, o que, contudo, só acrescenta força a esse belo mistério.

Foi Thomas More, humanista inglês do final do século XV e início do XVI, que em sua obra homônima cunhou o termo, apresentando o projeto político da ilha de Utopia, na qual seus habitantes gozavam de um sistema jurídico igualitário, liberal e justo. Além de More, foram também famosos utopistas da modernidade o filósofo italiano

---

[2] Para uma discussão calcada na matriz fenomenológico-existencial acerca das implicações da utopia na realidade contemporânea, cf. a excelente obra coletiva organizada por MARDER, VIEIRA, 2012.

[3] Pesquisa de datação realizada em HOUAISS, 2009.

Tommaso Campanella, autor de *A Cidade do Sol*, de 1602, e o filósofo inglês Francis Bacon, autor da utopia tecnocientífica *A Nova Atlântida*, publicada postumamente em 1627.

Na contemporaneidade, destaca-se a posição crítica dos marxistas diante do conceito. Para eles, as utopias são irrealizáveis por não se vincularem às condições estruturais concretas da sociedade, razão pela qual não devem ser nem sequer consideradas. Diferentemente, o marxismo heterodoxo de Karl Mannheim e Ernst Bloch acreditam no potencial transformador das utopias, capazes de alimentar o desejo de mudanças sociais e assim oferecer vias alternativas para a organização político-jurídica real. Para Mannheim, a utopia somente é vista como inalcançável por determinada estrutura social. Na realidade, trata-se de uma ideologia revolucionária que objetiva transcender a situação histórica e, por meio da ação efetiva de grupos sociais, atingir um patamar de organização social que as instituições político-jurídicas existentes não contemplam.[4]

Aldo Maffey entende que as utopias são projeções de desejos não totalmente satisfeitos em determinadas situações históricas, como os jardins e os oásis que povoam as mil e uma noites dos árabes exilados no deserto. Contudo, tais projeções apenas assumirão o *status* de utopias políticas se apresentarem um ideal a ser realizado por uma organização comunitária capaz de oferecer soluções para os problemas socioeconômicos. O utopista político sempre se refere ao melhor mundo realizável, e não ao melhor mundo fantasiosamente pensável, como os literatos.[5] Na realidade, as várias utopias políticas constituem uma aposta irrestrita no poder da razão humana, que aliada à ideia de progresso, típica do iluminismo, seria capaz de garantir às sociedades humanas formas mais justas de organização social.

Mau lugar

O prefixo grego *dys* (δυσ-) significa "doente", "mal" e "anormal". Conforme sugestão de François Ost, evidenciada em sua análise

---

[4] MANNHEIM, 1968. A edição original é de 1929.
[5] MAFFEY, 2000, p. 1284-1290.

das fontes do imaginário jurídico contidas nas obras de Franz Kafka,[6] as distopias seriam utopias às avessas, ou seja, más utopias, sociedades imaginárias nas quais as condições de existência são muito piores do que aquelas que vigoram nas sociedades reais. Parece que o termo "distopia" foi utilizado pela primeira vez em 1868 por Greg Webber e John Stuart Mill em um discurso no Parlamento Britânico.[7]

O papel do direito nas distopias é sempre marcante, apresentando-se como ordenamento eminentemente técnico cuja única função consiste em garantir a perpetuação da dominação social. Ocioso acrescentar que as sociedades distópicas se caracterizam pela inexistência de direitos e garantias fundamentais, sendo altamente autoritárias, quando não totalitárias. A principal vítima sacrificada no altar dos (ainda?) fictícios Estados distópicos é a liberdade. Para compreendermos melhor o que vem a ser uma distopia, tomemos as palavras de O'Brien, membro do IngSoc (Socialismo Inglês, em novilíngua), partido único que governa a Oceania, Estado imaginado por George Orwell em seu romance *1984*:

> Começas a distinguir que tipo de mundo estamos criando? É exatamente o contrário das estúpidas utopias hedonísticas que os antigos reformadores imaginavam. Um mundo de medo, traição e tormentos, um mundo de pisar ou ser pisado, um mundo que se tornará cada vez mais impiedoso, à medida que se refina. O progresso em nosso mundo será o progresso no sentido de maior dor. As velhas civilizações proclamavam-se fundadas no amor ou na justiça. A nossa funda-se no ódio. Em nosso mundo não haverá outras emoções além de medo, fúria, triunfo e autodegradação. Destruiremos tudo mais, tudo. Já estamos liquidando os hábitos de pensamento que sobreviveram de antes da Revolução. Cortamos os laços entre filho e pai, entre homem e homem, mulher e homem. Ninguém mais ousa confiar na esposa nem nos amigos. As crianças serão tomadas das mães ao nascer, como se tiram os ovos da galinha. O instinto sexual será extirpado. A procriação

---

[6] OST, 2005, p. 373-382.

[7] "It is, perhaps, too complimentary to call them Utopians, they ought rather to be called dys-topians, or caco-topians. What is commonly called Utopian is something too good to be practicable; but what they appear to favour is too bad to be practicable" (Oxford English Dictionary. Disponível em: <http://www.oed.com> Acesso em: 2 set. 2016.).

será uma formalidade anual como a renovação de um talão de racionamento. Aboliremos o orgasmo. Nossos neurologistas estão trabalhando nisso. Não haverá lealdade, exceto lealdade ao Partido. Não haverá amor, exceto amor ao Grande Irmão. Não haverá riso, exceto o riso de vitória sobre o inimigo derrotado. Não haverá nem arte, nem literatura, nem ciência. Quando formos onipotentes, não teremos mais necessidade de ciência. Não haverá mais distinção entre a beleza e a feiura. Não haverá curiosidade, nem fruição do processo da vida. Todos os prazeres concorrentes serão destruídos. Mas sempre... não te esqueças, Winston... sempre haverá a embriaguez do poder, constantemente crescendo e constantemente se tornando mais sutil. Sempre, a todo momento, haverá o gozo da vitória, a sensação de pisar um inimigo inerme. Se queres uma imagem do futuro, pensa numa bota pisando um rosto humano, para sempre.[8]

A distância entre a utopia e a distopia é pequena e pode ser apenas uma questão de opinião e de juízos de valor. G. Kaleb acentua que "o utopista inicia no amor e termina no terror".[9] Uma vez postas em ação, as utopias não podem ser controladas, e muitas vezes pretendem libertar ou tornar felizes os homens independentemente de suas próprias vontades. A missão de toda utopia é regenerar as pessoas, ainda que precise enfrentá-las e impor-lhes esse alto destino.[10] Eis o caminho que imperceptivelmente nos leva da utopia ao seu gêmeo fantasmático, ao seu *doppelgänger*: a distopia.

Assim, na tão louvada *A República* de Platão, por exemplo, não há lugar para a liberdade individual. Recordemo-nos que Platão entende ser a democracia uma forma corrompida de governo, motivo bastante para reservar a direção da sua cidade ideal unicamente aos sábios, que exerceriam o poder de forma autoritária. Ademais, o Estado platônico se assemelha a um esboço do Estado totalitário que a contemporaneidade conheceu, pois controla todos os aspectos da vida social, desde a educação das crianças – que seriam separadas dos

---

[8] ORWELL, 2005, p. 255.

[9] *Apud* MAFFEY, 2000, p. 1288.

[10] "Estes homens regenerados considerar-se-ão livres, sem saber que foram obrigados a ser felizes, de uma felicidade imutável, porque ter-se-á perdido todo o impulso e toda a capacidade crítica" (MAFFEY, 2000, p. 1288).

pais na mais tenra infância – até a alocação dos indivíduos nos seus respectivos ofícios e profissões, o que se daria por meio de critérios objetivos estabelecidos pela *pólis* e não em razão da decisão pessoal dos próprios interessados. Eis um detalhe interessante que retrata bem a cidade "ideal" de Platão: apesar de reconhecer o encantamento que a poesia exerce sobre os cidadãos, os poetas deveriam ser expulsos da cidade. É que, de acordo com Platão, a condenação da poesia se impõe racionalmente pelo fato de não ser útil ao Estado nem à vida humana.[11] Para um poeta, certamente a cidade platônica seria uma distopia e nunca uma utopia.

Mais escandalosa ainda que a distopia platônica seria a cidade ideal de Zenão de Cício, o fundador da austera escola estoica grega.[12] Para ele, somente os sábios ostentariam o *status* de cidadãos; os demais deveriam ser reduzidos à condição de escravos e tratados como inimigos. Informado pelas concepções éticas do cinismo – corrente filosófica helenística que criticava acidamente os padrões comumente aceitos de sociabilidade e de moralidade –, Zenão proíbe a construção de templos, ginásios e estádios. Na cidade zenoniana não existiria comércio ou propriedade privada, sendo que homens e mulheres deveriam se vestir da mesma maneira, deixando o corpo à mostra sempre que possível. Aliás, as mulheres seriam compartilhadas por todos. Ao sábio tudo estaria permitido, até mesmo a prostituição, o estupro, o incesto e o canibalismo. Por mais escabrosas que possam parecer estas ideias, Zenão e seu segundo sucessor à testa da *Stoá*, Crisipo, as justificavam racionalmente. Contudo, mais do que um projeto político-jurídico realista, a república zenoniana era uma provocação à decadente *pólis* grega, que se pavoneava de maneira vaidosa e falsa de uma glória que já não mais possuía desde a submissão a Alexandre e, posteriormente, a Roma.

---

[11] PLATÃO, 2001, p. 449-474.

[12] Infelizmente, o texto de *A República* de Zenão está irremediavelmente perdido. Apenas alguns fragmentos da obra sobreviveram aos séculos. As informações que alinhavamos foram compiladas por Diógenes Laércio no século III de nossa era e constam de seu famoso tratado *Vida e opinião dos filósofos ilustres*. Cf. DIOGÈNE LAËRCE, 2002, VII, 32-33, p. 27-28. Para uma leitura contemporânea do que chegou até nós de *A República* de Zenão, cf. SCHOFIELD, 1999.

Apesar dos exemplos citados acima, as distopias não foram um gênero literário comum na Antiguidade e, obviamente, nem Platão e nem Zenão apresentaram os seus sistemas de governo como realidades negativas. Ao contrário: tanto no mundo antigo quanto no medieval ou moderno multiplicaram-se as utopias sociais, algumas descambando para os sonhos mais fantasiosos e ousados. Um prenúncio do que seriam as distopias pós-modernas pode ser encontrado na obra de Donatien-Alphonse-François, o Marquês de Sade, que no curioso panfleto político *Franceses, mais um esforço se quereis ser republicanos*,[13] propõe um Estado erotizado no qual todos deveriam se submeter aos caprichos sexuais de todos, inaugurando uma verdadeira era de liberdade em que não existiria limite para a satisfação sensual do cidadão, ainda que o prazer de alguns pudesse custar a vida de outros. Sade entende que o Estado deve criar e manter instituições apropriadas para a satisfação de todos os tipos de luxúria, inclusive o incesto que, segundo o escritor francês, tornam mais apertados os laços de família e mais ativo o amor dos cidadãos pela pátria. Estariam ausentes da república de Sade todas e quaisquer formas de religião e teísmo. Não obstante seu caráter polêmico, o projeto político de Sade se mostra ingênuo diante dos pesadelos totalitários engendrados no século XX, especialmente rico em distopias.[14] Ainda que delirante, a república de Sade objetivava proteger o indivíduo diante da ação despótica do poder estatal. Apesar da pecha de depravado e louco, Sade era um filho legítimo do século XVIII, e mais ainda da Revolução Francesa, que objetivou extinguir o absolutismo monárquico em nome das liberdades públicas do cidadão. Se seguirmos o fio de sua argumentação, veremos que a revolução nos costumes proposta tem um sentido bastante claro: impedir que as pulsões sexuais não satisfeitas do homem sejam sublimadas em formas autoritárias de exercício do

---

[13] SADE, 1999.

[14] O vocábulo *dystopia* encontra-se particularmente bem desenvolvido na Wikipédia de língua inglesa, contando inclusive com ricas listas das principais obras distópicas do século XX nos quadrinhos, na literatura, no cinema, na música, na televisão e nos *videogames*. (Disponível em: <http://en.wikipedia.org/wiki/Dystopia>. Acesso em: 12 set. 2016.)

poder político. Para Sade, o libertino insatisfeito de hoje é o déspota de amanhã, que desconta na sociedade sua frustração sexual sob a forma de um governo tirânico. Assim, precisamos evitar que todos nós nos tornemos pequenos ditadores. O único caminho para tanto seria a institucionalização dos prazeres e de todos os vícios que os acompanham. Nem é preciso dizer como esse texto de Sade agradou aos psicanalistas.

A distopia de Sade ainda se relaciona a uma longa tradição libertária europeia na qual o poder do Estado sobre os cidadãos é constantemente questionado. Essa foi a tônica do século XVIII. No entanto, o século XX celebrizou-se por produzir distopias em que o indivíduo se encontra submetido de modo total à autoridade do Leviatã. E o mais assustador: a história recente do Ocidente está a demonstrar e a comprovar a possibilidade técnica de realização dessas distopias político-jurídicas autoritárias, cada vez menos fictícias. Não poderia ser diferente: os enormes avanços tecnológicos somados à desagregação ética que assola o nosso tempo produziram visões de futuro em que o direito passou a ser mero instrumento de dominação e de desumanização. Impossível pensar em uma sociedade universal justa e livre após os horrores dos totalitarismos, testemunhas da capacidade de infinita crueldade, em escala global, de que os homens são capazes.

Nosso lugar

Bertrand Russell[15] entende que a mentalidade contemporânea já não consegue conceber como factíveis as sociedades sonhadas por um More, um Campanella ou até mesmo um Marx; falta-nos imaginação – e talvez inocência – para tanto. Prova disso é que os produtos típicos dos delírios político-jurídicos pós-modernos – as distopias – nada mais são do que exacerbações dos traços negativos efetivamente existentes nas sociedades concretas e atuais. Talvez mais grave do que perdermos a capacidade de sonhar é perdermos também toda a capacidade criativa, mesmo nos pesadelos. Somos obrigados a encarar as nossas próprias sociedades corruptas e desumanizadas em um espelho – deformador, é verdade – que, ao fim e ao cabo, apenas

---

[15] *Apud* MAFFEY, 2000, p. 1289.

nos mostra a que ponto chegaremos. A diferença entre o mundo em que vivemos e os pesadelos tecnototalitários dos romances de George Orwell (*1984*),[16] Aldous Huxley (*Admirável mundo novo*)[17] e Anthony Burgess (*Laranja mecânica*)[18] é apenas de grau, não de natureza.

Já temos entre nós um Grande Irmão que nos vigia, que vela por nós. Dia a dia, ao ligarmos a televisão (precursora das onipresentes teletelas?), ao lermos os jornais, ao nos conectarmos à *internet*,

---

[16] *1984*, o mais ambicioso dos romances de Orwell, foi escrito em 1948 e publicado em 1949, já tendo sido adaptado três vezes para a televisão e duas vezes para o cinema: em 1956, com direção de Michael Anderson, e em 1984, dirigido por Michael Radford. Planeja-se uma nova versão com direção de Tim Robbins. A popularidade e a influência do livro foram enormes na cultura pop do século XX. Seus descendentes mais conhecidos foram o filme *Brazil* (o seu título original deveria ser *1984 ½*), de 1985, dirigido por Terry Gilliam, película que mostra nosso país controlado por uma burocracia similar a que serve ao Grande Irmão; a novela *1985*, de Anthony Burgess que, mais do que uma sequência de 1984, constitui uma homenagem a Orwell; e a *graphic novel V for Vendetta* (*V de vingança*), de Allan Moore, que retrata uma Inglaterra fascista da qual foram extirpados os homossexuais, os árabes e os negros.

[17] *Brave New World* (*Admirável mundo novo*) foi escrito em 1932 e traduzido desde então para as principais línguas do planeta. Trata-se, certamente, da mais influente distopia moderna, encontrando rival digna apenas em *1984*. O enredo do livro se passa na cidade de Londres do ano 2540 (ano de Ford 632). O que restou da civilização é governado de maneira totalitária por uma elite de cientistas. O livro discute questões éticas relativas ao avanço da engenharia genética e da biotecnologia, refletindo ainda sobre a possibilidade de controle da população por meio de drogas fornecidas pelo governo. Em 1958 Huxley lançou *Brave New World Revisited*, texto não fictício no qual analisa a situação mundial então existente para concluir que estamos cada vez mais próximos do futuro distópico por ele idealizado: superpopuloso, submergido no consumo de drogas e no qual a obediência das massas se funda em várias formas de controle subliminar (HUXLEY, 2000, p. 141).

[18] *A Clockwork Orange* (*Laranja mecânica*) foi publicado em 1962 e filmado por Stanley Kubrick em 1971. A obra é ambientada na Inglaterra de 2017 e narra em primeira pessoa as aventuras e desventuras de Alex, um jovem sociopata de 15 anos que, após ser preso, é submetido a um programa de reabilitação governamental chamado *Ludovico technique*. Tal programa – na verdade, uma terapia de aversão do tipo pavloviana – consiste na exposição prolongada de criminosos a imagens de extrema violência, ao mesmo tempo em que ingerem drogas que causam fortes náuseas. Ao final do tratamento, Alex se torna incapaz de vislumbrar quaisquer atos de violência ou de sexo, além de desenvolver aversão à sua antes adorada música clássica, dado que um dos filmes apresentados durante o processo incluía como trilha sonora a *Ode à alegria* da nona sinfonia de Beethoven (BURGESS, 2004).

percebemos a ação de um invisível Ministério da Verdade que acaba por nos convencer de que Guerra é Paz, Liberdade é Escravidão e Ignorância é Força.

Da mesma maneira que os personagens imbecilizados do célebre romance de Huxley, já consumimos diariamente nossa ração de soma, droga que teria por função proporcionar aos habitantes do admirável mundo novo doses diárias de alegria barata, entorpecendo-as e submergindo-as em uma colorida realidade de desejos fúteis e sensações gratuitas de prazer, tornando-as, assim, dóceis e submissas ao domínio governamental.

E falando em drogas, a política patética, mentirosa e ineficiente dos governos mundiais que, para deleite da tacanha opinião pública, afetam uma rígida, santa e inquestionável cruzada contra as drogas, lembra a realidade apocalíptica de *O homem duplo*,[19] de Philip K. Dick, novela de ficção(?)-científica em que o governo ao mesmo tempo em que combate o tráfico e o uso de drogas, as produz e distribui por meio de uma empresa, efetiva dona do Estado. Este, por seu turno, vicia inclusive seus próprios agentes de segurança pública num sistema perverso em que prevalece um clima de denuncismo, desconfiança e medo.

Os métodos de reeducação social concebidos por Burgess em seu romance e levados ao cinema com grande êxito por Stanley Kubrick transformaram o delinquente Alex, antes interessado apenas em estupro, ultraviolência e Beethoven, num pacato e responsável cidadão incapaz de qualquer ato de violência, tanto que sente náuseas e desmaia

---

[19] *A Scanner Darkly* foi escrito em 1977 e retrata a futurística Califórnia de 1994. Na visão apocalíptica de Dick, os Estados Unidos (EUA) perderam a guerra contra as drogas e padecem de uma epidemia causada pelo uso intensivo da substância D, que lentamente dissolve a personalidade e a inteligência dos seus usuários. Os principais temas abordados referem-se à problemática da personalidade individual e ao controle governamental da vida privada, assunto já clássico nas distopias do século XX. A obra foi adaptada em 2006 para o cinema pelo diretor Richard Linklater, que produziu uma espécie de desenho animado refinado utilizando a técnica da rotoscopia, na qual os *frames* do filme servem de base para a animação. Aliás, muitos dos romances de Philip Dick se transformaram em filmes de sucesso, tal como *Do Androids Dream of Electric Sheep?*, de 1968, que passou em 1982 para as telas sob direção de Ridley Scott com o título de *Blade Runner*. *A Scanner Darkly*, livro e filme, foram lançados no Brasil com um título de duvidosa adequação: *O homem duplo* (DICK, 2007).

ao tentar se defender da ação de alguns marginais, antigos conhecidos seus dos tempos de *débauche*. Ora, não é essa a tônica dos mais avançados sistemas penais do planeta, que pretendem forçar o homem a ser "bom" — ressocializá-lo, dizem os penalistas — para logo depois despejá-lo neste mundo, que continua a ser "mau"?

Orwell anteviu a lógica da submissão e do controle na novilíngua, uma espécie de idioma universal gestado em laboratório e que deveria, pouco a pouco, substituir a anticlíngua (o inglês) no imaginário Estado da Oceania, onde é ambientada a sua distopia. A novilíngua seria de uma pobreza e de uma simplicidade extremas, mostrando-se inapta para a expressão de qualquer pensamento mais profundo. Com a progressiva imposição desse novo idioma, as pessoas perderiam a capacidade de pensar e de se revoltar contra o sistema porque já não teriam um veículo linguístico capaz de expressar pensamentos complexos; a comunicação reduzir-se-ia ao mínimo necessário para a sobrevivência. O ideal da novilíngua seria oferecer ao indivíduo um número cada vez menor de palavras com significados cada vez mais restritos, de modo que seria impossível expressar significados divergentes da vontade do partido governante. Por exemplo: as palavras "livre" e "igual" poderiam inclusive existir, mas jamais evocariam a liberdade de pensamento ou a igualdade de direitos, já que tais situações subjetivas teriam deixado de existir há muitas gerações na Oceania. Orwell assevera que seria impossível traduzir para a novilíngua o trecho inicial da Declaração de Independência dos Estados Unidos da América, no qual se afirma que existem alguns direitos inalienáveis tais como a vida, a liberdade e a busca da felicidade, e que a função do governo é garanti-los, sob pena de ser derrubado e substituído por outro pelo povo, único detentor do poder político. A tradução mais aproximada seria a substituição de todo o trecho por uma única palavra da novilíngua: "crimepensar".[20] Ora, a novilíngua já não está parcialmente presente nos nossos noticiários sempre comprometidos com o poder, nos discursos vazios de nossos representantes políticos e nos pronunciamentos infantis de figuras lombrosianas como Donald Trump, que querem nos fazer acreditar que os EUA têm a missão sagrada de combater o mal onde quer que ele esteja, em um tipo de faroeste planetário em que os estadunidenses são os xerifes?

---

[20] ORWELL, 2005, p. 299-300.

Quanto à cultura, já sobrepujamos os sonhos sombrios de Huxley e de Bradbury (*Fahrenheit 451*),[21] romancistas que imaginaram um futuro em que os livros seriam proibidos e impiedosamente destruídos pelo Estado, por conterem ideias subversivas que ameaçam a estabilidade e a paz social. Hoje não precisamos dos bombeiros de Bradbury, cuja missão irônica e paradoxal não era apagar incêndios, mas sim queimar livros. Não há necessidade de temermos um Selvagem como o de Huxley, cujo grande crime era ler Shakespeare numa sociedade que já tinha se esquecido das dores e das alegrias humanas concentradas nos versos do bardo inglês. A forma de dominação a que nos submetemos é muito mais sutil e eficiente, pois somos levados a acreditar que a cultura, em termos amplos, não nos trará quaisquer vantagens: ter é muito mais importante do que ser e saber. Ter é poder, e as ambições econômicas sobrepujam quaisquer considerações éticas ou estéticas. Não é preciso queimar livros numa sociedade que os despreza.

É especialmente notável que nas maiores distopias do século XX o gosto por cultura, arte e ciência venha associado a personalidades tidas como degeneradas, sempre prontas para contestar a ordem social vigente, vistas, portanto, como indivíduos a serem reeducados, o que inclui primordialmente a extinção dos seus pendores culturais. Alex, o anti-herói de Burgess, é um sociopata extremamente violento que respeita uma única coisa na vida: a música de Beethoven, o "divino Ludwig". O personagem principal de *1984*, Winston Smith, sente-se deslocado diante das situações culturalmente pobres e homogeneizantes a que é obrigado a se submeter, e somente se descobre enquanto homem livre – e por isso mesmo rebelde diante do Grande Irmão – ao tomar contato com um livro proibido que avidamente buscava: *Teoria e prática*

---

[21] *Fahrenheit 451* é um romance de ficção científica publicado em 1953 por um dos maiores mestres do gênero: Ray Bradbury. A obra retrata uma futura América hedonista e antissocial dominada pela televisão e onde os livros são proibidos, assim como todo e qualquer pensamento crítico. O personagem principal, Guy Montag, é um bombeiro que se rebela contra o sistema e passa a guardar e a ler os livros que deveria queimar. O curioso título da novela refere-se à temperatura em que o papel utilizado para a impressão de livros entra em combustão. O final da trama constituiu um dos pontos altos da história, tendo sido retratado com sensível lirismo pelo diretor francês François Truffaut na sua versão cinematográfica de 1966. Planeja-se um novo filme dirigido por Frank Darabont.

do coletivismo oligárquico, uma espécie de ensaio político-sociológico da autoria de Emmanuel Goldstein, o pretenso líder da resistência. Já o Selvagem de *Admirável mundo novo* espanta e aterroriza as pessoas com demonstrações de alegria, afeto, raiva e tristeza, emoções que aprendeu com a leitura das obras de Shakespeare e eram então desconhecidas e temíveis na asséptica realidade de Huxley.

Um estuprador que idolatra Beethoven? Um rebelde cujo grande crime é ler e escrever? Um selvagem que cita Shakespeare? A mensagem contida nesses arquétipos parece muito clara: a cultura e o saber são perigosos; afaste-se deles o mais rápido possível. Se você quer ser aceito pelos outros, imbecilize-se. Se você não quer ser um peixe fora d'água, renda-se aos (des)gostos da maioria. Ela dita o que é belo, bom, correto e seguro. O resto – Beethovens, ensaios político-sociológicos, Shakespeares, etc. – é inutilidade perigosa que só interessa a loucos problemáticos que, mais cedo ou mais tarde, se renderão aos padrões morais e sociais das pessoas de bem. Eis o destino que a desumanização extrema dos ordenamentos jurídicos tecnicizados reserva à alta inteligência. Nada que nos surpreenda: a cultura de verdade, contestatória por natureza, sempre gerou medo, desconforto e repulsa nas maiorias inebriadas pelas pequenas vantagens do sistema, sejam elas esmolas estatais – bolsa-isto ou bolsa-aquilo – para os miseráveis, sejam bens de consumo artificialmente impostos às classes medianas ou superiores como necessários a uma vida "decente": o celular da moda, a roupa de grife da estação, o *iPod* mais potente, a boate mais *cool*, o restaurante mais *chic*, dependendo do gosto ou da idade. Aliás, não precisamos ir até às distopias. Basta lembrar o Ministro da Propaganda de Hitler, que dizia sacar o revólver todas as vezes que ouvia a palavra "cultura". E o que dizer do desesperançado Ulrich, personagem do polifônico *O homem sem qualidades*, romance de Robert Musil? No capítulo 13 da primeira parte dessa enorme enciclopédia, Ulrich, típico acadêmico austríaco do início do século passado, meio niilista, meio epicurista, meio a mistura dessas duas coisas com nada, espanta-se ao ler um jornal e nele notar que certo cavalo de corrida havia sido classificado como genial. Ulrich já vira lutadores de boxe e jogadores de futebol serem agraciados com esse adjetivo antes reservado aos da Vincis, Mozarts e Dostoievskis, mas o fato de agora poder definir também um cavalo de corrida lhe parece

um sinal dos tempos.[22] Este capítulo do livro de Musil foi ambientado em 1913, escrito na década de 1920 e publicado em 1930 na Áustria. O que diria ele hoje, no Brasil, ao comparar os parcos e insossos suplementos culturais dos nossos mais importantes jornais com os portentosos, volumosos e avidamente lidos cadernos de esportes? É realmente um sinal dos tempos. Dos tempos das distopias.

Lugar absoluto

Parece utópico o gesto que pretende transcender aquilo que sempre foi. E se a distopia se funda enquanto ordem que garante a separação entre oprimidos e opressores, sujeitos e objetos da força tida por necessária para a convivência social, tentar pensar outros âmbitos em que a utopia possa atuar *hoje* se revela uma tarefa que flerta com o impensável e se arrisca a cair nas armadilhas de um discurso que não se sustenta.

A comunidade e a política que vêm de Agamben e ninguém sabe como vêm; a violência pura de Benjamin que aniquila toda violência mediadora e, por isso mesmo, não é perene e nem pode gerar nada, apenas um grande e fértil vazio que não se explica; o comunismo de Marx, projeto condenado à eterna dimensão de projeto: todos são formas da utopia. Talvez a principal característica dessas propostas seja sua comum intempestividade. Os projetos filosóficos de Agamben, Benjamin e Marx – todos eles incompreendidos e mesmo ridicularizados pela filosofia oficial de suas respectivas épocas – são travos diferentes de um mesmo vinho. Esses autores se arriscam a pensar no limite do dado e do herdado, granjeando o desprezo fácil e o sorriso altivo daqueles que sabem muito bem que as coisas não mudam e que, se aceitarem – ou forem coagidos a – mudá-las, exigirão planos, estratégias e, é claro, lideranças reais e ideais.

---

[22] O trecho é delicioso e merece transcrição: "Certo dia, Ulrich deixou de querer ser uma esperança. Naquela época já se começava a falar de gênios do futebol ou do boxe, mas para no mínimo dez inventores, tenores ou escritores geniais, os jornais não citavam mais do que, no máximo, um centro-médio genial, ou um grande tático de tênis. A nova mentalidade ainda não estava muito segura de si. Mas foi exatamente aí que Ulrich leu em alguma parte, como antecipação de verão, a expressão 'cavalo de corrida genial'. Era uma notícia sobre um grande sucesso nas pistas de corrida, e o autor talvez nem tivesse consciência de toda a dimensão da sua ideia, que o espírito dos tempos lhe inspirara" (MUSIL, 2006, p. 63).

Mas o pensamento crítico só pode viver na dimensão da utopia que, mais do que um não lugar, é o lugar por excelência: aquele que não pode se mover de si mesmo sem se perder, e que por isso se traduz em uma exigência absoluta: que nos dirijamos a ele. Aqui a montanha não vai a Maomé, como no perverso joguinho capitalista em que tudo é dado pronto e de bandeja, até mesmo as resistências que se lhe opõem e que, não por acaso, têm se mostrado há cerca de 150 anos como as mais fiéis colaboradoras do sistema, forçando o capital a se transformar e a aperfeiçoar seus mecanismos de domínio. É esse, aliás, o sentido da crise do capitalismo: uma crise que nada muda no campo da produção e, mediante novas formas biopolíticas, redistribui apenas fracassos por meio de discursos que pregam o sacrifício das populações mundiais diante da especulação. Por outro lado, a utopia quer a mudança, negando-se a contemplar atônita o mundo que sempre se resolve em uma cínica negação dessa possibilidade.

Talvez uma maneira interessante de começar a pensar na ideia de *utopia presente* seja vê-la, a exemplo do que faz Gregory Claeys, como um âmbito que explora as relações entre o possível e o impossível, sendo irredutível a qualquer um desses termos.[23] Nessa mesma perspectiva, Agnes Heller afirma que a utopia não pode ser relacionada a um lugar para o qual a humanidade se dirige, um sonho a ser alcançado ou uma estação sempre longínqua em que o trem da história aportará num belo dia. Ao contrário, já chegamos à estação utopia, que é a (pós)Modernidade.[24] O que importa agora é pensarmos como nos apossarmos dessa estação que, mais do que um não lugar ou um bom lugar – quer dizer, um inalcançável *outro* lugar, um indiscernível lugar *diferente* –, é um lugar absoluto que concentra todos os demais em potência, e que por isso se abre à experiência histórica do descontínuo, da transformação e da alternatividade.

"Eu é um outro": se levarmos a sério essa percepção de Rimbaud e compreendermos que o aqui e o agora da chamada "realidade objetiva" envolvem várias possibilidades de retomada do passado para a construção de futuros diferentes, o projeto utópico radical perde seu suposto caráter irrealizável e se torna obra viva e histórica. Somente

---

[23] CLAEYS, 2011, p. 14.
[24] HELLER, 1991.

assim se torna possível entender que todos os lugares são passíveis de mostração no horizonte de uma história que está por se fazer, a qual se revela mais forte do que o capitalismo por envolver necessariamente mais interesses, mais possibilidades e mais formas de vida. É por isso que o capital odeia a utopia e tenta apresentá-la como sinônimo de delírio impossível; pela sua simples existência no campo da potencialidade, a utopia demonstra o caráter ilusório e convencional da ordem autoapresentada enquanto algo objetivo e irrevogável.[25]

George Sorel gasta boa parte das páginas de suas *Reflexões sobre a violência,* de 1906, polemizando contra os socialistas utópicos que, mais do que fazer a revolução, prefeririam fazer "política" parlamentar. Envolvido com os debates e a terminologia de seu tempo, Sorel constrói uma imagem da utopia que é em tudo diversa daquilo que aqui se chama por esse nome. Segundo afirma, a utopia seria um plano imaginário baseado nas condições econômicas atuais, razão pela qual poderia ser decomponível em partes e realizável aos poucos, mediante constantes acordos com o poder existente. Esse tipo de "utopia" criticado por Sorel representa um mecanismo desmontável, deliberadamente construído para que somente algumas de suas partes possam ser integradas numa legislação futura. Sua função não é modificar o sistema atual, mas garantir ciclos de crises e reformas. Só dessa maneira o capitalismo aceita discutir "racionalmente" e "implementar" utopias. Não é por acaso que o melhor exemplo de "utopia" apresentada por Sorel seja a economia liberal, a qual concebe abstratamente a sociedade enquanto espaço redutível a tipos comerciais puros que se auto-organizam mediante as leis naturais da concorrência.[26]

A esse tipo abastardado de utopia, Sorel opõe o mito revolucionário da greve geral, que age de maneira imediata e não se sujeita a qualquer acordo ou realização parcial, sendo executável em um agora absoluto, em sua dimensão total e jamais compartimentalizável. São essas características – imediatidade, intransigência e totalidade – que determinam o caráter utópico, pouco importando que Sorel prefira reconhecê-lo sob o nome de "mito", reservando o termo "utopia" para um uso polêmico contra os socialistas parlamentares "debatedores",

---

[25] ABENSOUR, 2000, p. 20.
[26] SOREL, 1992, *Carta a Daniel Halévy*, IV, p. 49-50.

que ele via como traidores da causa marxista. Tais personagens, ironiza Sorel, dizem acreditar que em um futuro bem distante o Estado deve desaparecer; contudo, enquanto isso ele deve ser utilizado "provisoriamente" para engordar os políticos.[27]

Um dos traços fundamentais da utopia é sua radical incompatibilidade com o presente naturalizado do capitalismo, que se pretende imodificável e a-histórico. Não é necessário que a verdadeira utopia se justifique mediante planos gerais, o que a encerraria nos limites do sistema que pretende destruir e, pior ainda, nos domínios do calculável, terreno completamente monopolizado e controlado pelo capitalismo. De acordo com a avaliação de Sorel sobre o mito, a qual parece ser aplicável às utopias, "importa muito pouco, portanto, saber o que os mitos contêm em termos de detalhes destinados a aparecer realmente no plano da história futura. Eles não são almanaques astrológicos. Pode inclusive acontecer que nada do que eles contenham se produza [...]."[28]

Ao ser potência, a utopia põe-se a salvo do avanço do capital e de seus mecanismos "reais" de dissuasão, apontando atrevidamente para um futuro-presente que, se bem vistas as coisas, pode sempre vir a ser. Por não se sujeitar aos imperativos da objetividade e da racionalização, a utopia é, literalmente, um *risco incalculável* para o sistema, um perigo latente, impossível de ser extirpado, já que faz parte da alma humana, mesmo da mais submissa, sonhar com algo diferente e melhor.

Marx disse em certa carta – citada ou provavelmente recriada por Sorel – que "quem compõe um programa para o futuro é um reacionário".[29] Nessa perspectiva, nada há de mais revolucionário que as utopias, pois dificilmente elas podem ser abarcadas por mecanismos ou dispositivos de controle. Prova disso é que mesmo as distopias, que nos mostram o que podemos nos tornar caso não rejeitemos a catástrofe capitalista, têm, talvez ainda mais do que as utopias, potencial libertador e crítico.

Daí surge um paradoxo: para efetivamente controlar as utopias, o "sistema da realidade" tem que as declarar perigosamente possíveis,

---

[27] SOREL, 1992, IV, I, p. 139.
[28] SOREL, 1992, IV, I, p. 144.
[29] SOREL, 1992, IV, II, B, 3, p. 157.

tratando-as como algo real ou que pode vir a ser real, o que já seria um modo de admitir que a via atual não é a única, existindo muitas outras possibilidades. Todavia, é essencial para a utopia permanecer enquanto utopia, quer dizer, como *potência-do-não*. Só assim o poder não a pode atacar e reconfigurar, transformando-a em dispositivo ideológico, a exemplo do que ocorreu na antiga União Soviética, onde se assistiu não à vitória da utopia comunista, mas ao seu sepultamento.

Enquanto *potência negativa*, a utopia não se identifica com projetos impossíveis, fabulações ou delírios, mas sim com o remédio para a ilusão da realidade. Trata-se de pensar a negação com a mesma dignidade ontológica reservada à afirmação. Isso significa que a utopia existe enquanto dimensão crítica do atual estado de coisas, apontando para outras configurações que, contudo, não têm que existir a ferro e fogo. Todas as alternativas para as quais aponta a utopia estão suspensas na esfera das *possibilidades*. Apenas uma humanidade que diz *não* – ou seja, uma humanidade emancipada das ilusões do progresso, da objetividade e da inescapabilidade do capital – pode (ou não) realizar utopias.

Poder não realizar já é, em si, uma utopia, opondo-se à realidade mesquinha e pretensamente objetiva do capitalismo na qual *poder fazer* (enquanto possibilidade) não se dá sequer enquanto potência negativa. No "fim da história" característico do sistema econômico capitalista, nada *pode ser* ou *não pode ser*: tudo já *é*, agora e eternamente, na tranquilidade aterradora de uma temporalidade infinita, a-histórica, compacta e homogênea. Eis o verdadeiro sentido das antiutopias – que não se confundem com as distopias – anunciadoras do fim da história, comuns aos antigos ideólogos stalinistas e aos neoliberais de hoje, a exemplo de Francis Fukuyama. Ambos os grupos negam a história porque, como demonstrou Benjamin em suas *Teses*, ela é essencialmente um *espaço-tempo de indecisão, descontinuidade e perigo*, abrindo a cada segundo uma porta estreita pela qual pode passar o Messias, ou seja, a revolução já não mais comprometida com qualquer força mantenedora do sistema. Contudo, essa porta só pode se abrir no presente, aqui e agora. Daí o desafio de conceber uma comunidade que viva nesse tempo-de-agora (*Jetztzeit*) de que fala Benjamin, o qual se opõe tanto ao longo presente encapsulado em si mesmo (sem relação com a experiência) quanto ao mito de uma classe de vanguarda que, no futuro, assumirá as rédeas do processo histórico.

Como parece indicar a falsa etimologia que vê na primeira sílaba da palavra *pro*letário um signo de seu caráter dirigido ao futuro e à frente, essa classe não governará agora, mas em um momento que jamais chegou, no qual seu compromisso com o futuro se cumprirá. O que governa o agora em nome da classe de vanguarda é, paradoxalmente, a sua própria vanguarda, o partido, ou seja, a vanguarda da vanguarda. O partido seria então aquela parte do povo que já é capaz de viver o futuro no presente e, mediante a força, impô-lo à realidade.[30] Com isso, o tempo se fecha sobre si mesmo e produz apenas um retrato vazio, revelando-se como mera sucessão e repetição de formas tradicionais, tal como a forma-Estado em que o bolchevismo rapidamente se converteu. Para abrir o tempo-de-agora é preciso abandonar toda concepção projetiva e vanguardista. No lugar de classes ou partidos de vanguarda, que se fale em multidões presentes aqui e agora nas ruas. Ao invés de *pro*jetos, que venham as utopias. E essas são, ao contrário do que se diz, radicalmente históricas.

Localizar a utopia na dimensão histórica do presente e pensá-la sob o ponto de vista da negatividade e da potencialidade não significa privá-la da possibilidade de realizar grandes projetos de transformação social. Ao contrário do que afirma T. J. Clark, que identifica erroneamente esquerda e utopia, a política gradualista dos "pequenos passos" rumo a um mundo melhor nada tem de revolucionária. Admitindo uma suposta natureza trágica da política – que em nenhum momento ele define com clareza –, Clark entende que o papel das esquerdas de hoje se resume a organizar a crítica ao sistema global capitalista, sem qualquer esperança de vencê-lo, trabalhando, ao contrário, para a construção de modificações e reformas bem precisas.[31]

---

[30] Essa ideia, já presente no *Manifesto Comunista* de Engels e Marx, é perfeitamente clara no discurso de 27 de novembro de 1917 que Lenin, no contexto do Congresso Camponês, dirigiu ao Partido dos Socialistas Revolucionários de Esquerda, objetivando acabar com suas hesitações quanto à imediata reforma agrária e aos necessários confiscos de latifúndios: "Se o socialismo só puder ser concretizado quando o desenvolvimento intelectual de todo o povo o tornar possível, então não teremos socialismo pelo menos nos próximos quinhentos anos... O partido político socialista constitui a vanguarda da classe operária; não pode frear a si mesmo por causa da ausência de educação da média das massas, e sim liderar as massas, usando os sovietes como órgãos que adotam iniciativas revolucionárias..." (REED, 2010, p. 371).

[31] CLARK, 2013, p. 52.

Daí nasce seu projeto de uma esquerda sem futuro, ou, nos seus termos, uma esquerda que abra mão de seu caráter messiânico-utópico e deixe de se limitar a fazer previsões irrealistas e arrogantes sobre o fim do capitalismo.[32]

Em todo seu ensaio, Clark afeta um ar de superioridade que ele chama de "adulto" em contraposição ao caráter "infantil" das esquerdas que denuncia, as quais estariam "esperando a hora do recreio", já que se limitariam a uma relação infantilizada com o futuro – exigida pelo capitalismo de consumo e garantida pela espetacularização de todas as necessidades e propósitos humanos[33] – e assim abririam mão de agir no presente imediato.[34] De posse de um mal disfarçado realismo, do mais nu e cru, Clark tenta justificar sua proposta mediante a substituição da argumentação pela exemplificação e da crítica pela ironia. Seu projeto assumidamente reformista parte da constatação de que a "saída da modernidade" não será apocalíptica e grandiosa, mas sim um processo arrastado, chocante, banal e medíocre, com o que se justificaria o papel igualmente minimalista que ele reserva às esquerdas e suas utopias.[35]

Todavia, um pensamento atual que se pretenda crítico não pode trabalhar com categorias perfeitamente sem sentido, tais como o são "esquerda" e "direita", signos de uma bipartição ideológica que já não é funcional nem esclarecedora, seja na teoria ou na prática. A insistência em ressuscitar esses cadáveres, ainda que para queimá-los em efígie, como o faz Clark, só pode levar a uma enorme confusão, cujos traços mais característicos residem na redução da utopia à esquerda e no empobrecimento da compreensão da dimensão do tempo, apresentado como pura compartimentação historiográfica e não realidade ontológica total, resistente a toda separação. Aferrado a um racionalismo realista pretensioso, Clark se mostra incapaz de reconhecer o tempo-de-agora, bem como o caráter indeterminado da política que, trágica ou não, sempre se mostra na irredutibilidade de uma *aposta*.

Porém, para além do caráter estetizante de seu ensaio, Clark acerta ao localizar a radicalidade no presente. Mas isso não significa

---

[32] CLARK, 2013, p. 18.
[33] CLARK, 2013, p. 33-34.
[34] CLARK, 2013, p. 67.
[35] CLARK, 2013, p. 12.

que devamos, como ele faz, nos comprometermos com a *versão de presente* que o capitalismo apresenta, a-histórica e invencível, à qual só poderíamos opor pequenos projetos reformistas que, por isso, seriam as ações verdadeiramente "revolucionárias" do nosso tempo. Ao contrário, a radicalidade do presente é um índice da abertura da história, o que permite a transformação messiânica, utópica e radical no agora.

Se quiser ter futuro, a sociedade futura não pode ser futura, mas presente aqui e agora, renegando em bloco o sistema do capital, inclusive suas supostas "contradições dialéticas" e formas liberais, verdadeiros desaceleradores do tempo-de-agora que atrasam a vinda do Messias. Trata-se de converter o impossível em possível por meio da vivência utópica de todos os lugares do futuro em um lugar real e desafiador. Quando isso se realiza, está-se diante de um anticampo, uma porção de futuro incrustada no presente, uma localização que se rege pela deslocalização potencial exigida pelos vários locais da utopia.

São anticampos os espaços ocupados em *Wall Street* pelos manifestantes do movimento *occupy*, as comunidades *hippies* dos anos 1960 e 1970, a Praça Tahrir no Cairo enquanto durou a indeterminação do futuro político egípcio, as milícias anarcorrepublicanas da guerra civil espanhola que se recusavam a ter líderes, as fazendas improdutivas tomadas por trabalhadores sem terra no Brasil, os imóveis abandonados e logo *okupados* por grupos anarquistas em Barcelona e Atenas, o Espaço Comum Luiz Estrela em Belo Horizonte, entre muitos outros exemplos. Em uma definição sucinta: anticampos surgem onde e quando o futuro divergente da utopia se presentifica não como projeto ou plano imaginário, mas enquanto realidade da potência.

Por isso, a exigência de mudanças efetivas que comumente se faz a esses movimentos não tem sentido. Os movimentos que se organizam sob a forma de anticampos têm gerado até hoje poucas mudanças concretas na sociedade capitalista. Isso é natural se levamos em conta sua estruturação acêntrica, sem líderes e descomprometida com planos fixos. Ademais, trata-se de formações sociais absolutamente descrentes em relação às instituições políticas tradicionais, motivo pelo qual não podem interagir com elas. Por fim, há que se notar que a exigência de produtividade da ação social – ou seja, a ideia de que um movimento social deve necessariamente gerar resultados concretos e imediatos na

sociedade – faz parte da lógica de produção do capital,[36] que não admite qualquer inoperatividade. A inoperosidade dos anticampos utópicos pode ser pensada como estratégia anticapitalista de ação revolucionária que, se não transforma a atualidade, prepara potencialmente um "tempo de agora" ao subjetivar os indivíduos enquanto entidades desejantes de profundas transformações sociais. Assim, a utopia tem como uma de suas principais missões a multiplicação de anticampos, tornando a reação do sistema cada vez mais custosa e difícil de ser justificada pelos seus mecanismos ideológicos, levando-o à implosão.

---

[36] CASTELLS, 2013, p. 151.

Referências

ABENSOUR, M. *L'utopie, de Thomas More à Walter Benjamin*. Paris: Sens & Tonka, 2000.

BENJAMIN, W. Uber den Begriff der Geschichte. In: ____. *Gesammelte Schriften*. Unter Mitwirkung von Theodor W. Adorno und Gershom Scholen. Herausgegeben von Rolf Tiedemann und Hermann Schweppenhauser. Frankfurt-am-Main: Suhrkamp, 1974. v. XVIIa, p. 691-704, 1231.

BRADBURY, R. *Fahrenheit 451*. Tradução de Cid Knipel. São Paulo: Globo, 2003.

BURGESS, A. *Laranja Mecânica*. Tradução de Fábio Fernandes. São Paulo: Aleph, 2004.

CASTELLS, M. *Redes de Indignação e Esperança: movimentos sociais na era da internet*. Tradução de Gustavo Cardoso e Liliana Pacheco. Lisboa: Calouste Gulbenkian, 2013.

CLAEYS, G. *Utopía: Historia de una Idea*. Tradução de María Condor. Madrid: Siruela, 2011.

CLARK, T. J. *Por uma Esquerda sem Futuro*. Tradução de José Viegas. São Paulo: Editora 34, 2013.

DICK, P. K. *O Homem Duplo*. Tradução de Ryta Vinagre. São Paulo: Rocco, 2007.

DIOGÈNE LÄERCE. *Vies et Opinions des Philosophes: livre VII*. Tradução de Émile Bréhier. Revisão Victor Goldschmidt e P. Kucharski. Rubriques. Notice et notes Victor Goldschmidt. In: SCHUHL, P.-M. (Ed.). *Les Stoïciens*. Bibliothèque de la Pléiade. Paris: Gallimard, 2002. v. VII, p. 27-28, 32-33.

DYSTOPIA. Disponível em: <http://en.wikipedia.org/wiki/Dystopia>. Acesso em: 12 set. 2016.

HELLER, A. Der Bahnhof als Metapher. Eine Betrachtung uber die beschleunigte Zeit und die Endstationen der Utopie. *Frankfurter Rundschau*, Frankfurt, 26 out. 1991.

HOUAISS, A. *Dicionário Eletrônico Houaiss da Língua Portuguesa*. Rio de Janeiro: Objetiva, 2009.

HUXLEY, A. *Admirável Mundo Novo*. Tradução de Vidal de Oliveira e Lino Vallandro. Porto Alegre: Globo, 1980.

HUXLEY, A. *Regresso ao Admirável Mundo Novo*. Tradução de Eduardo Nunes Fonseca. Belo Horizonte: Itatiaia, 2000.

LÖWY, M. *Walter Benjamin: aviso de incêndio*. Uma leitura das teses "Sobre o conceito de história". Tradução de Wanda Nogueira Caldeira Brant. Tradução das teses Jeanne Marie Gagnebin e Marcos Lutz Muller. São Paulo: Boitempo, 2012.

MAFFEY, A. Verbete "Utopia". In: BOBBIO, N.; GIANFRANCO, P.; MATTEUCCI, N. (Orgs.). *Dicionário de Política*. Tradução de Carmem C. Varriale *et all*. Coord. João Ferreira. 5. ed. Brasília: UnB; São Paulo: Imprensa Oficial do Estado, 2000. p. 1284-1290. 2 vols.

MANNHEIM, K. *Ideologia e Utopia*. Tradução de Sérgio Magalhães Santeiro. Rio de Janeiro: Zahar, 1968.

MARDER, M.; VIEIRA, P. (Orgs.). *Existential Utopia: New Perspectives on Utopian Thought*. London: Continuum, 2012.

MUSIL, R. *O Homem sem Qualidades*. Tradução de Lya Luft e Carlos Abbenseth. Rio de Janeiro: Nova Fronteira, 2006.

ORWELL, G. *1984*. Tradução de Wilson Velloso. 29. ed. São Paulo: Nacional, 2005.

OST, F. *Contar a Lei: as Fontes do Imaginário Jurídico*. Tradução de Paulo Neves. São Leopoldo: Unisinos, 2005.

OXFORD English Dictionary. Disponível em: <http://www.oed.com>. Acesso em: 12 set. 2016.

PLATÃO. *A República*. Tradução, introdução e notas Maria Helena da Rocha Pereira. 9. ed. Lisboa: Calouste Gulbenkian, 2001.

REED, J. *Dez Dias que Abalaram o Mundo*. Tradução de Bernardo Ajzenberg. São Paulo: Penguin Classics/Companhia das Letras, 2010.

SADE, M. *A Filosofia na Alcova*. Tradução de Augusto Contador Borges. São Paulo: Iluminuras, 1999.

SCHOFIELD, M. *The Stoic Idea of the City*. Chicago: The University of Chicago, 1999.

SOREL, G. *Reflexões Sobre a Violência*. Tradução de Paulo Neves. São Paulo: Martins Fontes, 1992.

li nelcio quid diceret in aure, ac mihi quid
us auscultanti, comitū quispiā, clarius, ob fr
nauigatione collectū, tussiens, dicetis uoces
cepit. Verū nó conquiescā donec hāc quo
lenū cognonero, adeo ut non solum situ in
n etiā poli sublationē sim tibi ad unguē re
odo incolumis est noster Hythlodæus. N
omine rumor adfert, alij affirmāt perisse ir
m alij reuersum in patriā, sed partim suor
ō ferentē, partim Vtopiæ desyderio sollicit
grasse. Nā qd' huius insulæ nomē nusq̃ ap
raphos reperiatur, pulchre dissoluit Hyth
Siquidē fieri potuit, inqt, ut nomē quo uet
ostea sit cōmutatū. aut etiā illos hæc fugeri
lo & hodie cōplures oriuntur terræ, priscis i
his intactæ. Q̃ q̃ quorsum attinet hic at
ere fidē, cū MORVS ille sit autor? Cæterū
igit de æditione, equidē laudo & agnosco
ā. At mihi uisum est opus modis omnib9
l diu premeret, & cū primis dignū, quod
us hominū, idq̃ tuo potissimū noie cōmet

Esta edição da *Utopia*, de Thomas More, foi impressa para a Autêntica pela gráfica Assahi em junho de 2019, no ano em que se celebram

2389 anos da *República*, de Platão (c. 370 a.C.);
508 anos do *Elogio da Loucura*, de Erasmo de Rotterdam (1511);
503 anos da *Utopia*, de Thomas More (1516);
417 anos da *Cidade do Sol*, de Tommaso Campanella (1602);
392 anos da *Nova Atlântida*, de Sir Francis Bacon (1627);
293 anos das *Viagens de Gulliver*, de Jonathan Swift (1726);
87 anos do *Admirável Mundo Novo*, de Aldous Huxley (1932);
71 anos de *Nineteen Eighty-Four (1984)*, de George Orwell (1948);
66 anos de *Fahrenheit 451*, de Ray Bradbury (1953)
e

22 anos da Autêntica (1997).

O papel do miolo é Off-White 70 g/m², e o da capa, Supremo 250g/m².
A tipografia é Bembo Std.

THOMAS
MORVS PETRO
AEGIDIO
S. D.

Vdet me prope
modum chariſ
ſime Petre Aegi
di, libellum hũc
de Vtopiana re
publica, poſt an
num fermè ad te mittere, quẽ te
nõ dubito intra ſeſquimẽſem ex∕
pectaſſe. quippe quum ſcires mi
hi demptum in hoc opere inueni
endi